【新版】

法学・憲法の基礎

編著　相川　清治

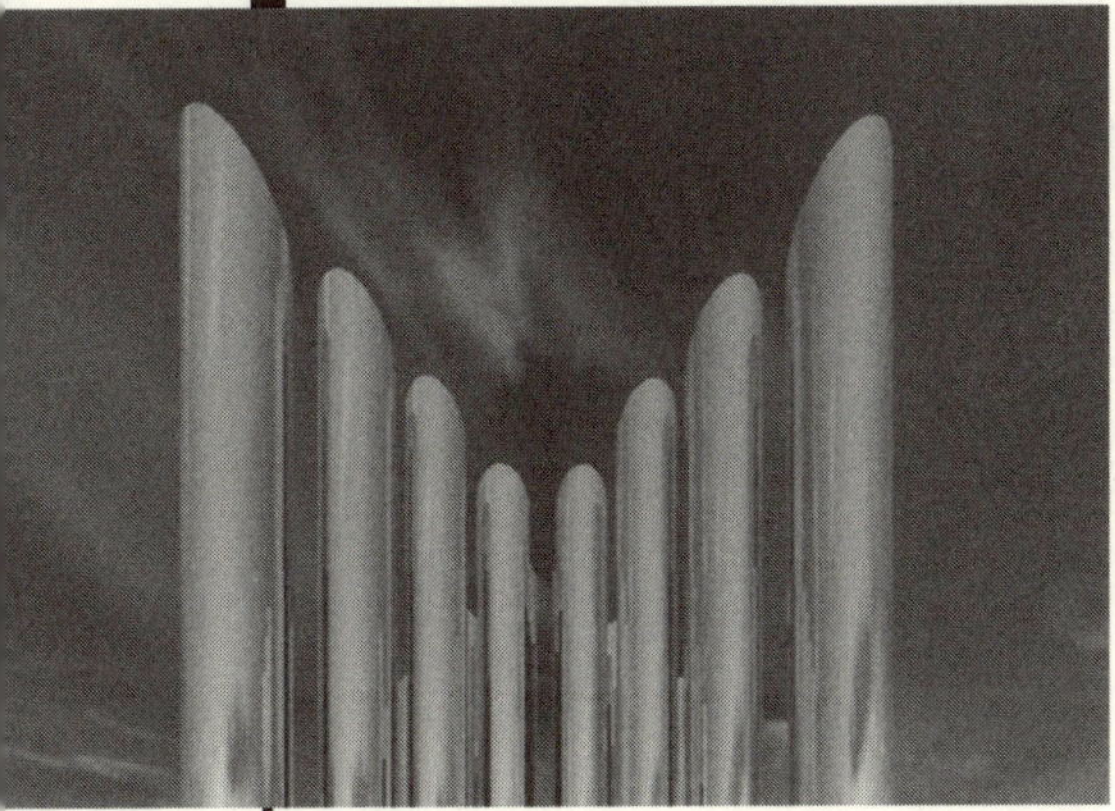

佐野　　隆
宮園　久栄
永山　榮子
中山　雅司
花見　常幸
林田　丞太

八千代出版

〈執筆者紹介〉

佐野　隆　東洋大学非常勤講師　第1編1章、第2編1章・10章

宮園久栄　中央大学兼任講師　第1編6章・7章、第2編8章

永山榮子　共立女子大学教授　第1編2章・3章・4章

相川清治　元城西大学女子短期大学部副学長　第1編5章、第2編6章・7章

中山雅司　創価大学助教授　第1編8章

花見常幸　創価大学教授　第2編2章・3章・4章・9章

林田丞太　神奈川歯科大学講師　第2編5章

——新版はしがき

本書（旧版）の初版を刊行してから六年余を経過した。

平成八年には改訂版（第二版）を発行したが、その後政治・社会経済事情の変化に伴い、大規模な行政改革や画期的な国会改革が進められ、また重要な新立法の制定や法改正が相次いで行われてきた。自民党を中心とする絶対多数の連立与党と連立政権の形成などもあって、かねて懸案となっていた多くの重要法案も次々と国会を通過、成立している。

平成一三年一月に中央省庁等の歴史的大改革がスタートしたが、この与党と一体化した強力な政府——行政国家の行方と最近異常とも映る国会運営の今後が注目される。

これらの新しい事態に則し、本書は、旧版中かなりの部分について加筆・補正を行い、新版として発行することとした。その主な事項（または法律）をあげると、国会改革、行政改革、司法改革の動向、周辺事態法（日米防衛協力）、国旗・国歌法、成年後見制度、介護保険法、児童虐待防止法、少年法改正、臓器移植法、ストーカー行為規制法、通信傍受法、オウム対策法、労働法制の拡充、地方分権の推進、憲法調査会の設置などがあるが、重要事項はできるだけとりあげたつもりである。

この新版のねらい、構成等は旧版のはしがきで述べたところとほぼ変わりはないが、内容において、前記とともに理論的な面で若干の補正を行うなど、最新の内容をもつ充実したものにするよう努めた。また、「分かりやすく」をめざし、その他の各個所にも必要な補筆・訂正を行って、内容の理解に資することとした。広く学生、社会人等に利用され、益するならば幸甚である。
御多用中執筆に御理解、御協力をいただいた諸先生に深く感謝の意を表するとともに、新版の企画、編集等に御尽力下さった八千代出版の中澤修一副社長、山竹伸二氏ほかの方々に厚く御礼を申し上げる次第である。

平成一三（二〇〇一）年一月

編著者

旧版・初版はしがき

本書は、主として四年生大学や短期大学における教養科目の法学（法学概論）や憲法の教科書として用いられることを想定して書かれたものである。

第1編法学では、法が社会生活を維持するうえで重要な意義をもち、社会生活と密接に結びついた存在であるという観点から、法を社会生活とのかかわりにおいて体系的にとらえ、その理論や主な内容をできるだけわかりやすく説明することとした。

第2編は、憲法の概説である。最近自民党の一党支配が崩壊し、政治は大きな転機を迎えているが、今後の政局の動向は予断を許さない。政治は憲法と深くかかわっており、憲法について知識を深めることは、身近な問題である政治を正しく理解し、判断するのに役立つばかりでなく、そのことがいまもっとも必要な時期だといっても過言ではない。自衛隊の問題をはじめ、憲法にかかわるその他の問題も少なくない。憲法を身近なものとして学習することを望みたい。

憲法は、中学・高校において学んできた基礎の上に、さらにレベルの高い講義がなされることを念頭において、体系的に内容を深く掘り下げ、要点を主として通説的な立場で分かりやすく説明することとした。

本書の章別など全体の構成は、編著者の責任で行ったが、本書の執筆については、編著者である私のほか、将来を期待される新進気鋭の研究者諸君が章別に分担してこれにあたった。各担当箇所は別掲の通りである。ご多忙中ご協力をいただきいろいろご無理を願った諸先生に深く感謝の意を表したい。

本書が学生のための講義用としてだけでなく、社会人の研修用、個人用などに広く利用されれば幸いである。なお、本書全体として、記述・表現の難易等について、統一性という観点から不十分な面がないわけではないが、これは編著者の責任であり、再版の機会があればより学生の立場を考慮したものとするなどの工夫をしたい。

終わりに本書の企画、編集、出版にご尽力いただいた八千代出版の大野俊郎社長、中澤修一副社長、山竹伸二氏、飯野健一郎氏に厚く御礼を申し上げる次第である。

平成六（一九九四）年八月

編著者

●目　次

第1編　法　学

第2編　憲　法

第1編　法学

第1章　法とは何か

1　法と社会

われわれが社会において円滑な共同生活を送るためには、一定の秩序を維持することが必要である。そして、この秩序を維持するために社会を構成している人々が守らなければならないことが、どのような社会においても存在する。すなわち、あらゆる社会には規範がある。この規範が一定程度守られなければ、社会は無秩序となり、社会集団としての目的を達成することができなくなる。

このことは、スポーツとスポーツに参加する選手たちからなる擬似社会によってよく示される。どのスポーツにも選手が守らなければならないルールがある。これは社会における規範に相当する。ルールに違反することなく競技が終了することがあるかもしれない。しかし、多くの場合、競技中にルール違反が生じる。ルール違反が一定範囲内であれば、ルール違反に対してはペナルティが科されはするが、競技は続行される。

ところが、選手がルールを無視して各自自分勝手にプレーすれば、もはや競技は成立しなくなる。このような場合、試合は没収試合などの形で中止され、最後まで競技を継続することができなくなる。このようにならないために、それぞれのスポーツにはルールがあり、そのルールがかなりの率で守られなければならない。人間が社会生活を送るうえで現われるさまざまな人間関係についても同じ原理がはたらいている。法は、人が秩序ある社会生活を送るうえで守らなければならない行為規範の一つである。ここで、行為規範の特徴について考えてみる。

まず第一に、行為規範は、「……すべきである」とか「……してはならない」と示されるように、社会の構成員が一定の行動をとるように社会一般が求めているものである。そして、このような行為規範は、先にあげたスポーツの例からわかるように、規範が存在するにもかかわらず、実際には規範に対する違反が生じることもある。つまり、行為規範は、現実をありのままに映し出すのではなく、望ましい姿を示すものである。したがって、法を含む行為規範は、現実と一致しない場合があっても、それは妥当性を保つことができる。これに対して、自然界の現象を説明しようとする自然科学の法則は、必然の法則である。そこでは、法則により示されることが現実と一致してはじめてその妥当性が得られる。

行為規範の第二の特徴は、それが人間の行為を規律するということである。一般に社会の構成員が従うべきであるとされるもののなかには、人間の行為に直接には関係しないものもある。たとえば、人の思考や判断の成否を決定する論理にかかわる判断基準や、芸術作品の優劣を決定する判断基準がある。これらは、人間の精神的活動にかかわる規範ではある。しかしそれらは、人間の行為を直接に支配する規範とはならない。この点で、行為規範と異なる。

法は行為規範の一つであるが、他にも行為規範は存在する。人間が、社会の秩序にあった行動をとるのは、行為規範としての法に動機づけられているからだけではない。法以外の行為規範に影響を受けている場合もある。たとえば、人から少額のお金を借りた場合でさえ、借りた人は法的に返す義務を負っていて、貸し主は返還を請求する権利を有している。しかし、借り主は、お金を返さなかった場合に貸し主が法的権利に基づいて裁判所に訴えるなどの行動をとることを意識してお金を返すことは稀であろう。むしろ、お金を返すのは道徳などの行為規範を意識してのことであろう。

このようなわれわれの社会的行為に影響を与える行為規範は、通常大きく三つに分類される。第一のものは慣習である。これには、流行や伝統あるいは習俗といったものが含まれると考えられている。第二の分類にあたるのが道徳であり、三番目が法である。これらの行為規範はすべて、その規範に従うことを確保するためのサンクション（報酬と罰）を伴っている。サンクションは、規範に従うことで得られる誇りや、規範から逸脱することで感じる恥といった無定型な圧力から、明示的な賞賛や非難を経て、物理的強制に至る多様な形をとる。

慣習のなかでも流行は、個人の趣味が強く反映されるもので、流行に従わないことに対して加えられるサンクションの影響は軽いものとなる。伝統や習俗になると、それらが命ずるところに従うことによって達成される目的が地域社会における人間関係の円滑化という点にあるので、それらの行為規範に違反することに対して加えられるサンクションは比較的強いものになる。極端な場合には、いわゆる村八分のような地域社会からの組織的な制裁が加えられ、共同生活を送ることができなくなることもありうる。しかし、地域的な結びつきが弱まっている現代社会においては、伝統や習俗を尊重するかしないかは個人の問題になりつつある。したがって、これらの行為規範の社会的重要性は以前ほど高いものではなくなってきている。

行為規範の第二のグループに分類される道徳になると、慣習よりも、もっと広い範囲に影響力を及ぼし、社会的な重要性も高くなる。秩序ある社会が形成されるためには、強い道徳的義務づけが必要である。しかし、道徳は人間の良心に訴えるものであるので、道徳規範を徹底することは難しい。これに対して、法は組織された力によるもっとも厳しい義務づけをする行為規範といえる。そこで次に、法と道徳との関係、法と道徳との差異、そして法の強制といった点について考えてみることにする。

2 法と道徳

1 法と道徳との関係

法と道徳との関係について、ここでは、以下の三点について説明することにする。

まず第一の点は、法と道徳とが対象とする事項が共通する内容となる場合が多いということである。たとえば、「人の命は尊ばなければならない」という道徳上の規範がある。これは表現形式こそ違うが「人を殺したる者は死刑又は無期若しくは三年以上の懲役に処す」という法的規範と同じ事柄を内容としている。もちろん、車を左側通行にするか右側通行にするかといった交通法規のように、道徳とまったく関係ない法規範も多く存在する。しかし、法と道徳的な正しさとが共通の基盤をもっていることは多い。このことは、ヨーロッパの多くの言語で、同一の語に「法」と「正しい」という二つの意味があることからも示されている（たとえば、ドイツ語の Recht、フランス語の droit、イタリア語の diritto など）。

第二の点は、法と道徳とは相互にそれぞれの規範維持に寄与することがあるということである。「人の命は尊ばなければならない」と道徳規範が命じていることは、人を殺した場合、法により刑罰が課せられる可能性があることで、道徳として実現しやすくなる。また、法規範に従うことも、単にそれに違反すると最終的に力による制裁が強制されるという理由だけからではなく、道徳的な順法精神が高まることによっても起こるものである。

しかし、法と道徳との間には以上のような関係がある一方で、法規範で定められることと道徳規範が命じていることとが相反する場合がある。一定期間の経過で、法律上の権利が発生する取得時効や、権利が消滅する消滅時効という制度がある。この制度の下では、たとえば、ある人が他人の土地を自分の所有地であると思い込んで、その上に建物を建て、それを使用している状態が一定期間以上継続したときには、その者はその土地の所有権を取得し、土地の本来の所有者は土地の所有権を主張することができなくなる。このようなことは、道徳上の要請から生じうるものではない。また、道徳のなかには「右頬を打たれたら、左の頬をさしだせ」とか「隣人を愛すべし」といった規範がある。これらのなかには、通常、人が容易に守ることのできないものもある。このような高度な内容までも法規範の対象とするには無理がある。さらにまた、悪法という言葉で示されるように、人々の正義感から判断した場合に必ずしも正しいことを内容とするものでない法が存在する。これらの例からわかるように、法と道徳が相反する内容を行為規範としていることがある。

そこで、次に、法と道徳との差異を考えることにする。

2 法と道徳との差異

法と道徳との差異についてはいろいろな考え方がある。ここでは代表的な考え方を示す。

第一の考え方は、カント（I. Kant, 1724～1804）やラートブルフ（G. Radbruch, 1878～1949）によって唱えられた、「法は外面を、道徳は内面を支配する」という考えである。すなわち、法と道徳を、法は人間の外面的な行為に関係する規範であり、道徳は人間の内心に関係する規範である、と区別する。たしかに、法が人間の外面的な行為を規制するものは多いし、道徳も人間の良心という内面にはたらきかけるものである。しかし、見栄や外見なども道徳を維持する重要な要素である。また、法も人間の内面に立ち入ることがある。たとえば、刑法では故意か過失かが重大な相違を生む場合が多い。あるいは、あることを知っているか知らないかを私法上「悪意」・「善意」という言葉で表わすが、ある行為が悪意の場合と善意の場合とでは法律上の効果に違いが生じることがある。これは内心の知・不知を法が問題とするからである。これらの例からも示されるように、「法は外面を、道徳は内面を」という区別は一応のものにすぎない。

法と道徳との差異に関する二番目の考え方は、それぞれの規範における義務の対象の違いに着目するものである。この考え方では、道徳上の義務は特定の相手方を必要とせず、自身の良心あるいは象徴的に神に対して負っていると考える。他方、法的義務は、その義務に対応する権利を有している者を相手方とする。しかし、この説明にも欠点がある。たとえば、物の貸し借りを例にとってみよう。物の借主は、貸主にその物を返す法的義務があるのと同様、道徳的義務を負っているといえよう。また、法律のなかにも、憲法二七条一項に規定されている国民の勤労の義務のように、義務の相手方が誰であるのか明確でないものもある。したがって、義務の対象の違いで法と道徳とを区別する考え方は一面的な考え方にすぎない。

法と道徳との差異に関する第三の考え方は、義務違反に対して最終的に加えられるサンクションの形態に関連する。道徳規範を守らないで加えられるサンクションは、約束を守ることができなかったことで感じる恥ずかしさといった心理的サンクションであったり、取引相手から信用されなくなり商売に行きづまるといった経済的サンクションであったりする。極端な場合のいわゆる村八分などでも、社会的サンクションにとどまる。これに対して、法的義務に違反することで加えられるサンクションは、最終的には国家権力が組織的に物理的強制力を用いてなされるものである。この考え方は、少なくとも実定法と道徳との差異を説明するもっとも妥当な説明であると考えられている。そこで次に、法と強制についてみてみることにする。

③ 法と強制

強制の観点から法規範を道徳規範から区別しようとする考え方は、イエーリング（R. von Jhering, 1818～1891）やケルゼン（H. Kelsen, 1881～1973）によって唱えられた。イエーリングは、強制を伴わない法は、燃えていない火や輝いていない光のようなもので、それ自体自己矛盾であるといっている。たしかに、先にみたように、道徳規範が守られる際にも外的な強制の存在が意識されることがある。しかし、道徳においては命令規範に対する制裁規範があらかじめ定められてはいない。これに対して、一般に法においては、規範内容に従うことを命令すると同時に、その違反に対する制裁が予定されている。さらに、近代国家においては、個々の命令規範違反に対して制裁規範が裁判所によって適用され、国家権力による組織的な強制が担保されている。

次に、近代国家の法が採用している代表的な強制手段をみてみることにする。法的強制方法の第一のものとしてあげることができるのは、刑罰である。刑罰は、人の生命を奪ってしまう生命刑すなわち死刑と、自由を奪う自由刑と、経済的な刑罰である財産刑とに分類できる。自由刑のなかには、労働を強制する懲役刑と、労働を強制しない禁錮刑と、短期の拘禁をする拘留刑とがある。財産刑には罰金と、罰金ほど多額ではない科料と、没収の三種類がある。

私法の領域における代表的な強制方法には、強制執行と損害賠償とがある。強制執行は、私法上の義務を意思に反して強制的に履行させる手段である。これには、たとえば、借金を返済しない場合に、支払命令の判決を得たうえで、執行官が財産を差し押さえ、金銭に換えて返済にあてるという直接強制と、別の者に義務を履行させ、その費用をとりたてる代替執行と、義務を履行しない者に対して罰金や拘禁という制裁を加えることで義務の履行を強制する間接強制とがある。損害賠償とは、主に債務不履行や不法行為によって生じた損害に対して金銭的に賠償を命じるものである。これらの強制手段のほかに、名誉毀損の場合に謝罪広告を公表させるというやり方もある。

また、命令規範に従っていない法律行為に対しては、法的効果を認めないで無効とすることで、命令規範に従わせようとする強制手段もある。

3 法の目的

いままで説明してきたように、法は秩序ある社会生活を送るために必要な行為規範の一部である。個々の法には社会秩序維持のための何らかの目的があり、法はその目的を達成するための手段として定められている。そして、個々の法にそれぞれの目的があるように、法秩序全体にも目的がある。ここでは、それが何であるかを考えてみる。

法の目的としてまず考えられることは、正義の実現である。先に示したとおり、法は強制を伴っている。つまり、法は実力によって支持されている。もし、法の目的に、正義の実現が含まれていないのであれば、法は単なる実力の支配にすぎなくなる。したがって、正義の理念を含んでこそ法としての価値が見出される。

何が正義であるかを決めることは容易ではないが、アリストテレス以来、正義に関しては平均的正義と分配的正義の二つに分ける考え方が一般的である。平均的正義とは、個人の相互間の給付と反対給付の均衡および個人間の平等性を求めるものである。他方、配分的正義は、集団内の関係において占める個人の位置であるとか個人の能力に応じて異なる扱いを求める。したがって、一般に、平均的正義は形式的平等であり、私法の領域で認められる正義である。配分的正義は実質的平等に向かい、公法の領域で作用する正義である。

次に法の目的としてあげられるものが法的安定性である。法的安定性のある状態とは、法秩序の内容が安定していて、どのような行為にどのような法律効果が生じるかが予見可能な状態のことである。法的安定性を得るためには、まず第一に法が明確でなければならない。何が法であるか不明確な場合には、人々は行動の適法性を判断するのが困難になる。近代法の多くが制定法の形で成文化されているのは、この法の明確化の要請に応えるものでもある。

さらに法的安定性を得るためには、法があまりにも頻繁に変更されてはならない。安易な法の変更は、社会の混乱を引き起こす。また、法的安定性のためには法の内容が実行可能なものでなければならないのと同様、法が社会の構成員の意識に合うものでなければならない。いずれの要請も、それが満たされなければ、法としての実効性を欠くことになり、結果的に法的安定性に寄与しないからである。

以上のように、法の目的として、正義の実現と法的安定性とがあげられる。しかし、この二つの目的は対立・矛盾する場合がありうる。つまり、正義の実現に重きをおきすぎ、法の具体的妥当性を得るために、法を頻繁に変更すると法的安定性が得られなくなる。逆に、法的安定性に固執しすぎると、具体的妥当性を欠き、正義の実現が得られなくなる。

4 法の適用と解釈

1 法の適用

法は行為規範であるが、すでに説明したように、人間の活動のなかにおいて実際には規範に反する行動がとられることがある。また、法は、通常、命令規範と強制規範からなるものであることもすでに説明した。これらのことから法の二つの側面がみられる。一つは、強制規範を伴った命令規範としての法が存在し、それに従うことで秩序ある社会が維持されることである。もう一つは、命令規範に反する行為がなされた場合に強制規範に従って、乱された社会秩序を回復する機能である。

たとえば、自動車を運転していたある者が歩行者をはねて怪我をさせたという例を考えてみる。この場合、一方で自動車運転者の行為が犯罪として処罰されるかどうかという刑事上の問題が生じる。また、他方では歩行者が負った怪我に対して自動車運転者が責任を負うかどうかという民事上の問題も生じる。これらの問題に答えるために、まず生じたことの事実を確定し、その事実に対してどのような法があてはまるかを決定しなければならない。この作業を法の適用という。近代国家においては、法の適用は国家の機関である裁判所によってなされる裁判のなかで行われる。

2 法の解釈

法の適用の際には事実を確定しなければならないことはすでに説明した。しかし、事実を確定しただけでは法の適用はできない。現実に起こる個々の具体的な出来事はさまざまな形態をとり、どれ一つとして決して同じものでない。このように無数に起こる出来事の一つ一つすべてに対して具体的な法をあらかじめ定めておくことは不可能である。したがって、法規範は必然的に一般的・抽象的な文言で表現されざるをえない。そのことによって、弾力的に法を現実に適用しようとする。

ところが、法が一般的・抽象的な文言で表現されているので、個々の事件に法を適用する場合に、今度はそこで表現されている事柄の具体的な内容が何であるかを決める必要が生じる。つまり、法の解釈をしなければならない。法の解釈にはいくつかのやり方がある。以下、その代表的なものを説明する。

① 文字解釈　これは、たとえば、「失踪」とは人の所在や生死がわからなくなること、というように法文の文字の意味を解釈することをいう。

② 文理解釈　文理解釈とは、法文の文章の意味を文法的に明らかにする解釈方法のことである。たとえば、日本国憲法二一条一項の「集会、結社及び言論、出版その他一切の表現の自由は、これを保障する」という規定は、「表現の自由」が「これ」という何かを保障しているのではなく、「表現の自由」が保障されているという規定であると解釈する方法のことである。

③　拡張解釈・縮小解釈　　拡張解釈とは、法文の言葉を普通に用いられている意味よりも広い意味を含むように解釈することである。これに対して、縮小解釈とは、法文の言葉を縮小し限定的に解釈することである。したがって、「子」を、実子のみならず養子を含むものと解釈するのは拡張解釈となり、養子を含まず実子のみに限定して解釈するのが縮小解釈である。

④　類推解釈・反対解釈　　「車馬の通行を禁ずる」という立札がある場合、馬の通行を禁止する理由から、馬に類似する牛の通行も禁止されるであろうと考え、牛を通行禁止の対象と考える解釈方法が類推解釈である。これに対して、反対解釈とは、規定されている事項の反面から、規定されていない事項を肯定する解釈方法である。したがって、先の例では、禁止の対象として明示されているのが車馬であるから、人や牛は通行してもよいと解釈するのが反対解釈である。

⑤　もちろん解釈　　「犬猫の飼育を禁ずる」場合、犬や猫の飼育が禁止されるぐらいであるから、虎や熊を飼うことはもちろん許されないと解するのがもちろん解釈である。

これらの解釈方法は、相互に矛盾するものを含んでいる。いずれの解釈をとるかによって、法の適用範囲が広がったり狭まったりする。したがって、恣意的に特定の解釈方法を選択することは許されない。近代刑法においては、類推解釈が禁止されているように、特定の解釈方法が制限される場合もある。一般的には、法の解釈にあたっては、法の目的である具体的妥当性と法的安定性の双方がバランスよく達成されるよう、それぞれの解釈方法を具体的事案に応じて用いるのが望ましい。

5　権利と義務

1　権利と義務

人と人の間には複雑で多様な生活関係が成立している。それらの関係を法が規律するときには、それらは法的関係になる。もちろん、われわれの日常生活のすべてが法的関係を生じさせるわけではない。しかし、法的関係の基礎となるさまざまな生活事実が存在している。そのなかには、たとえば、親子のような血縁関係や市町村といった地縁関係に示される自然の生活関係がある。また、売買や雇用といった当事者の意思によって成立する関係もある。さらには、時の経過により時効が成立したり、人の死亡により相続が開始されたりするように、自然に生じた事実を基礎とする法的関係も存在する。

これらの法的関係は、具体的には、権利義務関係になる。たとえば、ある者が他人を傷つけると、傷つけられた者は傷つけた者に対して損害の賠償を請求する権利を取得し、傷つけた者は傷つけられた者に賠償支払の義務を負うという権利義務関係が生じる。とりわけ、法的視点で生活関係をみる場合に重要な事柄は、権利義務の発生、変更、移転、消滅に関することである。法は、不特定多数の人を対象とし、普遍的抽象的な形で示されている。個別的な場合に法的関係が具体化され特定されたときに、個々の権利義務関係が発生、変更、移転または消滅する。したがって、法と権利義務は同一のものの二つの側面であるといえる。このことは、ドイツ語の Recht という語に、「法」と「権利」の二つの意味があることにも示されている。

それでは、権利の本質とは何であるのか。権利とは、法が認めた意思の力であると説明される。たとえば、物の売買の場合、売主には買主に対して代金を請求する権利がある。ここで代金を請求する権利があるというのは、代金を請求するという売主の意思が法によって保護されていることを意味する。すなわち、もし、買主が任意に代金を支払わないときは、売主は裁判所に訴えて判決を得、それに基づいて強制執行をして、買主の財産から強制的に代金を取得することができるということである。権利は、また、法によって保護された利益であるとも説明される。これは、前例の売買において売主が代金を請求することは売主の利益であり、この利益が得られるように、法が売主を保護しているからである。つまり、権利にはこの二つの面があるといえる。

2 権利の種類

権利はその内容、性質によって、公権・私権、絶対権・相対権、財産権・非財産権、物権・債権・無体財産権、支配権・請求権・形成権、抗弁権、訴権などに分類される。以下、それぞれについて簡単に説明する。

(1) 公権・私権

公権とは公法的な関係に関連する公法上の権利である。公権は、国家・公共団体が私人に対してもつ国家的公権と、私人が国家・公共団体に対してもつ個人的公権に分けられる。国家的公権の例としては、刑罰権、警察権、統制権、財政権などがあげられる。個人的公権の例としては、参政権、受益権（国務請求権）、自由権などがある。個人的公権の多くは、私権とは異なり、参政権のように一身専属的であり、その限りで移転性は認められない。

これに対して私的な生活関係に関連するものが、私法上の権利すなわち私権である。後で説明するように、社会法の出現によって公法と私法との区別が明確でなくなったのに伴い、私権一般の定義はあいまいなものとなった。しかし、通常、私権とは、相互に対等・平等な権利主体間の財産と身分に関する権利であると理解されている。私権の内容および行使は、「公共の福祉」に合致し、「信義誠実の原則」に従わなければならず、その濫用は許されないという制約に服している。

(2) 絶対権・相対権

権利は、それによって拘束を受ける人の範囲によって、絶対権と相対権に二分することができる。絶対権は、物的権利とも呼ばれ、その権利に基づく法律上の主張を誰に対してもできる。これに対して、相対権は、人的権利とも呼ばれ、特定の人に対してしか主張できない権利である。一般の人に対抗でき、誰もが侵害してはならない義務を負う物権、無体財産権などが絶対権の典型である。特定の人に対し請求できるだけで、その特定の人しか請求に応じる義務を負わない債権や扶養請求権などが相対権の典型である。

(3) 財産権・非財産権

経済的な価値を内容としてもっている権利は財産権と呼ばれる。原則として、財産権は主体から離して譲渡できる。私法の分類の観点からは非財産権に対立する意味で用いられる。一般的には、物権、債権、無体財産権が財産権に含まれる。非財産権は、人間の肉体を前提とする権利なので、主体から離して譲渡することはできない。非財産権の代表例は、人格権や身分権である。人格権は、個人の名誉やプライヴァシーを保護する機能がある。肖像権はその一例である。身分権とは、親と子、夫と妻というような親族法上の特定の地位にあることに基づいて認められる権利である。親の子に対する監護教育権がその例である。

(4) 物権・債権・無体財産権

物権と債権はともに、財産的利益を保護する財産権である。物権は特定の物を直接に支配できる権利である。所有権がその典型である。債権は、ある特定の人（債権者）が他の特定の人（債務者）に一定の行為を請求する権利である。売買の際の代金請求権や品物の引渡請求権などがその例である。物権と債権には次のような違いがある。物権は他人の介在を必要とせず物を直接支配できるが、債権は他人の行為を必要とする。物権は同一物に対して同種の物権は一つしか成立しない（物権の排他性）が、債権は同一内容の債権が同時に複数成立しうる。物権は天下万人に対して主張できる（物上請求権）が、債権は原則として債務者に対してしか主張できない。同一物上に内容上対立する二つ以上の物権が併存するときは先に成立した物権が、また、債権と物権とが併存する場合には物権が優先する。これを物権の優先的効力という。物権は譲渡可能であるが、債権は原則として譲渡できない。

無体財産権とは、人間の精神的な創造的活動によって成立する権利である。著作権および工業所有権がこれにあたる。これらの権利は、その根底にある価値の形成が知能的であることから、精神的所有権とか知的所有権とも呼ばれる。

(5)　支配権・請求権・形成権

権利をその作用に応じて支配権・請求権・形成権の三つに分類することができる。

支配権とは、権利の客体を、他人の行為を介さずに直接に支配できる権利である。物権や無体財産権、そして親権に基づく子の監護教育権などがその典型である。支配権の侵害は、常に損害賠償請求権を発生させる不法行為となる。また、支配権の侵害は、妨害排除請求権をも生じさせる。

請求権は、特定の人に対して一定の行為（作為または不作為）を請求することのできる権利である。この説明からわかるように、請求権は、代金請求権や物の引渡請求権に示されるように、実際上、債権と同じ意味で用いられる。しかし、物権からも、妨害排除請求権などの請求権が発生するので、請求権を債権と区別する説明がなされる。すなわち、請求権は他人にある行為を請求する権利にすぎないのに対して、債権は給付を受領し保持する権利であると説明される。

形成権とは、権利者の一方的な意思表示で法律関係に一定の変更を生じさせることを作用とする権利である。たとえば、既存の契約関係を一方的な意思表示だけで消滅させる解除権や、法律上父子関係にない男と子の間に法律上の父子関係を創設する認知などが形成権にあたる。債権者取消権や離婚請求権のように裁判所の判決によって確認されてはじめて効力を生じるものもある。しかし、形成権の多くは、単に相手方に対する意思表示だけで、法律関係を変動させる効力をもつ。

(6) 抗弁権

抗弁権とは、相手方の請求権の行使に対して、その請求権の発生を阻止し請求を拒絶することを作用とする権利である。抗弁権は、請求権とは反対に、現状維持的、防衛的な性質がある。抗弁権の行使によって請求権の行使は阻止されるが、その効果は一時的にすぎず、一定の条件が満たされれば請求権の行使を阻止できなくなる。同時履行の抗弁権などがその典型である。

(7) 訴権

訴えによって裁判所の審判を求めることのできる当事者の権能のことを訴権と呼ぶ。訴権はかつて私権の一部であると考えられていた。しかし、現在では、訴権は、国家に裁判を要求する公権であると考えられている。つまり、訴権とは、勝訴・敗訴という結果には関係なく、訴えの内容について裁判所の判断を要求する公権である。

6　法の分類と体系

法は、その内容、目的そして形式などの点で分類される。

① 公法・私法・社会法

法は、従来、内容的に公法と私法に分類された。このように法を分類する根拠として以下の考えが示された。

第一の考えは、法が保護する利益に着目する。社会の利益すなわち公益を保護する法が公法であり、私人の利益すなわち私益を保護する法が私法である。しかし、社会の利益と社会の構成員である私人の利益は、必ずしも対立するものではない。したがって、法が保護する利益によって法を公法と私法に分類することは適当ではない。

第二の考え方は、法が規律する法律関係の主体に応じて法を公法と私法に区別する。この考え方によると、国家と公共団体との関係、国家や公共団体の内部の関係、そして、それら団体と個人との関係を規律する法が公法で、個人間の関係を規律する法が私法となる。しかし、この考え方を徹底すると、国家や公共団体が私人と同じ資格で個人とかかわり合う場合も公法が規律することになるという欠点がある。

三番目の考え方は、法が規律する法律関係の主体ではなく性質によって、法を公法と私法に区分する。この考え方は、権力関係となる不平等者間の関係を規律する法を公法ととらえ、平等な関係を規律する法を私法ととらえる。これは、二番目の考え方の欠点を克服することができる。しかし、この考え方にも、伝統的には公法に分類される国際法が公法に入らなくなるといった欠点がある。

そこで、この法が規律する法律関係の性質を考慮したうえで、国家の統治権の発動に関する法を公法とし、国家の統治権の発動に関係しない法を私法とする考えが出てくる。これが、法を公法と私法に二分するうえではもっとも妥当な説明であると考えられる。

この第四の考え方によれば、私法は統治権の発動に関係ないものなので、平等な立場に立つ個人は自由に法律関係を形成することができる。このことは、個人の自由・平等・独立を認め、自由な社会活動を求める近代市民社会の要請に応えるものであった。そこでは、国家の統治権の発動に関する公法は私法の背後におかれ、私法が優越的地位を占めた。

ところが、近代社会における私法の優位の下で進められた自由主義経済体制のなかの自由は、現実には、経済的強者の自由にすぎなかった。法的平等を認めることで、本来対等であるべき市民間に現実的不平等が生じた。この不平等は資本主義社会の発展とともに貧富の差を拡大させていった。このような状況のなかで、経済的弱者の生存を確保するために、国家が一定の役割を担うことが求められた。すなわち、経済的強者の自由な活動に対して規制を加えることで、経済的弱者の生存権を保障する必要が生じた。この生存権を中心とした社会的基本権の保障と財産権の制限という考えは、ワイマール憲法をはじめとする二〇世紀の多くの憲法においてとり入れられるようになった。このような状況のなかから出現したのが社会法である。社会法とは、本来私的自治の原則が支配する私法の領域に国家が介入することで著しい不平等を回避しようとする、公法と私法の交じった法分野といえよう。

このように、法は公法、私法、社会法の三つに分類することができる。公法に属する法としては、憲法、行政法、刑法、訴訟法、国際法などがある。私法に属する法としては、民法、商法、国際私法がある。社会法に属するものには、労働法、社会保障法などがある。これ以外に、経済に関する法を総称して、経済法という法分類をなすこともできる。

② 成文法と不文法

法は、その表現形式によって成文法と不文法に分類される。成文法とは文書で書き表わされている法である。成文法は不文法の対立概念である。近代法の大部分は成文法である。成文法の形式をとることで、法的安定性が保持される。しかし、その反面、具体的妥当性を犠牲にする場合がある。

成文法でない法は不文法である。慣習法、判例法などは不文法である。慣習法とは、一定の様式の社会行動が繰り返されるという事実すなわち慣習に基づいて成立する法である。慣習法が成立するためには、まず慣習が存在すること、そしてその慣習が規範であると考えられていること、さらにそれを国家が法として認めることが必要となる。イギリス憲法の多くの部分は慣習法（憲法上の習律）である。一般国際法は原則として国際慣習法から形成されている。

判例法とは、裁判所が下す判決すなわち裁判例で法的効力を有するものをさす。第一次的法源を成文法に求めているいわゆる大陸法系の諸国においては、判例法は裁判所の判決が繰り返されることによって法的な効力をもつようになる。本来、裁判所が下す判決はその事件だけしか拘束しない。しかし、事実関係が同じような事件が起こって裁判となり、同じような判決が繰り返される場合、その判決は同種の事件については事実上の拘束力をもつようになる。このようにして、判例の法規範性が認められるようになる。

これに対して、英米を中心とするいわゆる判例法主義の制度をとる国もある。そこでは、判例は、同種の内容の判決が繰り返し下されることによって法規範となるのではない。判決は、それ自体が有している権威によって法的拘束力が認められる。したがって、ただ一回下されただけの判決が判例法を形成することもありうる。

3 実体法と手続法

法は実体法と手続法に二分することができる。法律関係の内容を定める法を実体法と呼ぶ。これに対して、実体法で定められている法律関係を実現するための手続を規定する法は手続法といわれる。たとえば、故意に他人の権利を侵害し損害を与えた者は賠償の義務を負うという規定は、実体法規であり実体法の一部となる。そして、他人に損害を与えた者が自ら進んで賠償しない場合に強制的に賠償させる手続を規定した法が手続法である。民法、商法、刑法などは実体法に分類され、民事訴訟法、刑事訴訟法などは手続法に分類される。

4 一般法と特別法

法を適用範囲の制限の有無で一般法と特別法に分けることができる。適用範囲に制限がある法を特別法と呼び、制限のないものを一般法と呼ぶ。また、相対的に広い適用範囲をもつものを一般法、狭いものを特別法と呼ぶ場合もある。

たとえば、日常生活一般について適用される民法は一般法であり、商取引に対して適用される商法は特別法となる。また、人に関する適用範囲の点から、国民全体に適用される刑法や刑事訴訟法は一般法で、未成年者に対する刑罰や刑罰を科す手続を定めた少年法は特別法である。

特別法と一般法との間では、たとえば法律と法律あるいは政令と政令といった同じ法形式の段階においては、特別法の規定が一般法の規定に優先して適用される。一般法の規定は、特別法の規定がない場合に補充的に適用される。

5 強行法と任意法

法の適用にあたって当事者の意思が顧慮されるか否かによって、法を強行法と任意法に分けることができる。当事者の意思にかかわらず適用される法を強行法といい、当事者が法の規定と違う意思をもっている場合に適用されない法を任意法と呼ぶ。公の秩序に関する公法上の多くの規定には強行法的性質がある。これに対して、当事者の合理的意思解釈のために定められている契約法上の規定の多くは、任意法的性格が認められる。しかし、何が強行法で、何が任意法かを決定するには、当該規定の内容や立法精神を考えに入れて決定するほかない。

6 固有法と継受法

ある国の法がどのようにして成立したかという点を歴史的にみた場合、法を固有法と継受法に分けることができる。ある社会において他の社会の法の影響を受けずに発達した法は固有法と呼ばれる。継受法とは他の社会で成立している法を自国の法として輸入したものである。

法の継受の方法には直接継受と間接継受がある。直接継受は、他国の法をそのまま採用し自国の法とするものである。これに対して、間接継受は、外国の法を参考にしたうえで、それを模範とする自国の法を定める方法である。法の継受が起こるとき、継受の結果生じる法を子法、継受のもととなる法を母法と呼ぶ。

●参考文献

伊藤正巳・加藤一郎編『現代法学入門』〔第三版補訂版〕有斐閣、一九九九年
伊藤正巳『近代法の常識』〔第三版〕有信堂、一九九二年
大木雅夫『日本人の法観念』東京大学出版会、一九八三年
川島武宜『日本人の法意識』岩波書店、一九六七年

第2章

財産関係と法

1 財産法とは

1 近代社会における経済活動の自由

前近代的な社会においては、人々は、生まれながらの身分関係に拘束され、職業も世襲とされ、自己の能力によって自由に選択することが難しかった。しかしながら、個人が自らの意思で経済活動を行うことの意義は大きく、近代社会へと移行するなかで、私有財産の尊重や職業選択の自由などに基づく経済活動の自由の保障が重視されるようになっていった。自らの生活は自らの責任で支え、個人は対等な立場で財産取引を行い、独立を保ちつつ、個人相互が共存し、豊かな社会を形成する基礎は、この経済活動の自由の保障であった。

近代社会は、国家が私的個人的な生活関係に不必要に干渉したり介入することを、できる限り排除し、個人を拘束するのは、その身分ではなく、その自由な意思によって締結した契約だけである、との考え方に立つ。また、近代社会を支える基本的な構造は、資本主義ないし自由主義経済である。個人は何らかの財貨（不動産や動産・金銭その他）を所有し、それを活用し、他人に譲渡したり、利用させることによって対価を受け、利益を得る。人々が行う経済活動は、すべてのものを対価性をもつ商品としてとらえ、日々商品を生産し、交換することを前提としている。労働力も、提供すると報酬として賃金を受領しうる商品と考えられるのである。

このような私的・個人的な経済活動（財産取引行為）を規律する法が、財産法である。財産法は、近代資本主義経済社会における商品交換秩序を支える基本的な枠組みである。財貨や労働力（役務・サービス）をめぐる所有や帰属、交換・移転に伴う権利義務の主体、客体（目的物）、財産取引行為の秩序を定める規範といえる。財産法においては、個人の自由な意思と個人相互の信頼関係が尊重され、取引の安全とともに迅速性が重視される。

2 財産法——経済活動を規律する私法

財産法は、私的個人的な生活関係を規律する私法の領域に属する。近代資本主義社会（近代市民社会とも称される）における私法は、国家の政治的権力が、個人の私的な経済活動に直接関与することを避け、個人の私的な自治、個人の自由な意思による経済活動を保障することを根幹とする。個人は、他者と対等な取引を行い、他者に依存することなく自活することを基本とする。このような個人を、近代社会においては、社会を構成する市民としてとらえ、私法を近代市民法とも称するのである。

このような私法の基本法であり一般法であるのが、民法である。わが国における民法は、財産取引を規律する法と家族生活を規律する法から成り立っている。したがって、財産関係の基本を定める主要な法の一つが、民法であるといえるのである。

個人相互間に生じる私的な生活関係一般について基本的な問題を規律する民法という言葉には、形式的な意義の民法と実質的な意義の民法という、二通りのとらえ方ができる。形式的意義の民法とは、民法という名称をもつ法であり、わが国の場合、民法典がこれに当たり、狭義の民法とも呼ばれる。

現行民法典は、第一編総則、第二編物権、第三編債権の部分が財産取引に関する法であり、明治二九年に制定・公布され、明治三一年に施行された。また、第四編親族、第五編相続の部分は家族生活を規律する。この親族編と相続編は明治三一年に制定・公布され、財産法と同時に施行された（第4章「家族生活と法」を参照）。明治初年、わが国は、当時の先進諸国欧米の法制度の積極的な継受を行ってきた。特に、それまで必要に応じて不動産や取引に関する単行法を定めたが、初めての近代的な民法典の制定をはじめ、体系的な法制度の整備が急速に進められた。明治三年、司法卿江藤新平は、箕作麟祥に対して「フランス民法を翻訳せよ、誤訳も妨げず、唯、急げ」との号令をかけたと伝えられている。その後、フランスから法学者ボアソナード博士を法律顧問として招聘し、民法典の編纂が進められ、明治二三年公布された。これが、後に旧民法と称される、わが国最初の民法典であった。しかし、この旧民法は当時、半封建的で、保守的な勢力が支配的であったため、受け容れられず、有名な法典論争（第4章の1参照）の結果、公布後、施行されずに終わった。あらためて民法典編纂のための法典調査会が設置された。穂積陳重、富井政章、梅謙次郎らの起草によって、ドイツ民法第一草案を継受した民法典が制定・公布された。これが現行民法典であり、旧民法において特に反対論が集中した、親族および相続の規定は、西欧キリスト教社会の法制度を部分的にはとり入れつつ、わが国の伝統的な「家」制度を多く残存させていた。

第二次世界大戦後、わが国の大日本帝国憲法すなわち明治民法（第2編「憲法」、第2章参照）を改正する形で昭和二一年一一月三日に制定・公布され、翌年五月三日に施行された現行の日本国憲法の基本原理や理念に反するため、明治三一年民法の第四編親族、第五編相続に関する部分、いわゆる「身分法」ないし「家族法」は、昭和二二年一二月に全面的に改正され、新法は昭和二三年一月一日に施行された。個人の財産取引・経済活動に関する第一編総則、第二編物権、第三編債権の、いわゆる「財産法」も、一部改正され、その後も、昭和三七年、三八年、四一年、四六年、五一年、五四年、五五年、六二年、さらに、平成三年、八年にも改正がなされた。そして、平成一一年には民法における大きな改正がなされ、翌一二年四月一日施行された。それが人（自然人）の意思能力や行為能力に関する規定であった。

この改正は、実に百年を超える大改正といえる。現行の民法典の立法当時は、わが国における国民の平均寿命は、当時の先進諸国に比べ、低いものであった。現代のわが国では、先進諸国の中でも最も急速に高齢化が進む一方、少子化が加速するという社会的・経済的背景の下、明治三一年民法における禁治産制度および準禁治産制度は廃止され、新たに成年後見制度をはじめ、保佐、補助という制限能力者の制度が設けられた。

民法には、民法典のほか、民法の基本原則を補足修正する、さらに多くの法律（一般法たる民法の特別法として制定された法）をも含めた広義の民法があり、実質的民法と呼ばれる。営利を目的とした企業活動や企業組織を規律する商法（第3章の1参照）も財産法の基本法として重要であり、民法に対する特別法としてとらえられる。経済社会の仕組みが高度に発展し、構造や機能が複雑になるに従って、民法や商法のような基本法だけではなく、特殊専門的な分野における対応の必要性に応じ、次第にさまざまな問題を規律する法が制定された。これらの法も民法の特別法としての性格をもつ。建物の区分所有等に関する法律、地上権ニ関スル法律、信託法、立木ニ関スル法律、工場抵当法、仮登記担保契約に関する法律などは、その一例である。

民法は、自由、対等、独立の立場にある私人間を規律するのが原則である。しかし、現実の社会では、必ずしも個人は平等な力関係にあるのではない。さまざまな経済的社会的な強者と弱者の間の生活関係の中では、弱者の保護という立場での立法が要請される。建物保護ニ関スル法律、借地法、借家法、借地借家法などの不動産利用契約関係、利息制限法その他金銭消費貸借契約規制の立法、割賦販売法、訪問販売等に関する法律、製造物責任法、住宅品質確保促進法、消費者契約法などの消費者保護のための立法のほか、労働者保護立法、失火ノ責任ニ関スル法律、自動車損害賠償保障法や任意後見契約法なども広義の民法として重要である。また、財産法や家族法を含む広義の民法では、渉外関係のめぐる準拠法を定めた国際私法たる法例もかかわってくる。さらに、権利義務実現のための手続を定めた不動産登記法や供託法などの手続法（第1章6 3 参照）も財産法の領域に含めて考察される。財産関係を規律するには、いままでにあげてきた成文法だけではなく不文法も同様に重要である（第1章6 2 参照）。慣習法や判例法、そして民事法では条理も不文法源と解される。

2　財産法の基本原則

1　近代社会における財産法の基本原則

近代社会・資本主義経済社会において、個人の経済活動の自由は、私有財産の不可侵、居住・移転・職業選択の自由として、わが国の現行憲法上、自由権的基本権の一つとして保障されている。前近代社会ないし封建社会では、人々は生まれながらの身分により固定化された世襲の職業や居住地に拘束され、自由な通行もままならなかった。財産取引や営利行為にも厳しい制約が加えられていた。このような状況を考えれば、現代社会に生きる私たちにとって当然として享受している、経済活動の自由を支える財産法の基本原則の意義が、あらためていかに大きいものであるか認識されるのである。

時代が近代社会へと大きく変わるとき、人々は、権力者による支配・服従の身分的な拘束を脱し、自由・対等・独立した個人（すなわち近代社会における市民）として、国家の政治的な権力作用からの干渉を排除し、自らの責任で自由な経済活動を行うことができるような変革を求めたのである。それを可能にしたのは市民たちが次第に蓄積してきた大きな経済力である。

自由、活発な経済活動により、個人が利潤を追求し富を蓄積することにより、豊かな国家や社会が形成されるとの考え方に立ち、近代資本主義経済社会は、私法とりわけ財産法を経済活動の自由を保障する枠組みとして、基本原則の確立を必要とした。それは、(1)から(3)にあげる三つの基本原則である。

(1)　私有財産の尊重、所有権絶対の原則

近代資本主義経済社会の根幹をなすのが、この原則である。個人は、財貨（不動産、動産、金銭等）を獲得し、所有することが認められ、それを自らの意思で使用し・収益をはかり、他人に譲渡するなどの処分をなしうることが、法律上、保障される（憲二九条一項、民二〇六条）。国家は、個人の財産の不可侵性を保障するとともに、不必要な干渉は許されないとするのが、この原則である。

(2) 契約自由の原則・私的自治の原則

自己の所有する財産を活用する（他人に利用させ収益をあげたり、譲渡して対価を得る）などの財産取引行為は、個人間の自由な意思に基づいてなされるのが原則である。封建的、前近代的な時代では、契約は必ずしも自由に締結しうるものではなかった。メーン（H. J. Maine）の「身分から契約へ」との言葉に象徴されるのがこの基本原則である。契約の相手方の選択、契約の方式、契約内容も公序良俗に反しない限り自由であり、契約を締結するか否かも、個人の自由な意思決定によるとする考え方である。国家は、封建時代のように経済活動の規制をしてはならないとするのが、私的自治・個人意思自治の原則である。

(3) 過失責任の原則・自己責任の原則

封建社会では、人々の精神的・経済的な活動に対し、厳しい規制が加えられていた。何らかの不始末・事故が起きれば、それを引き起こした本人だけではなく、家族・親類縁者・近隣者にまで責任が及ぶことが多かった。人々は、互いに監視し合い、不都合・不始末・事故を未然に防ぐため、消極的な生活習慣を強いられる結果となった。このような状況の下では、活発な経済活動は抑止されざるをえなかった。そこで、近代資本主義経済社会では、個人が積極的な、自由な経済活動をなしうることが求められ、それを保障するには、万が一の場合の責任の範囲を確定する必要があった。経済活動に伴い、個人が、故意または過失によって他人に損害を与えた場合にのみ、損害賠償の責任を負うものであり、十分な注意をしたのにもかかわらず防ぎえなかった場合には、責任を免れるものである。責任は、他人の責任の連坐責任ではなく、自己の故意・過失についてのみ責任を負うものである、との意味で自己責任の原則ともいう。

2 基本原則に対する修正

近代社会における財産取引を規律する私法は、自由、対等、独立の個人の存在を前提に成り立つ。しかし現実の社会は、経済的・社会的な力関係に差がある不平等な立場に置かれた人々によって構成されている。それにもかかわらず、本来は平等な力関係にある者という前提に立った法を、不平等な力関係にある人々にそのまま適用することは、さまざまな矛盾や弊害を生じさせる結果となる。近代資本主義経済の高度で複雑な発展に伴って、経済活動を規律する枠組みとなる財産法の基本原則は、これを是正しなければ、経済や社会の秩序の混乱は拡大し、経済社会の根幹をゆるがすことになる。そこで、経済的・社会的弱者を保護するため、立法・行政・司法的な手段によって、基本原則は修正の方向に向かった。なかでも、現行憲法で保障される生存権を弱者に保障し、実質的な平等の実現をはかる諸種の立法の出現や、弱者救済のための裁判所の判断の積み重ねによって形成された判例法の果たす役割が注目される。

財産法の基本原則は、次のように修正されてゆくのである。

(1) 私有財産の尊重・所有権絶対の原則に対する修正

私有財産を尊重し、所有権は、完全に個人の自由意思に委ねられるとする考え方は、利潤追求のためには手段を選ばないというような「権利万能主義」を生み出した。貧富の差は拡大し、違法な権利侵害がもたらす損害が多発する。そこで、権利行使に一定の限界を画する必要が生じ、権利濫用の禁止という考え方が一般的になってくる。人々の受忍限度を超えた権利行使は濫用として禁止される（民一条三項）。また、現行憲法二九条二項・三項を基本にした「私権は公共の福祉に遵《したが》う」旨の規定が、民法一条一項におかれている。

立法に先立ち、権利行使の限界を認めた著名な判決がある。一つは、大正八年三月三日大審院判決の「信玄公旗掛松事件」であり、他の一つは、昭和一〇年一〇月五日大審院判決「宇奈月温泉事件」である。権利万能主義について、現行民法上、義務の履行だけでなく権利行使についても、信義に基づき誠実になすべきとする規定がおかれている（民一条二項）。

(2)　契約自由の原則に対する修正

近代社会においては、人々の経済活動に国家が直接介入し、規制することを避けようとする。経済活動を拘束するのは、当事者の自由な意思によって締結された契約である。個人意思自治の原則すなわち契約自由の原則は、本来、人々は経済的・社会的に平等な力関係にあることを前提に成り立つ。しかしながら、現実の社会は、能力や地位、資産その他さまざまな違いをもつ人々が生活をしているのである。契約自由の原則の上に成り立つ自由競争を放任する考え方は、強大な力をもつ者に有利な結果となる。弱者は、ただ、契約を締結するか否かの選択しかできない。しかも、きわめて劣悪な条件の契約でも拒否すれば、生存の危機ともなりかねない。

そこで、従来、近代市民社会の外部から秩序を支え、間接的に私的個人的な生活関係を規律・統制してきた国家法が、私法の領域に積極的に関与しなければならなくなる。社会公共の福祉という理念からも、弱者の保護をはかり、実質的な平等の実現をめざし、私法のさまざまな領域に、国家の公法的な規制を行う立法化が進められてきた。このような立法や判例法の集積によって、契約自由の原則が次第に弱者保護の視点から修正されるに至った。

特に、民法上の雇傭契約（民六二三条以下）を修正する一連の法は、契約内容である労働条件を規制し、勤労者の基本権を保障する性格をもつ典型的なものである。借地借家関係においても、民法上の不動産賃貸借契約では、借地人や借家人の保護が十分ではない。「売買は賃貸借を破る」結果となり、借地の買主が借地人に対し建物収去を求める、いわゆる「地震売買」の多発が、社会問題となった。そこで、明治四二年建物保護ニ関スル法律が制定されるに至った。借地上の建物の所有権保存登記により、借地権の対抗力が認められる。また、この登記は、地主（土地所有者）の協力なしに、単独でなしうる。大正一〇年には、賃貸借契約の存続期間の延長・更新・譲渡・転貸に関して、借地人や借家人の権利を保障する借地法や借家法が制定された。

第二次世界大戦後、経済の高度成長、都会地への人口集中などにより、不動産所有や利用の需要はますます増大し、地価の高騰化現象が著しくなった。借地人保護が強化された借地法や借家法が、不動産利用の供給を妨げ、地価を引き上げる一因にもなるとの理由で、新たな借地借家法の制定が検討され、平成三年公布、翌四年八月に施行された。この新法では、借地権の存続期間を三〇年、更新を制限したり、存続期間を五〇年以上とした定期借地権制度が新設された。また、平成一一年の改正法によって、契約更新がない短期の定期建物賃借権の設定が認められるに至った。

経済的弱者である労働者保護の立法は第5章、消費者保護立法については第3章で解説する。

さらにまた、契約自由の原則は、生活に不可欠な物品、公共性の高い商品やサービスの供給については、契約の締結が強制されるという方向で、修正される。電気、ガス、水道、医療などの契約が、そのような事例としてあげられる。

(3) 過失責任の原則に対する修正

「過失なければ責任なし」とする考え方は、経済活動の自由を保障するうえで重要な原則であった。しかし、他人の故意や過失によって引き起こされた事故の被害者にとって、過失の存在を立証できなければ、損害賠償の請求はできない。「立証責任あるところに敗訴あり」という法諺のとおり被害者の救済は難しい。ところが一方では、科学技術の進歩、産業の発達、企業経営の拡大に伴って、大規模事故や災害発生の危険も増大の一途をたどっている。そこで、損害発生の可能性がある施設・設備・技術・物資を利用し、莫大な利益をあげる個人や企業（経済活動の主体）に、損害発生があれば、重い責任を負わせる必要が生じた。これが、結果責任の考え方である。事故発生の危険性の高い物や技術の利用に課せられる危険責任、利益の帰するところに損失もまた帰するという報償責任が、その基本となっている。また、過失の有無にかかわりなく、損害発生があれば責任を負うべきとするところから、無過失責任ともいわれる。労働者災害補償や鉱害、原子力損害などの賠償責任などが、その例としてあげられる。

なお、被害者救済のため、立証（挙証）責任を、加害者側に転換し、加害者は自己の無過失あるいは第三者の有過失を立証しない限り、免責されないとの考え方（中間責任）をとり入れた規定もある。民法上の特殊な不法行為責任である監督責任、使用者責任、土地工作物の占有者や動物の占有者の責任のほか、自動車損害賠償保障法上の責任などが、その典型例である。

3 財産権

①　財産法上の権利義務の主体

財産権は、私法上の権利（私権）の一種であり、経済的価値の実現を内容としている。財産法は、財産権の変動をもたらす経済活動を規律する。財産権を享有し、経済活動ないし財産取引行為を行う主体は、「人」である。民法上の「人」には、人および人や財産の集合体を一個の法律上の人格と認める法人が含まれる。講学上、生命体である「人」を法人と区別して、「自然人」と呼ぶ。民法第一編は、この財産権の主体である自然人と法人についての規定をおく。

(1)　人の権利能力と行為能力

権利義務の帰属主体となりうる資格を権利能力といい、その始期は、自然人の出生の時である（民一条の三）。ただし、衡平の見地から、胎児の特例が認められる。損害賠償・相続・遺贈について、胎児はすでに生まれたものとみなされ、権利義務の主体となりうる（民七二一条・八八六条・九六五条、労災一六条の二第二項）。権利能力の終期についての明文規定はないが、自然人に属していた一切の権利義務が相続人に承継される相続が開始する、死亡の時と解される（民八八二条・八九六条）。

財産取引行為の意味内容、その結果の利害得失の判断ができるか否かが、経済活動の主体として重要である。このような判断能力を意思能力といい、取引を有効になしうる資格（行為能力）の前提である。意思能力のない者の行為は無効であり、意思能力が不十分であるならば、法律行為は取消可能となる。取引の際、当事者の意思能力の有無を個別に確認することは、迅速性を重んじる取引の実際上、煩雑であり支障をきたす。そこで、あらかじめ、自然人が完全に単独で法律行為をなしうる資格（行為能力）がない場合や制限される場合を、類型的に規定しておくことが必要となる。意思能力の無い者の行為は、無効である。行為能力に制限がある者を、制限能力者として、四種の類型が規定されている（成年被後見人、被保佐人、被補助人については、平成一二年四月一日施行の民法改正法による）。

①　未成年者　　成年年齢は満二〇歳であり（民三条）、成年に達しないものを未成年者と規定する。未成年者には、法定代理人が保護者として、未成年者の財産取引を代理したり、未成年者に同意を与える（民四条）。未成年者でも処分を許された財産や許された営業などはなしうる（民五条・六条）。保護者である法定代理人になるのは、父母などの親権者あるいは未成年後見人である。

②　成年被後見人　　精神上の障害により、常に事理を弁識する能力を欠く状態にある者を対象に、申立権者の申立てによって家庭裁判所が後見開始の審判を行う（民七条・八条）。成年被後見人は、日用品の購入などの例外を除き、単独では法律行為をなしえない（民九条）。保護者である成年後見人は、財産に関する行為の代理権・財産管理権を有し、本人の心身の状態や生活の状況に配慮する義務を負う（民八五八条・八五九条）。

③　被保佐人　　精神上の障害により、事理を弁識する能力が著しく不十分な者に対し、保佐開始の審判がなされる。保護者として保佐人が付けられる。民法一二条一項に定められた行為は、保佐人の同意が必要である。特定の行為について代理権付与の審判を得て、代理権を行使する（民八七六条の四）。また、保佐人は被保佐人の意思を尊重し、その心身の状態及び生活の状況に配慮する義務を負う（民八七六条の五）。

④　被補助人　精神上の障害により、事理を弁識する能力が不十分な者に対し、補助開始の審判がなされ（民一四条）、保護者として補助人が付けられる。この補助制度は、平成一二年四月一日施行された制度のなかでは、従来の禁治産者の後見や準禁治産者の保佐という旧制度にもなかった新設の制度である。日常生活はできるが、高齢による痴呆や知的障害などで判断能力がにぶった者の保護に役立つ。本人や配偶者、四親等内の親族などの申立てにより、家庭裁判所が補助開始の審判を行う。補助人は、高額な財産取引などの特定の行為について同意権をもつほか、代理権付与の審判により、本人の同意を得て代理行為を行う（民八七六条の八）。また、本人の心身の状態および生活の状況に配慮する義務を負う（民八七六条の一〇により民八七六条の五を準用）。

本人以外の者が成年後見および保佐の開始の審判を申し立てるには、本人の同意を要しないが、補助の開始には本人の同意が必要となる。被補助人の精神状態については、精神科医の鑑定書ではなく、主治医の診断書で足りる。さらに、本人に正常な判断能力がある間に、前もって、精神上の障害が生じたり痴呆になった場合の生活や療養看護、財産管理を委ねる者を、契約によって選任しておく場合を規定した任意後見契約法も同時に新設された。制限能力者の審判は、その開始原因がなくなった場合は、申立てによって取消すことができる（民一〇条・一三条・一七条）。

制限能力者の行為は、取消すことができる（民一二〇条）。ただし、詐術を用いて、自己を行為能力者であると、偽った者は、取消権を行使できない（民二〇条）。

(2)　人の住所

財産権の主体である「人」の生活の本拠およびその場所に定住している事実により、一定の場所が「人」

の住所とされる（民二二条）。住所は、民法上は不在者や失踪者の規定の基準とされ、債務の弁済場所や相続開始の場所として重要視される。公職選挙法上の選挙権や、民事訴訟法上の裁判管轄なども、住所を基準に決定される。住所が明らかでない場合は、居所が住所とみなされる（民二三条・二三条）。人の身分関係の変動を公示する戸籍の所在地である本籍地は、住所地とは異なる概念である。

(3) 法　人

法人は、人の集団である社団および財産の集合体である財団などであり、社会的に有用な活動を行う組織体としての法人格が認められている。民法や商法その他の法律によって、人や財産の結合組織体を、法律上の人格として扱う。民法は、人の集団としての社団と財産の集合体である財団に権利能力を認める。これらの法人は、その目的により「営利法人」と「公益法人」に区分される。

法人として権利能力や行為能力を認められ、社会的に活動する法人は、民法や商法（合名会社、合資会社や株式会社）、有限会社法上の有限会社をはじめ、特別法によって法人格が認められた法人としての、労働組合、森林組合、漁業協同組合、農業協同組合、消費生活協同組合、健康保険組合など多種にわたる。問題となるのは、営利目的でも公益目的でもない団体で、社団の実体である代表や意思決定機関をもちながら、民法やその特別法上、法人格を与えられていない団体である。これを、権利能力なき社団あるいは、法人格なき団体と称する。なお、環境保全や福祉などのボランティア活動を展開する市民団体について、平成一〇年三月「特定非営利活動促進法」（ＮＰＯ法）が制定され、民法上の公益法人と並んで、営利を目的としない団体にも法人格が与えられ一定の要件の下の法的な保護が可能とされた。

法人の設立に関しては、特許主義、許可主義、認可主義、準則主義など、その要件がそれぞれの法人ごとに、法律によって定められている。法人は自然人と同様、その不法行為についても責任が問われる。

②財産取引行為

法律上の効果を発生させる行為（法律行為）は、意思表示から成り立ち、単独行為、契約、合同行為の三つに分類される。法律行為には、財産法上の権利義務を発生させる財産行為のほか、家族法上の身分関係の変動をもたらす身分行為がある。

法律行為の要素となる意思表示は、内心の効果意思（真意）と表示上の効果意思（表示）の二つが特に重要である。真意と表示が一致すれば、有効な法律行為が成立する。しかし、表示上の意思と、内心の意思が一致しない場合、真意を重視するのか、表示を信頼するのか、問題となる。民法は、心裡留保（単独虚偽表示）および通謀虚偽表示については、意思主義に立ち、当事者間では無効とするが、第三者保護のため、表示を信頼して取引した者を保護する表示主義を採用する（民九三条・九四条）。意思表示をした者が、真意と表示のくい違いに気づかない錯誤の場合は、無効とされる（民九五条）。詐欺や強迫によって意思表示をした場合は、瑕疵ある意思表示として、取消の対象となる（民九六条）。

法律行為のなかで特に重要なものは、契約である。契約は、原則として、二当事者間の申込みと承諾の意思表示の合致によって成立する。民法は、契約を債権の発生原因の一つとして、第三編債権に規定をおいている。対価的な出捐《しゅつえん》を伴うか否かで、契約は有償契約と無償契約の二つに分類される。また、債務が双方的か一方的かにより、双務契約と片務契約に分けられる。

民法には、一三種類の契約が定められていて、これらの契約は、典型契約と呼ばれる。贈与、売買、交換などは、権利移転型の契約であり、消費貸借、使用貸借、賃貸借は、目的物利用型の契約である。また、雇傭、請負、委任、寄託などは労務提供型の契約とされる。組合、終身定期金、和解などの契約もある。民法上、契約自由の原則から、公序良俗に反しない限り契約当事者は自由にその内容を設定できる。また、ホテルの宿泊契約などの複合型の契約も多数存在する。民法上規定されていない契約を、無名契約ないし非典型契約と呼ぶ。

③ 財産取引行為の客体

取引行為の客体・目的物として、まずあげられるのは、「物」である。民法は、物とは有体物をいうと定義している（民八五条）。また、一般に、土地およびその定着物を不動産、その他の物を動産とし、無記名債権は動産とみなす（民八六条）。土地や建物・庭石・垣根その他の建造物など土地に定着している物を不動産として定めている。不動産以外の物が動産である。物の所有権者は、その物を直接的・排他的に支配し、自由に使用・収益・処分しうる。

直接、物を使用したり支配するのではなく、特定の人に対して物の引渡しや金銭の支払いその他の行為（作為・不作為）を請求すること自体が、財産取引の客体（目的）とされる場合がある。とりわけ、金銭は、経済的には取引を媒介する手段と考えられる。債務者に対する一定の給付を請求する権利（債権）が、証券という券面に表わされ、金融の高度な発達に伴い、大量に流通すると、このような証券自体が取引の客体とされる。民法は、小切手や商品券その他の無記名債権を動産とみなしている。経済の仕組みがますます高度・複雑になり、経済活動の迅速化の要請に伴い、経済的価値を有する財産権が証券として表示され、権利の移転や行使が、証券を媒介としてなされる。このような経済的機能をもつものが、有価証券である。プリペイドカードも有価証券と解釈される。近年、プラスティック製のカード上に、一定の金額がＩＣに入力され、現金と同様、売買契約の代金支払いに際し、決済（債務の弁済）の手段として利用されるようになってきた。小銭もすべてカード上で計算できるし、現金を持ち歩く煩雑さもない利便性が注目される「電子マネー」が「デビットカード」として利用されつつある。

④ 物権と債権

(1) 物権・債権と無体財産権

財産権は私権の一種であり、経済的価値の実現を内容とする。物は有体物であるとともに、その支配可能性という概念によって拡張的に把握される。一方、私権は、公共の福祉に適合するもの、私権は公共の福祉に遵うものとの制約がある（憲二九条二項・三項、民一条一項）。民法は、財産権として、第二編に物権、第三編に債権を規定する。物は「有体物」と定義されるが、現代は、経済的価値と支配可能性という概念に拡げられている。文学や芸術における著作権、特許権、商標権、意匠権、コンピュータ・ソフトなどのように人間の知的考察から産出された無体財産権も含まれる。これらの無体財産権は、知的所有権あるいは知的財産権として、その高い経済的価値は今後さらに重視されるものとなる。

物権は、物に対する直接的・排他的な支配権であり、すべての人に対する関係で物権の存在を主張しうるという性格から、対世権、絶対権とされる。一方、債権は、特定の者（債務者）に対して、一定の給付（物の引渡し、金銭の支払い、役務の提供などの作為あるいは不作為）を請求する権利である。債権の内容の実現には、債務者の自由意思に基づく履行が必要である。また、債権は特定の者（債権者と債務者）との間に生ずる相対権であり、人に対する請求権であるから対人権と呼ばれる。

(2)　物権の特質

物権は、物に対する直接的・排他的な支配権である。債権と本質的に異なる点は、排他的支配性をもつことであり、何人の行為をも媒介とせずに、物に直接はたらきかける強力な権利である。したがって、物権は、同一の客体たる物の上に、同じ性質・内容の権利が重複して存在しえない（一物一権主義）。また、このように強力な権利は、民法その他の法律で、内容が明確に定められたもの以外は認められない（物権法定主義）。物権の優先的効力や物権的請求権の強力な効果は、第三者への影響も大きく、物権の所在・種類・内容・帰属を公示する必要がある（物権の公示主義）。公示の方法は、物権の種類によって、それぞれ異なる。不動産は、不動産登記法上、立木法上の登記、動産は事実上の支配たる占有・引渡し、特殊な動産については、個別に公示方法が定められている。自動車や航空機は登録、船舶は登記、その他判例法上、認められる樹木の集団を一体化し、墨書や立て札による所有権者名の明記、大型機械類のネームプレートなど、「明認方法」が公示方法とされる。

所有権は、物の使用・収益・処分の権能をもつ完全物権である。物の使用価値を支配する用益物権には、地上権、永小作権、地役権、入会権の四種がある。工作物や通路、竹木の植栽のため他人の土地を利用する権利が、地上権（民二六五条）である。耕作や牧畜のための土地利用権が永小作権（民二七〇条）であり、特定の土地の便益のため、他人の土地を利用する権利が地役権（民二八〇条）と呼ばれる。入会権は、一定地域の住民が、共同で山林原野等を利用する、慣習上の権利である（民二六三条・二九四条）。

債権を担保する目的で、物の交換価値を支配するのが、担保物権である。他人の物を占有する者が、その物から生じた債権の弁済を受けるため、その物を留置することができるのが留置権である。先取特権は、衡平の見地から、比較的弱小の債権者を保護するため、特定の債権に認められる優先弁済を受ける権利である。留置権と先取特権は、法律上当然生ずるもので、法定担保物権と称される。

当事者間の設定契約によって生ずる、約定担保物権には、質権と抵当権・根抵当権があり、いずれも、債権の担保方法の一つとして利用される。特に、現代の金融システムの中で、約定担保物権の重要性はさらに高まってきている。債権の担保方法については、新しい形態の担保を含め後述する。

(3)　債権の特質

債権は、特定の人（債務者）に対し、一定の給付（物の引渡し、金銭の支払い、作為または不作為）を請求する権利である。債権の内容は、社会の秩序や倫理観念あるいは正義に反しない限り、当事者が自由に決定できる。同一人が、同一内容の債務を二重に負う契約自体は無効ではない。ただ、履行しうるのは、一方の債務で、他方は不履行となり、その責任を生ずることになる。

債権は、売買、消費貸借、賃貸借、委任その他の契約から発生する（例…売買では、代金支払いや目的物の引渡し請求権が発生する）。

資本主義経済の発達に伴って、物権は債権に対して優越的効力を有するものとして、両者を峻別することの実益が次第に失われてきた。金融の発達により、有価証券に化体した債権の流通の重要性が増し、経済的弱者保護のための特別法により、不動産賃借権が物権化するなどの例は、その典型的な表われといえる。また、本来、債権として規定された、代物弁済や再売買の予約などが、担保方法として活用されるに至り、それまで判例法上積み重ねられてきた新しい担保方法が、「仮登記担保契約に関する法律」によって成文法化された（昭和五三年）。

(4) 債権の担保

債権の弁済を、より確実にするため利用されるのが、担保である。担保には、人的担保と物的担保がある。

① 人的担保　本来の債務者以外の第三者の財産を引当てにするもので、債権者との間の契約によって設定されるものを人的担保と総称する。保証や連帯保証あるいは連帯債務のほか、判例法上認められた併存的債務引受などがある。保証債務（民四四六条以下）は、主たる債務者に対する附従性がある。また、まず本来の債務者に請求するよう、催告や検索の抗弁をなすことができる（民四五二条・四五三条）。

連帯債務は、連帯債務者各自が、債務全額の弁済責任を負い、請求を受けた債務者は、他の債務者の方にまず請求せよと主張することはできない（催告や検索の抗弁権をもたない）。連帯保証は、保証人が主たる債務者と連帯して債務を負うもので、連帯債務に準じた扱いがなされる。

② 物的担保　民法上、留置権、先取特権、質権、抵当権（根抵当も含む）の四種がある。債権の担保として、当事者の契約によって設定されるのが、質権と抵当権である。質権は、目的物の占有が債権者に移転するところが抵当権と異なる。目的物を留置することによって、弁済を間接的に強制する。本来の債務の弁済がなければ、目的物を換価し、それによって優先弁済を受ける。新しい質権とし利用されているものとして、権利質がある。

抵当権は、担保の目的物の占有が、設定者（債務者や第三者）にとどめられる。弁済がないとき、換価し債権の優先弁済が受けられる。抵当権の設定には、登記が必要である。新しい形態の抵当権には、根抵当（昭和四六年改正法により追加、民三九八条の二〜三九八条の二二）のほか、特別法（立木ニ関スル法律、工場抵当法、自動車抵当法、抵当証券法など）上認められた、特殊な抵当権がある。

③　非典型担保　本来、法律が担保方法として定めたものではないが、取引実務上の便宜、実益のため、担保機能を果たしているものを、非典型担保と称する。仮登記を利用した、代物弁済予約、停止条件付代物弁済契約、譲渡担保、買戻しの特約、再売買の予約などである。また、耐久消費財や自動車などの割賦販売契約において、残代金完済まで売主に所有権が留保される形の担保が利用されている。特に、自動車の売買では本来、自動車抵当法で特別の担保権を規定しているが、実際上は所有権留保のほうが多く利用されている。

4　契約と不法行為

1　契　約

契約、事務管理、不当利得、不法行為の四種の債権発生原因が、民法に規定されている。現代の高度、複雑に発展してきた資本主義経済社会において、とりわけ、契約は重要な機能をもち、現代社会は契約社会であるともいえる。

契約は、当事者（通常は二当事者間、あるいは三当事者または多数当事者間）の申込みと承諾の意思表示の合致によって成立する。意思表示は、内心の効果意思と表示上の効果意思が重視され、一定の法的効果を生じさせようとする、人の意識作用である。契約を構成する意思表示自体合致しない場合は、契約は無効となる。心裡留保（民九三条）、虚偽表示（民九四条）や錯誤（民九五条）などがその一例である。また、詐欺や強迫など瑕疵ある意思表示の場合、外観上有効に成立した契約は、取消によって取消された結果、さかのぼって無効となる。

前述したように、民法上一三種類の契約が規定されている。個々の契約については、参考文献によって、個別にその詳細を理解することとなるが、特に消費者のための契約については、第3章「企業と法」の3消費者保護で、重要な問題を述べる。

契約によって発生した債権債務は、当事者の任意の履行によって消滅する。しかし、当事者の任意の履行がない場合、債務不履行の問題が生ずる。債務不履行には、履行遅滞、履行不能、不完全履行の三つの態様がある。不履行の結果、契約は解除され、原状回復義務や損害賠償義務が発生する。

② 不法行為

不法行為とは、故意または過失によって、違法に他人の権利を侵害することで、契約関係のない者など何人の間でも起こりうる可能性がある。

(1) 一般の不法行為の成立

一般に、不法行為の成立要件として、①加害者に故意または過失があったこと、②加害者の違法な侵害行為があったこと、③損害発生があること、④加害者本人に物事の是非を弁識する能力（責任能力）があること、⑤損害発生と加害行為の間に、相当因果関係があること、が考えられる（民七〇九条以下）。

加害者の故意・過失のある場合に限定して責任を負わせることは、経済活動の自由を保障する近代資本市議経済社会において、重要な意義をもっていた。一方、不法行為制度は、個人に対する責任であり、損害を被った者の財産的・経済的な保障であるため、加害者に対し、金銭による賠償を求め、その損害額の塡補をはかるのが目的である。立証責任は、民事訴訟法上、原則的に、損害賠償請求権を主張する側にある。被害者側は、加害者の故意または過失の存在、損害の発生、相当因果関係の存在などを立証しなければならない。その証明ができなければ、現実に被害者を救済することは不可能となる。特に、さまざまな公害裁判における企業側の故意・過失、医療ミスにおける被告側の責任の所在など、企業秘密や専門家の利益保護のガードは固く、被害者側の立証は困難をきわめる。

民法その他の法律では、次第に立証責任を加害者側に転換したり、過失の有無にかかわりなく、損害発生があれば責任を負うとする考え方（中間責任や無過失責任）がとり入れられるようになってきたのである。

(2)　契約責任と不法行為責任

契約関係にある当事者間では、契約責任と不法行為責任が同時に生じうる。借家の失火や医療事故、タクシーや電車の乗客の怪我、欠陥商品による被害などが、その典型的な例である。二つの責任が同時に生じる場合、被害者は両方の責任の請求権を行使できるのか、いずれか一方に限定されるのか、問題となる。契約関係にある当事者間では、まず契約上の債務不履行責任を追求すべきとするのが法条競合説である。学説の多数説や判例では、それぞれの請求権は独立した制度であるから、請求権者は両請求権のどちらでも選択できると解される（請求権競合説）。両責任の効果には大きな違いがないが、立証責任における「帰責事由」と時効期間に差異がある。契約責任には、債務者に「帰責事由」があることが要件となる。したがって、債務者は、自己の責に帰すべき事由がないことを立証しない限り、免責されない。時効に関しては、不法行為は三年、債務不履行の一般債権は一〇年の違いがある。また、不法行為責任においては、非財産的・精神的な損害の賠償も請求できる。

●参考文献

遠藤浩ほか編『民法（一）』〈第四版増補版〉有斐閣、一九九九年
遠藤浩ほか編『民法（二）～民法（七）』〈第四版〉有斐閣、一九九六年
川井健『民法入門』〈第三版〉有斐閣、一九九九年
篠塚昭次『民法―よみかたとしくみ―』〈改訂版〉有斐閣　一九九二年
高梨公之監修『実例民法』自由国民社、二〇〇〇年
田山輝明『ガイダンス民法』三省堂、一九九八年
半田正夫『やさしい民法総則』〈第三版〉法学書院、二〇〇〇年
星野英一『民法のすすめ』岩波書店、一九九八年
米倉明『プレップ民法』〈第三版増補版〉弘文堂、二〇〇〇年

第3章　企業と法

1　商　法

① 商法の意義

商法は、一般には、企業に関する法と解されているが、学説上は、民法とは違った、営利性、非個人性、集団性、反覆性といった商的色彩をもつ法との主張もある。企業法とする見解では、商法の規定の中心は、企業の組織や活動に関するもので、企業という継続的、計画的、組織的な営利行為をなす、一つの経済的な主体のための法として、「商法」をとらえている。商法の中心概念は、企業維持の理念である。利益獲得のため、資本集中を容易にするとともに、広範な活動を行うため、労働力を補充すること、さらに、保険制度を設け、企業の危険負担を分散させる制度をおく。また、企業の独立性、継続性を保つため、組織を構成する自然人とは別個の存在とする考え方が、商法に表われている。

商法制定の歴史は古く、紀元前、世界最古のハンムラビ法典のなかにも、すでに存在していたといわれている。中世においても、商人の同業組合や自治法規としての商法が発達し、近代フランスの商法典の成立がみられ、ドイツにおける商法制定はわが国にも大きな影響を与えた。

実質的な意義における商法は、前述のように、企業に関する法、商事に特有の法規を総称していうが、形式的には「商法」という名称を有する法を意味する。商法の形態と内容は、国によっても異なり、また、時代とともに変遷してきたのである。

2 わが国の商法典

幕末から明治初年にかけて、すでにわが国では、貨幣経済や商業が発達を遂げ、企業活動の気運も高まっていた。社会の実態の要請に応じ、会社や組合の組織、金融機関、手形等に関する単行法の制定が行われた。同時に、商法典編纂の準備が進められ、商事慣例類集が刊行された。明治二三年公布の旧商法典は、外国法継受に傾き、わが国の慣習を顧慮していないとして、施行延期となった。

現行商法典は、明治三二年三月九日に公布され、六月一六日に施行された。その後、明治四四年の大改正により、ドイツ法系の色彩が強くなった。また、英米法系の制度を導入した改正が、昭和一三年に行われ、第二次世界大戦後は、さらにアメリカ法の要素が積極的にとり入れられた。近年、企業の社会的責任が問題となった時期、監査制度の改正がなされ（昭和四九年）、新たに株式会社の監査等に関する商法の特例に関する法律の制定が実現した。

昭和五六年には、株式会社に関する規定の大改正が行われた。この改正で、会社設立の際の発行株式の額面は五万円を下ることができないとされ（商一六六条二項）、端株（商二三〇条の二）、単位株の制度（商法改正附則一五条一項・一六条一項）が定められた。改正法施行前の既存の株式会社の株式については、額面五〇円株は、一〇〇〇株、五〇〇〇円株は一〇〇株で一単位となる。株主総会の運営を適正化するため、提案権（商二三二条の二）、書面投票の制度（商特二一条の三）、株主権行使に関する利益供与禁止制度（商二九四条の二）が新設された。株主総会の運営に不都合や困難をもたらすことを目的に発言し、それと引き替えに企業に金品を要求する特殊株主（いわゆる総会屋）を規制する対策でもあった。

平成二年の改正により、株式会社の資本金は、一〇〇〇万円を下ることができない（商一六八条の四）とされ、その一方、設立の発起人（商一九二条以下）は複数であることを要しないこととなった。さらに、平成五年、監査役の制度の強化（商二七三条・二七四条・二七四条の二・二七四条の三）や株主代表訴訟制度（商二六七条）に関する規定の改正が行われ、現在に至っている。粉飾決算、放漫経営、監督監視義務違反などの経営者の責任を追及する、株主代表訴訟が経営破綻企業の経営陣に対して提起される例も増加している。

③ 商法と他の法律との関係

商法と関連する他の法律との比較により、商法の性格を検討してみる必要がある。商法と民法は、ともに私的個人的な生活関係を規律する私法の領域に属する（第2章参照）。民法は、財産取引や家族生活など、民事に関する一般的な生活関係を規律するのに対し、商法は、商事に関し、民法の個々の規定では対応できない面を補充したり、民法を修正する特別の規定をもつもので、商法は民法の特別法の性格を有する。したがって、民法に優先して商法が適用され、規定がない事項については商慣習法が適用され、商慣習法もないとき、私法の一般法たる民法の適用となるのである（商一条）。商法は、民法の売買契約の規定に対し、商行為の総則や商事売買の規定をおく。民法の原則とは異なる修正が加えられ、民法上の「人」に対しては、特殊な商法上の「商人」の概念を規定し、民法の「代理」に対しては、商業使用人や代理商などの特殊形態を定めている。また、民法には存在しない、商業登記や商号・商業帳簿など、商法に特有の制度を設けている。ところで、商法の基本原理の一つである、取引の安全性や迅速性を重んじる考え方が、民法にも影響を与え、法律行為における外観主義や表示主義の採用に至っていると解される（民法の商化）。

国民経済全体の立場から、国家が経済活動を規制する経済法（例…私的独占の禁止及び公正取引の確保に関する法律、不正競争防止法）に対する関係からとらえると、商法は、経済活動の主体の利益を、企業という個別的な立場において調整する法であると考えられる。

企業の大規模化に伴い、労働力補充の要請が高まる。商法は、取引の安全や円滑化をはかるため、営業主（企業）と営業補助者（労働者）との関係において、代理権の問題を規定し、各営業主体の利益の調整を行う。労働法は、営業補助者（企業の従業員や雇用労働者）を、経済的弱者としてとらえ、その保護をはかる目的をもつ。経済社会の高度・複雑な発展により、強者と弱者の力関係の差がますます拡大し、顕著となってきている。そこで、労働者の生存権を保障し、実質的平等をはかるため、労働者の生活秩序に、国家が関与・介入する必要が生じた。このような目的で制定されたのが、労働法である（第5章参照）。

④　商法の特質

商法の特質は、営利性、簡易迅速性、非個人性・定型性をもつ企業の特質から生ずる。

民法における営利性は、偶然的、潜在的な性格（例…民法上、特約がない限り無償とされる場合が少なくない）であるのに対し、企業活動の営利性は、必然的であり、顕在化している。商人が営業として他人のためになした行為に対し、報酬を請求しうるとするのは、当然のことと考えられている。企業活動は、日常、大量に集団的に反覆されるため、簡易迅速性が要求される（商五〇九条では、契約の諾否は、遅滞なく通知すべきとの義務を規定）。また、企業活動の集団的反覆的営利行為は、取引の個性ではなく、むしろ取引の内容を重視する（例…有価証券）。

さらに、取引の円滑、簡易迅速な処理を可能にするため、定型的、画一的な行為を必要とする。運送、保険、電気・ガス・水道の供給、銀行取引業務などにおける「普通取引約款」による附合契約などが、その典型的な表われである。

取引の安全をはかり、相手方保護とともに、企業利益をはかるための公示が必要とされる。商業登記、会社の設立登記制度などに公示主義が採用されている。また、商法上、表示がなされた場合、その表示に責任を負うとする外観主義、表示主義が基本とされている。

商法上、既存の法律関係をできるだけ尊重する法的確実性とともに、一度設立された企業をできる限り維持しようとする考え方が、特質の一つとなっている。ただし、近年の厳しい経済状況のなかで、人員削減と並んで、会社の営業譲渡や合併・分割が、リストラや経営合理化・強化対策のために、次々に実施されてきている。平成一一年には、株式会社の株式交換制度や株式移転制度が新設された（商三五二条・二七二条）。

5 商法の法源

実質的意義における商法の成文法源は、商法典とその他の制定法である。商事特別法としては、商業登記法、商法特例法、有限会社法、手形法、小切手法のほか、株式会社の監査等に関する商法の特例に関する法律、株券の保管及び振替に関する法律、株式の償却の手続に関する商法の特例に関する法律、会社の配当する利益又は利息の支払に関する法律、社債等登録法、担保附社債信託法、証券取引法、国際海上物品運送法、船舶の所有等の責任の制限に関する法律、商法中署名スヘキ場合ニ関スル法律、などがあげられる。また、商法附則や商法施行法は、商法と一体となって適用される法律である。商事条約は、批准、公布によって商法の法源となり、これは国内商事特別法に優先すると解釈される。

現行商法典は、第一編総則（法例、商人、商業登記、商号、商業帳簿、商業使用人、代理商）、第二編会社（総則、合名会社、合資会社、株式会社）、第三編商行為、第四編海商によって構成される。商行為を定めた第三編は、総則、売買、交互計算、匿名組合、仲立営業、問屋営業、運送取扱営業、運送営業のほか、寄託や、保険などの営業行為について規定している。商行為概念には、基本的商行為と付属的商行為があり、基本的商行為は、絶対的商行為と相対的商行為に分類される。投機購買や投機売却とそれらの実行行為や取引所における取引、手形その他商業証券に関する行為が、絶対的商行為である。行為そのものに投機性はないが、営業として行えば商行為となるのが、相対的商行為である。たとえば、クリーニングや美容室、保険、寄託その他、商法五〇二条に列挙されている行為である。海商を定めた第四編には、船舶及び船舶所有者、船員、運送、海損、海難救助、保険、船舶債権者の各章がおかれている。

2　会社の種類と社員

1　個人企業と共同企業

営業の主体は、商人であり、自己の名をもって商行為をなす者を固有の商人、企業的設備や組織によって営業を行う者を商人とみなし、擬制商人と称する。営業の主体には、個人や法人あるいは組合の三つがあるが、現代社会においては、大部分の営業は、共同企業としてなされている。

ここでは、共同企業の典型的な形態である「会社」をとりあげる。会社は、すべて社団法人であり、営利を目的とする営利法人である。共同目的をもつ複数の人々の集合体で、その構成員（自然人）とは、別個独立した法人格をもち、固有の名称（商号）と住所（本店の所在地）を有する。

2　会社の種類

わが国の法律上は、四種類の会社が定められている。商法には、合名会社、合資会社、株式会社の三種が規定され、商法の特別法である有限会社法上の有限会社を合わせ、四つの形態がある。これら四種の会社は会社を構成する社員（会社の構成員・オーナーのことで、いわゆる会社員のような従業員ではない）の、会社に対する出資義務および会社債権者に対する弁済責任の違いを基準に区別される。

合名会社（商六二条以下）は、会社債務について、会社債権者に対し、直接的に連帯して無限の弁済責任を負う（商八〇条）ところの無限責任社員のみで構成される。直接、無限の連帯責任が生ずる会社事業の経営を、他人まかせにはできないため、社員自らが会社経営にあたる。社員個人と会社企業との関係が、密接な、人的結合の強い会社である。社員数も比較的少数で、社員の地位の譲渡には制限がある（商七三条）。合名会社の社員は、原則として会社の業務執行に携わり（商七〇条）、業務執行の意思決定は社員の多数決によって定められる（商六八条）。定款変更や会社の合併・解散のような重要事項については、総社員の同意が必要となる（商七二条・九四条の二号・九八条一項）。

合資会社は、貸金や売掛金などの会社債務につき、会社債権者に対し、直接の連帯無限責任を負う無限責任社員と、出資額を限度とする有限責任社員から構成される二元的な組織体である（商一四六条以下）。人的会社と物的会社の中間的存在であるが、比較的人的会社の色彩が強い。合資会社には、合名会社に関する規定が準用される（商一四七条）。有限責任社員は、会社の業務執行権や代表権をもたない（商一五七条）が、持分の譲渡等は、無限責任社員全員の承諾があれば、認められる（商一五四条）。

株式会社の社員（株主）は、単に会社に対する出資義務を負うにすぎない（商二〇〇条一項）。間接・有限責任社員から成り立つ会社が、株式会社であり、株主は、会社の経営に関与することを要しない。会社の経営は、社員（株主）総会で選任された者（取締役）に委ねられる。社員（株主）個人に対する信用は重視されず、会社財産の保全が重要とされる物的会社である。社員（株主）の地位の譲渡は自由であり、株主権は株券に証券化されている。社員の地位が株式の形をとり、証券市場における自由取引の目的物とされることにより、資本の集中を容易にし、多数の人々が株式の所有に参加することにより、危険を分散する経済的機能を果たす。このことは、一般大衆の利殖を目的にした、零細な資金まで吸収可能にする制度でもあるといえる。多数の人々の参加が予定されているところの企業の所有は、多数の社員（株主）、経営は少数の担当者というように、所有と経営の分離がなされている。また、企業の所有者の変動による影響を受けずに、株式会社の存続の永続性がはかられている。

有限会社法に定められた有限会社の社員は、株式会社と同様、間接・有限責任社員のみで構成される（有限一七条）。最低資本金は三〇〇万円を下ることは許されない（有限九条、平成二年改正）。社員の総数は五〇人をこえることができないとの制限があり（有限八条一項）、事業の規模も比較的小さく、組織については、株式会社の規定を簡略化し、会社に対する信用は、会社財産にあるとされる物的会社である。社員の地位の譲渡の自由が制限され、社員総会の承認を要する点では、株式会社とは異なる閉鎖的な会社であるといえる（有限一九条二項以下）。わが国の共同企業のなかで、もっとも典型的なものは、株式会社で、およそ一二〇万社を数える。しかし、実情は、その大半が、中小零細な企業で、資本の額が五億円以上または負債の合計金額が二〇〇億円以上の大会社の占める割合は、小さい。合名会社や合資会社は、社員が一人になれば、解散事由が生じる（商九四条・一四七条）。しかし、平成二年の改正後、株式会社は、理論上、一人会社で設立され、一人会社として存続しうることとなった。ただし、資本金は一〇〇〇万円以上を要し、会社財産を確保し、会社債権者保護のため、資本確定の原則、資本充実の原則、資本不変の原則の確立が求められている。資本確定の原則は、会社の設立の際、定款に、発行する株式の総数を記載し、会社の設立に際して発行する株式の総数は、会社の発行する株式の四分の一を下ることができない」とする（商一六六条三項）考え方である。会社は、常にその資本の価額に相当する財産を保有することが必要とされるし、額面株式の額面未満の価額による発行を禁止し、発起人および取締役の引き受けまたは払い込みの担保責任が規定されている（商二〇〇条二項・二〇二条二項・二九〇条）。定款に定めた資本の額は、法律に定めた手続によらなければ、減少させることはできない（商三七五条）とするのが、資本不変の原則である。

③ 株式会社の設立と定款

発起人は、会社の設立に必要な行為をなす。設立には、株式会社の組織、運営に関する根本規則を定めなければならない。これが、定款である。目的、本店の所在地、株式の種類と額面と数、公告の方法、発起人の氏名・住所等を定款に記載しなければならない。そのほか、社員の確定、出資の確定、機関の設置の手続が必要であり、設立登記をしなければ、株式会社が法人格をもち、権利義務の主体となることはできない。

設立には、発起人のみで設立の際、発行する株式の総数を引き受ける「発起設立」と、発起人が設立の際、発行する株式の一部を引き受け、残金については、発起人以外の株主に引き受けを求める「募集設立」がある。わが国では、募集設立が多い。

株式会社の定款には、絶対的記載事項（商一六六条一項）として、目的、本店の所在地、会社が発行する株式の総数、会社の設立に際して、発行する株式の総数および額面・無額面の別と数、額面株式の金額（五万円を下ることはできない）、会社が公告をなす方法として、官報または日刊新聞紙名を特定すること、発起人の氏名および住所などの要件である。この絶対的記載事項の一つを欠くと、定款全体が無効となる。

定款の相対的記載事項とは、定款に記載しなくてもよいが、有効とするためには定款に記載する必要があるとされる事項である。発起人に付与される「特別受益」、現物出資に関する事項、会社の成立後に譲り受けることを約した財産、設立費用および発起人の報酬などである。

④ 株式会社の機関

株式会社の社員すなわち株主は、株主総会を構成し、会社の意思決定を行うが、社員資格と機関資格が分離され、会社の所有と経営は切り離されている。会社の機関として、株主総会のほか、会社の代表および業務執行機関である取締役会、さらに業務監査と会計監査を行う監査役があり、これら機関を常置しなければならない。前述の大会社には、会計監査人制度の設置が義務づけられている。株主総会は、法令に定められた事項と定款に定めた事項を決定できる（商二三〇条の一〇）。営業譲渡、定款変更、資本減少、解散や合併などの事項と取締役・監査役の選任や解任、検査役の選任などについて決定権をもつ。

取締役には株主でなくても就任できる。取締役は、取締役会に出席し会社の意思決定を行い、会社の業務全般に携わる。取締役会は、取締役全員で構成され、会社の意思や業務執行が決定される。株主総会や取締役会での決議を執行するのが、代表取締役である。代表取締役は取締役の中から取締役会の決議により少なくとも一名が選出され、会社の代表機関であると同時に、業務執行機関となる。

臨時の必要があれば、会社の計算の適否や、業務執行上の処置の適否を調査する検査役をおくことができる。

⑤ 社　員

会社の構成員が社員である。株式会社の社員を、株主という。株主の地位が、単位化されたものが株式であり、株主は、会社に対し、一定の出資義務を負う。この義務は、株式の引受価額を限度とし、株主有限責任の原則（商二〇〇条一項）により、それ以外の責任は負わない。株式の所有者たる株主の地位を、証券化し、証券市場で流通する商品にしたものが、株券である。株券には、額面株式と無額面株式があり、会社は一方のみを発行しうるし、双方の発行も可能である。

各株主は、その所有株式の数に応じて平等な扱いを受けるが（商二四一条一項・二九三条）、優先配当を受ける代償として、議決権をもたない配当優先株式もあり、株主平等の原則の例外とされる。株主の氏名、住所、保有株式数および株券に関する事項を記載した株主名簿を、本店または名義書換代理人の営業所に備えておかなければならない。

株主の権利は、自益権と共益権に分けられる。株主買取請求権、利益配当請求権、新株引受権、残余財産分配請求権など、社員自身の経済的な利益となるのが、自益権である。株式会社の目的を達成するため、会社の運営、管理に関与することを内容とした議決権や、株主総会の決議取消を訴える権利、取締役の違法行為の差止請求権、各種書類の閲覧請求権などは、共益権とされる。

3　消費者保護

1　消費者保護のための法律

私有財産の尊重、契約自由の原則、過失責任の原則の指導理念に支えられた財産法は、経済活動の自由を保障し、他人の製造・供給する商品やサービスを購入・利用する消費者は、製造・販売供給業者と対等な経済的力関係に立つ当事者として規定される。しかし、現実の社会では、企業が大量に製造・供給する商品やサービスを購入・利用する消費者は、経済的・社会的に不利な、弱い立場におかれている。契約自由の原則の下、生活用製品や、運送、保険、銀行取引、電気ガス、水道などの供給をめぐる契約内容について、業者が一方的に定型化した普通取引約款を認めるか、契約を締結しないかの自由しかない。日常、頻繁に、大量に反覆される普通取引約款をもつ定型的な附合契約において、経済的弱者たる消費者の立場が不利なものとなる。

経済社会の高度・複雑な発展とともに、高度に進歩し開発された、新しい科学技術を駆使して生産された製品や敷設された工作物や施設など、文明の利器が積極的に活用されてきた。便利ではあるが、万が一、事故が起きれば、予測をこえる損害発生の危険性も増大している。

現代社会において、契約や不法行為の問題に関連して、経済的力関係において、本来、企業に対し弱い立場にある消費者の保護が、要請されるようになった。ある程度、経済活動の自由に制約を加えたり、悲惨な事故の被害者の救済（少なくとも経済的な保障）をはからなければならない。

日本経済の高度成長に伴い、消費者被害も多発し、深刻化してきた。製造・供給される製品やサービスの安全性の確保、契約締結の際の表示、価格、販売方法などに、消費者保護の見地から、立法化が進められてきた。しかしながら、消費者保護というよりは、いまだ、中小零細業者（弱者）の利益を考慮する方向に傾くため、消費者保護が十分ではないという、矛盾も少なくない。

平成一二年五月、消費者個人と事業者との間の商品やサービスの契約をめぐるさまざまな紛争を、未然に防ぎ、またトラブルを解決するため、当事者双方に努力義務を課す「消費者契約法」が制定された。この法律は、平成一三年四月一日施行の予定である。契約締結の際、事業者が、事実と異なることを告げたり、重要事項について誤認させる事実を告げたり、不利益となる事実を故意に告げなかったなどの事情があれば、消費者は当該消費者契約の申込みや承諾の意思表示を取消すことができる（消費者契約四条一項・二項）。また、訪問販売などの勧誘の際、事業者が消費者の意思に反した不退去、あるいは勧誘の場所から消費者を退去させない「監禁」した場合も取消すことができる。この場合、消費者は事業者に退去や不要の意思表示をする必要がある。長時間にわたるしつこい電話勧誘あるいは催眠商法などは、消費者契約による救済の対象外となるし、契約上の重要事項について情報提供を事業者に義務づけてはいない。そのため、消費者契約法による救済にも、限界がある。契約締結に際して、取消しの理由があることを、消費者が立証しなければならない。そのため、勧誘の状況をテープに録音や録画したり、書面に説明内容を書かせたり、第三者に立ち合いを依頼するなど、後日のトラブルに備えた注意が必要である。

この取消権は、追認できる時から六カ月行われない場合および契約締結の時から五年を経過したとき、時効によって消滅する。消費者契約法は、契約の内容に、事業者の損害賠償の責任を免除したり、消費者の損害賠償支払いを予定したり、消費者の利益を一方的に害する条項があるとき、これらの条項は無効となると定めている。

② 製造物責任

製造・供給された商品やサービスに欠陥があった場合、民法上、被害者は、契約に基づく責任と不法行為責任を問題にする。商品やサービスを購入した場合、売買契約上の目的物の隠れた欠陥（瑕疵）があったとして、売主に対し、代金減額あるいは契約解除・損害賠償の請求権を生じる（民五六一条〜五七〇条の担保責任）。また、債務の履行としての給付（目的物の引渡し）はなされたが、それが不完全であれば、完全な物の引渡し（追完）請求ができる。さらに、それによる新たな損害を被ることもある。たとえば、食料品に病原菌が混入していて、それを食べた消費者が、食中毒にかかった場合などである。このような場合、損害賠償請求がなしうる。しかし、この契約上の責任は、物やサービスを直接、契約によって購入したり、利用しているのではない者が被害者となることがある。被害者は、使用する物やサービスの欠陥（瑕疵）により、損害を被った場合、民法上は、不法行為責任（民七〇九条）として追及することができる。

現代社会では、日常、大量に取引され、消費者の生活用品として利用される物やサービスは、ますます多種多様となってきている。食品、医薬品その他の化学薬品、食品添加物、自動車、家電製品などの欠陥が、人の生命や身体に危険をもたらすことも多い。わが国では、過去において、砒素混入の粉ミルク、食料油、睡眠薬や胃腸薬さらに血液製剤などで多数の被害者を出した事件が、大きな社会問題として、人々の記憶に残っている。そこで、これらの物を製造・加工した企業に厳しい責任を課す必要が生じてきた。しかしながら、民法上の責任を問うには、商品やサービスの欠陥の存在、製造者や販売者の故意または過失という、企業側の「帰責事由」の存在、損害発生との因果関係の存在を、被害者側が立証しなければならない。原材料の物質・成分、製造工程や製品管理などの情報は企業側にあり、欠陥商品の被害者が、民事上の責任を追及するには限界がある。

そこで、商品の品質の確保や、安全性の保障のための規制を目的とした、一連の消費者保護のための法律が、民法の特別法の形で次第に整備されていった。

平成六年七月一日に公布され、翌年七月一日に施行された製造物責任法は、いままで欧米にくらべ立ち遅れが指摘されてきた欠陥商品による被害者救済の道をひらくのに、一歩前進したものと考えられる。製造物責任法は、マスコミや一般では、ＰＬ法（Product(s) Liability Act）と呼ばれ、製造または加工された動産を「製造物」として定義づけ、その欠陥により人の生命、身体または財産にかかわる被害が生じた場合の製造・加工業者の損害賠償責任を定めたものである。特に、被害者が、通常予見される使用形態において安全性を欠く製造物の引渡しを受けた後、欠陥によりその生命・身体または財産を侵害された場合、製造業者は損害賠償責任を負う。製造業者等の側で自己の無過失などの免責事由の存在を立証しなければならない点で、被害者救済の可能性が以前にくらべ大きくなったといえる。

また、欠陥自動車による故障や事故を未然に防ぐため、自動車のユーザーが不具合を発見した場合、自動車の製造・販売会社に速やかに連絡すると、メーカーは、それが製造過程での欠陥が原因であると判断したとき、その故障の事実をユーザーに知らせ、無償で修理しなければならない。これは、道路運送車両法に定められた車のリコール制度であり、メーカーはリコールの事実を、運輸省に届け出ることが義務づけられている。

製造物責任法の対象は、動産であるが、消費者、特に一般庶民にとって、土地・建物などの不動産の購入については、慎重を要するが、欠陥住宅をめぐる問題も、昨今、大きな社会問題となっている。この住宅の欠陥問題に対応する住宅品質確保促進法が、平成一二年四月一日に施行された。従来から、住宅など高額な商品の品質や性能の保証期間が短かく、居住後何年か経過して、手抜き工事や資材や材質の欠陥が見つかっても、修理に多額の費用がかかるなどのケースが少なくなかった。そこで、この法律は、瑕疵の保証を一〇年間にするとともに、新たに、同年一〇月一日から住宅性能表示制度を設け、指定住宅性能評価のための第三者機関を設置、指定住宅の紛争処理体制を整備することが実現されることとなった。

③ クーリングオフ制度

現代社会における経済活動の自由の保障は、さらに自由競争を基本とした、商品の生産、流通、交換を是認している。営利目的で、手段を選ばず取引を行う企業の競争原理のなかでは、多少の背信行為も、違法・脱法行為でない限り、みすごされがちである。しかも、次から次へと、新しい手口で消費者を誘い込む、いわゆる「悪徳商法」の被害はあとをたたない。刑事法や行政法上の取締りだけに頼っていては不十分である。消費者自身が自己防衛のため、契約締結の際の慎重な判断力を養っておく必要がある。特に金融商品などの契約には、契約内容の詳細を検討し、自己責任の重さを認識しておかなければならない。民法や商法、消費者保護法などの正しい法律知識の習得が、被害を未然に防ぐことにつながる。

代金を一括払いではなく、賦払いにする場合、販売業者は、代金債権の回収を確実にするため、さまざまな条項を盛り込んだ契約書を準備している。約定によっては、買主である消費者が一方的に不利になることもある。そこで、昭和三六年、割賦販売法が制定された。この法律は、消費者保護と中小零細販売業者の利益の確保を調整する役割をもつ。購入者から代金を二カ月以上にわたり、三回以上に分割して受領する販売や、ローン提携販売で、同様の賦払いをなす場合で、この法律に指定された商品の販売に適用される。賦払金の不履行による契約解除をある程度制限し（割賦販売五条）、また、営業所以外の場所で締結された契約の無償撤回を認めている（同四条の二）。これが、クーリングオフ制度である。販売業者が、契約の申込み内容を記載した書面を、申込者に交付した日から起算して、八日内であれば、撤回できる（同四条の三第一項）。この八日間がクーリングオフの期間である。

営業所以外の場所において勧誘した契約について適用される、訪問販売等に関する法律（昭和五一年制定）

においても、八日間のクーリングオフ期間が認められている。

さらに、訪問販売等に関する法律および特定商品等の預託等取引契約に関する法律では、いわゆる「マルチ商法」（連鎖販売取引）の被害を防止するため、平成八年の改正によりクーリングオフの期間は、書面を受領した日から起算して一四日から二〇日に延長されている（訪問販売一七条、特定商品八条）。

通信販売などで、注文しないのに送り付けられた商品の取扱いが問題となる。消費者が承諾をせず、また、業者も引き取らない場合、送付された日から一四日を経過すれば、業者は、その商品の返還請求ができない（訪問販売一八条）。

また、エステティックサロンや語学教室、家庭教師派遣などの、継続的役務提供（サービス）について、従来は、一部の業界の自主規制のみであったが、平成一一年の法改正により、業者に誇大広告を禁止、書類の備付け・閲覧、重要事項の開示を義務づけるとともに、八日間のクーリングオフ制度を認めた（訪問販売一七条の二〜一七条の一二）。この改正によって、苦情が絶えなかった、これらの業者と消費者とのトラブルを解決しやすくなった。

クーリングオフ制度を利用するに際して、注意を要するのは契約の撤回や解除の意思表示の方法である。電話や普通郵便あるいはファックスなどで通知するよりは、後日のトラブルを避けるためにも、葉書で書留にし、コピーをとって、控えを残しておくとよい。ことに、詐欺まがいの「悪徳商法」が疑われる場合、配達証明付きの内容証明郵便を利用するほうが確実である。また、トラブルが起きたり、被害にあった場合、泣き寝入りせず、地域の消費者センターの相談や各種の法律相談を利用するなど、解決策を講じることも大切である。

近年、急速に普及が進んだインターネットを利用した、電子商取引をめぐる法制度整備が速やかになされる必要が指摘される。すでに、ネット販売が盛んに行われ、時には犯罪がからんだりしている。インターネットで購入し、クレジットカードで分割払いをする事例も増えている。このようなネット販売にも割賦販売法が適用される。もしも、購入した商品に欠陥があった場合、その時点で支払いの停止を請求できる。

●参考文献

奥島孝康『プレップ会社法』〔第三版〕弘文堂、一九九三年
木内宜彦『プレップ商法』弘文堂、一九八六年
倉沢康一郎・奥島孝康編『商法キーワード』有斐閣、一九九四年
近藤光男編『現代商法入門』〔第三版〕有斐閣、二〇〇〇年
龍田節『会社法』〔第七版〕有斐閣、一九九八年
服部栄三・北沢正啓編『商法』〔第七版〕有斐閣、二〇〇〇年
前田庸『会社法入門』〔第六版〕有斐閣、一九九九年

第4章　家族生活と法

1　家族法とは

1　家族と家族法

家族は人間にとってもっとも普遍的は集団であり、もっとも小さな社会ともいえる。いつの時代、どんな国においても、人々は家族という共同体を形成して暮してきたのである。もっとも、「家族とは何か」という問いに答えるのは、それほど容易ではない。家族は、異なる性や年齢、異なる世代の人々が構成する集団であり、夫婦関係を基礎に、親子やきょうだいの関係が派生する。また、家族は、きわめて多面的、無限定的な機能をもつ。生活保障や福祉の追求、生殖や性欲求の充足、子女の教育、伝統や文化の承継、家族構成員の物心両面の安定など、実に多種多様である。特に現代の家族には、さまざまな形があり、一定の類型や一面的な価値観ではとらえられない存在である。たとえば、同性カップルにも家族共同体としての法的保護を容認している国もある。

家族のあり方は、それぞれの社会の習俗、宗教、道徳・倫理等の社会規範によって規制される。とりわけ国家の政治的な権力作用によって強制される法規範と家族のかかわりが重要となる。

家族生活を規律する法を家族法と称する。わが国の家族法は、夫婦と親子を中心とした身分関係を規律する法（親族法）と、一定の身分関係にある者の間の財産承継を規律する法（相続法）を含む。また、家族法は、人の身分関係（夫婦、親子・きょうだい等）を規律の対象にしているところから、身分法ともいわれている。

② わが国の家族法

家族法の基本は、民法第四編親族と第五編相続である。この親族と相続に関する規定を歴史的に考察すると、大きな変遷がみられる。

まず、明治二三年に制定・公布された旧民法があげられる。フランスの法学者ボアソナードを中心に編纂された民法典である。旧民法は、フランス民法の影響を強く受けたもので、ローマ法方式（インスティテューティオネン・システム）をとり、総則はおかれていない。この民法典は、明治二六年一月一日施行の予定であった。人事編や財産取得編の一部分は、日本人委員が起草したものであるが、個人主義的色彩をもつフランス民法の影響もあり、激しい批判・攻撃を受けた。これが、有名な民法典論争である。日本の伝統的な醇風美俗の精神が失われるとの懸念を表わした、穂積八束の「民法出デテ忠孝亡ブ」の言葉は、つとに有名である。

この民法典論争（仏法学派対英法学派、新興の自由主義対保守主義の論争ともとらえられる）は、施行延期派の勝利となった。あらためて、旧民法の徹底的な修正と新たな民法典編纂が開始された。明治二六年、穂積陳重、富井政章、梅謙次郎らの法典調査会が発足した。当時、民法典編纂を進めていたドイツ民法第一草案が模範とされ、ローマ法学説上の論理構成たる、総則、物権、債権、親族、相続の五編のパンデクテン方式（パンデクテン・システム）が採用されている。

家族法の領域については、日本の伝統的な家父長制（特に武家の制度）を温存し、前近代的な儒教的な道徳や倫理を基本にしたいわゆる「家」制度を再編成したのである。第一次産業（農林水産漁業）に従事する家族、商店、工場を経営する家族は、直系家族の形態をとり、生産の主体として大家族を構成する。先祖伝来の家産、家業、家督、家風の一子単独承継が行われる半封建的な家族制度が、わが国の一般の人々をあまねく規律する家族法となった。

ドイツ民法を継受したわが国の民法典は、総則、物権、債権の三編（財産編）が、明治二九年に制定・公布され、明治三一年、親族と相続の二編（身分編）の制定・公布後、同時に施行された。

ところで、わが国では、産業革命を経て急速に工業化社会に変わりつつある民法制定当時、すでに農村から出て、都市労働者として生活する夫婦家族（小家族）にとって、民法の「家」制度は、現実と乖離していた。強大な戸主権の下に、結婚や養子縁組みなど個人の自由意思すら認められない、家族法の規定はさまざまな矛盾に直面していた。

明治から大正・昭和へと時代が変わりゆくとともに、家族法の部分的な見直しも検討されたが、大きな変革は、第二次世界大戦後、日本国憲法の制定・施行によるものであった。現行憲法二四条は、「家族生活における個人の尊厳と両性の本質的平等」を定めている。これが、家族法の理念であり、基本原則であると解釈される。男尊女卑の考え方や長幼の序を重んじる民法の親族・相続の身分編は、新しい憲法の規定する条項に反するという理由から、全面的な改正が必要となった。改正法は、昭和二二年一二月に公布、翌二三年年一月一日施行された。明治三一年制定・施行の親族編・相続編は、後に民法旧規定ないし旧法と称されている。昭和二三年施行の民法第四編親族、第五編相続は、現行の家族法であるが、その後の経済的・社会的な実情に応じ、何度か改正が行われ、現在に至っている。

家族法の法源は、中心となる民法第四編親族と第五編相続のほか、家族生活を規律する諸種の法（成文法および不文法）である。親族・相続関係の準拠法を決定する法例、人の身分関係変動の登録、公示、公証のための戸籍法、家事事件の手続を定める家事審判法、家事審判規則、夫婦や親子関係をめぐる訴訟手続を定めた人事訴訟手続法、年齢計算ニ関スル法律、年齢のとなえ方に関する法律なども、家族法の領域に含まれる。そのほか、子の教育、健全育成にかかわる教育基本法、学校教育法、少年法、児童福祉法なども重要である。また、労働基準法をはじめとする労働立法、特に雇用の分野における男女の均等な機会及び待遇の確保等に関する法律（「男女雇用機会均等法」と略称）、育児休業、介護休業等家族介護を行う労働者の福祉に関する法律（「育児介護休業法」と略称）などが、注目される。

さらに、生活保護法、老人福祉法、児童手当法、国民年金法、厚生年金法や国民健康保険法、老人保健法、心身障害者対策基本法、身体障害者福祉法、精神薄弱者福祉法、母体保護法など諸種の社会立法なども家族法と密接なかかわりをもつ。平成一一年に制定された男女共同参画社会基本法もまた、男女の人権の尊重、男女の社会参画、家族を構成する男女の家族的責任など、今後のわが国の家族とそれをとりまく社会のあり方の基本を定めた法や、介護の社会化をめざして平成一二年四月一日施行された介護保険法なども、家族法の領域の中で重要な法としてとりあげられる。

国内法だけでなく、一九七九年、国際連合総会で採択された「女子に対するあらゆる形態の差別の撤廃に関する条約」(わが国では、一九八五年批准され発効)や、一九九四年五月に発効した「児童の権利に関する条約」のほか、ＩＬＯ条約、その他諸種の条約も重要である。

成文法だけではなく、家族生活を規律する法として、注目しなければならない法には、慣習法や判例法があげられ、その果たす役割が大きい。特に、成文法も慣習法も存在しない紛争事件を、裁判所が条理に基づき解決のための判断基準を示し、それが先例として重要な意味をもつことも少なくない。内縁の効力に関する大正四年一月の大審院判例や、有責配偶者からの離婚請求を一定の条件の下に初めて認めた、昭和六二年九月の最高裁判例などをはじめ、家族法の領域において、形成される多くの判例法も、家族法の法源として特に考察の対象となる。

３　家族法の特質

家族は社会を構成するもっとも基本的な集団であり、人類の長い歴史のなかで、夫婦や親子の関係をはぐくむ環境と機能を家族に求めてきた。家族は、愛情や血縁で強く結ばれた強固で、もっとも私的個人的な関係であるから、本来国家は介入する必要がないとされる。しかし、一方では、家族は社会を構成する基礎となり、その安定は、社会や国家の秩序につながるため、国家法は、一定の倫理観念で、家族を規律し、類型化する。家族法は、家族の行為規範として、必要最小限の規律を遵守するように、強行法の形をとることが多い。

わが国の家族法の特質として指摘されているのは、二重の価値観倫理観の交錯である。明治期に欧米キリスト教社会の法制度の継受が積極的になされたが、家族法の領域では、伝統的な「家」制度の存続がはかられた結果である。昭和二二年の改正法で、法律上の「家」制度は廃止されたが、人々の生活の実態においては、まだ「家」の観念の残存がみられる。

家族法の解釈には、非合理的、感情的要素にも配慮しなければならない。また、家族法は、社会の流動変化による影響が著しく、時代の変遷に伴って、家族法を改正することが要請される。

第二次世界大戦後の、家族法の全面的改正に加え、昭和三七年には、相続人不存在の場合の特別縁故者に対する相続財産分与制度が創設され、昭和五一年改正法は、離婚の際の婚氏続称、昭和五五年改正による配偶者相続分の引き上げ、寄与分制度の創設を行った。昭和六二年には、特別養子制度を創設する法改正が行われた。

平成二年には、法制審議会民法部会身分法小委員会において、婚姻および離婚制度の見直しが検討され、平成四年に中間報告が出された。女性の高学歴化や社会進出、少子・高齢社会の到来などによる、家族の多様化や変容という社会的状況の変動に対応する動向であった。夫婦別姓選択制、積極的破綻主義の導入や、非嫡出子の相続分の改訂などを内容とする民法改正案要綱が、平成八年にまとめられた。しかし、これを受けた形での改正法案は、まだ国会に提出されていない。夫婦別姓選択制導入に対しても、家族の一体性や子の姓の問題、離婚により配偶者や子が精神的、社会的、経済的に苛酷な状態おかれる場合は請求を棄却しうるとの条項が付けられても、五年の別居期間後の離婚を認めることなどに対し、時期尚早を理由にした反対意見が少なくない。

④ 家族と親族

民法第四編親族の総則には、親族の範囲について、六親等内の血族、配偶者、三親等内の姻族が親族であると規定されている（民七二五条）。この親族概念は、現行家族法が前提とする夫婦家族（小家族）とは異なり、かなり広範囲の者も含まれる。親等は、親族関係の遠近を表わす単位で、小さいほど近い。自己を基点に数える。直系親族は世代数であるが、傍系親族は、同一の始祖から分岐したもので、始祖にさかのぼって親等を計算する。血統や血縁でつながる自然血族のほか、養子縁組によって法律が血族を擬制した法定血族がある。婚姻の相手方が配偶者であり、民法上は、法律婚に限られる。配偶者の一方と他方の血族との間に生じるのが姻族関係である。

なお、自己より前の世代に属する親族は、尊属であり、後の世代に属する者が卑属である。親族関係は、民法上、成年後見・保佐・補助開始の審判の申立権や近親婚の禁止や扶養、相続などの規定に関連を有する。そのほか、刑法、刑事訴訟法、民事訴訟法その他の法律にも、効果が及ぶ。

⑤ 戸籍と世帯

家族と混同しやすい法律上の概念として、「戸籍」や「世帯」がある。戸籍は、夫婦・親子、きょうだいなどの身分関係の存在と変動を登録、公示する帳簿である。現行家族法は、一組の夫婦とこれと氏を同じくする未婚の子によって、一つの戸籍が編製される。

「世帯」は、住民基本台帳法上、住居と生計を同一にする者で構成される単位であり、一つの住民票に記載される。

2　夫婦と親子

1　夫婦の法律

現行家族法が前提としている夫婦家族は、男女の結婚によって成立する。法は一定の方式に従った男女間の結合のみ、法律上の結婚すなわち婚姻として是認する。結婚について、法律上一定の方式を具えることを要求する考え方が、法律婚主義である。近代国家の家族法は、一夫一婦の婚姻秩序を定め、婚姻の成立や解消を明確にするため、婚姻の成立や解消についての要件を規定している。

わが国の家族法においても、当事者の婚姻意思の合致のほか、戸籍法上の届出を要するとしている。

2　婚姻の成立と効果

当事者双方の合意があり、法に定められた婚姻障碍（届出不受理や取消原因）に該当する事情がなければ届出により婚姻は有効に成立する。婚姻障碍としては、①不適齢婚（男一八歳、女一六歳未満）、②重婚、③近親婚（優生学上、倫理上の禁止）、④女性の再婚禁止期間内の婚姻、⑤父母の同意を欠く未成年者の婚姻などが、規定されている。なお、①の婚姻年齢や④の再婚禁止期間については、婚姻及び離婚制度改正要綱案では、改正が予定されている。

①から④の婚姻障碍に該当する場合、届出が誤って受理された後でも、取消の対象となる。また、取消権者は、当事者や親族のほか、当事者の一方が死亡した場合を除いて、検察官も公益を代表して取消請求権を

もつ。婚姻が詐欺・強迫による場合、当事者はその婚姻を取消すことができる。ただし、当事者が、詐欺を発見し、強迫をまぬがれた後、三カ月を経過し、あるいは追認した場合、取消はできない。

婚姻の効果は、一般的・身分的効果と財産的効果に分類できる。

婚姻の際、夫または妻、どちらか一方の氏を共通の氏として選び、その氏をもつ配偶者を戸籍筆頭者とする、夫婦の新戸籍が作成される。夫婦間には、同居、協力、扶助義務が生じる。また、同居義務や、不貞行為が離婚原因とされるから、夫婦は互いに貞操義務を負う、と解釈される。夫婦の円満な婚姻共同生活を維持するうえで、夫婦間の契約は、婚姻中、いつでも一方から取消可能である。この契約取消権の濫用を防止するため、婚姻破綻後は取消権行使は許されない。なお、この夫婦間の取消権は、改正要綱では、削除の方向である。配偶者の一方が死亡したとき、他方は遺産の相続権をもつ。

当事者以外の者に及ぶ効果として、夫婦間の出生子は嫡出子となるほか、配偶者の血族との間に姻族関係が発生する。

婚姻によって生じる財産的効果について、民法は夫婦財産制の規定をおく。婚姻前夫婦間の財産契約を締結し、登記しておくことができる。このような財産契約がないときは、法律の規定に従う。法定財産制は、別産制の原則をとる。夫婦は、財産法上は独立した人格をもち、その固有の財産は、婚姻後も別所有・別管理である。帰属不明の財産は共有と推定される（民七六二条）。

婚姻費用（いわゆる家計費）は、夫婦の資産、収入その他一切の事情を考慮して各自分担する（民七六〇条）。専業主婦の家事労働の法的評価は、この規定を根拠にしてなされる。

日常家事債務に関しては、夫婦は、第三者に対して連帯責任（民七六一条）を負う。日常家事債務については、当該夫婦の資産、職業、収入、社会的地位等から個別具体的に判断される。

なお、婚姻届を欠く事実婚（内縁）夫婦には、戸籍法上の効果がかかわる婚姻の一般的効果は、一切生じないが、同居、協力、扶助義務や貞操義務を負うと解される。また、財産的な効果についても、契約財産制の適用はないが、別産制の原則、夫婦共有財産の推定、婚姻費用分担の規定など、できる限り婚姻に準じて扱うことができるものと考えられる。

③ 離婚

婚姻は、当事者の死亡あるいは離婚によって解消する。死亡による解消の場合、婚姻の効果は、相対的に消滅するが、離婚の場合、婚姻の効果が絶対的に消滅する。

わが国では、離婚の制度として、協議離婚と裁判離婚の二通りの方法がある。協議離婚は、離婚原因の有無にかかわりなく、当事者が離婚に合意し、離婚届を提出・受理されれば成立する。現在、わが国の離婚の実際は九割程度が、この協議離婚によるものである。

裁判所が関与する離婚は、家事審判法、家庭裁判所の判決による離婚である。現行法は、不貞行為、悪意の遺棄、三年以上の生死不明、回復不能な強度の精神病を絶対的離婚原因として定めている（民七七〇条）。そのほか、婚姻を継続しがたい事由があるとき、離婚の請求をなしうる。ただし、裁判所はこれらの離婚原因があっても、一切の事情を考慮して請求を棄却しうる（同条二項）。裁判離婚は通常裁判所への申立ての前に、まず家庭裁判所の調停手続を行う。調停不成立の場合は、家庭裁判所の審判手続を申し立てることができる。

離婚の成立によって、婚姻の効果が消滅するが、届出により、婚姻中の氏を続けて使用できる（昭和五一年改正）。配偶者の一方は他方に対し、婚姻中に形成された夫婦財産の分与を請求しうる（民七六八条）。財産分与には、夫婦財産の清算や離婚後経済的に自立できない配偶者の扶養の要素が含まれる。また、離婚原因をつくった、いわゆる有責配偶者に対する慰謝料請求の要素も加わる。財産分与請求権は、離婚の時から二年内に行使しなければ、消滅する。

夫婦の間に未成年の子がいる場合、協議により父母の一方を親権者とする。協議で決まらないとき、家庭裁判所に申し立て、その調停や審判に決定が委ねられる。

④ 親子の法律

法律上の親子関係は、生物学上の親子と完全に同じであるとはいえず、法律上の親子関係が規定されている。養子縁組により、血縁のない者との間にも、親子関係が成立する。また、非配偶者間の人工授精（ＡＩＤ）あるいは非配偶者間の体外受精・代理母等による出生子、また虚偽の嫡出子出生届による場合など、生物学的・遺伝子的には親子でない者の間にも、法律上の親子関係が存在する。

実親子関係では、嫡出子と非嫡出子の別がある。父母の婚姻関係により出生した子は、嫡出子となる。法律は、嫡出推定の規定（民七七二条一項・二項）をおき、夫（子の父）にのみ、一定期間に限定し、嫡出否認の訴えを認めている。

婚姻関係にない男女間の出生子は、非嫡出子（婚外子）とされ、父子関係は認知によって生じる。母子関係は通常、分娩の事実によって確認できるので、問題となるのは父の認知である。認知の効果は、子の出生の時にさかのぼって発生する。

認知は、父の認知届（生前あるいは遺言認知）によりなされる。父の任意認知がないとき、父子関係の存在を立証することにより、訴えによる認知請求ができる。子の利益のため、父の死後三年以内に、検察官を相手に、認知の訴えをなしうる。

現行法上、非嫡出子の法的地位は、嫡出子とは異なる。明治期、西欧キリスト教社会の婚姻制度を継受した結果、婚外子に厳しい差別的な扱いがなされている。氏や戸籍、親権、相続分などにおける不利益は、わが国の憲法の一四条や二四条との関連で問題となる。前述の民法改正要綱では、非嫡出子の相続分を嫡出子と同じにするとしたが、法律婚主義の維持、婚姻秩序の尊重を理由に、反対する意見も少なくない。

養子縁組は、縁組意思と縁組届により成立し、法律上の親子関係を人為的につくり出す制度である。昭和六二年の法改正によって創設された特別養子制度は、原則として、六歳未満の子を養子にし、養親は二五歳以上の法律婚夫婦に限られ、親子の年齢差など、より自然な親子関係を創出している。また、実親とその血族との関係を断絶し、子に完全養子・嫡出子の地位を与える。戸籍上の記載の面でも、実子に準じた扱いとなっている。特別養子（民八一七条の二〜一一）には、子の福祉や利益をまもるため、必ず家庭裁判所が縁組に関与する。

従来の養子制度は、特別養子に対し、普通養子と呼ばれる。成年養子を認めているなど、旧法の時代の「家」制度の名残がみられる。未成年養子は、家庭裁判所の許可を要する。ただし、自己または配偶者の直系卑属を養子にする場合、許可は不要とされる。一五歳未満のこの養子縁組は、子の法定代理人（親権者や未成年後見人）が代諾する。

養子は、養親の嫡出子となり、養親と同じ氏を称する。未成年の養子は、養親の親権に服する。養子縁組みは、離縁によって解消される。離縁の手続には、協議離縁と裁判離縁がある。

5 親の権利義務

民法上の親子関係で重要となるものは、未成年者に対する親の権利義務である。特に、未成年者の保護義務が、親権者に求められる。未婚の未成年の子は、親権に服する（民八一八条）。婚姻関係にある父母は、共同して親権を行使する。離婚の際は、協議あるいは家庭裁判所の判断によって、父母の一方が親権者となる。非嫡出子の親権者は、原則として母である。父の認知後、親権者を父に変更することは可能である。

親権の内容は、子の監護教育と財産管理の権利義務である。子を懲戒したり、未成年の子の居所を指定し子の職業の許可を与える。現代、資産をもたない大多数の子にとって、子を養育し、教育する親の義務が第一義的に考えられ、もっとも肝要である。しかしながら、昨今の社会現象として、親が、幼い子を虐待する事件が急増してきた。実子を「しつけ」と称し、暴行を加え死亡させたり、食事や世話をせず精神的に虐待するなどの悲劇的な事件の報道が少なくない。親だけでなく、カウンセラーや地域あるいは児童相談所など、社会的な対応が急務とされる。

親権者は、子の財産を保護するため、財産管理権や財産取引行為の代理権あるいは同意権を行使する。ただし、子の利益を守るため、労働基準法は、親権者が子に代わって労働契約を締結し、賃金を受領することを禁止している（労基五八条・五九条）。

親子間で利益が相反する場合、子の利益のため、家庭裁判所に特別代理人選任の申立てをしなければならない。親権者のいない子あるいは親権者が親権や財産管理権を剝奪されているとき、未成年者の保護のため、後見が開始する。未成年後見人の権利義務は、親権と同様であるが、親と同じような血縁や愛情に基づく保護を期待することは難しい。そこで、子の利益のため、後見監督人や家庭裁判所が、後見人を監督する仕組みになっている。

3 扶養の法律

① 生活保障における自己責任の原則

法律は個人の生活について、まず自己責任において支えなければならないとする。自らの能力や資産その他のできる限りの手段を活用して、生活を維持していかなければならない。個人の経済活動の自由を保障し教育を受ける権利を基礎に、能力を培い、勤労の権利義務を定めた日本国憲法の基本原則からも、自己責任の考え方が説明できる。

しかし、幼い子や、高齢者、障害や疾病、失業などの理由で自活できない者に対しては、誰かが援助しなければならない。民法は、家族による私的扶養について規定している。家族の規模が縮小し、機能が弱まってきている現代、私的扶養にも限界があり、さまざまな問題が指摘されている。同居の夫婦と未成年の子の小家族を扶養し生活を支えるだけでも大変である。その上、自己あるいは配偶者の父母その他の家族の世話にまで、力が及ばないのが現実である。勤労者家族の半数以上が共働きをしているし、子の教育費、マイホーム資金、そして老後の生活費などで、多額の資金を要するため、長期にわたる超低金利時代にもかかわらず、わが国の庶民の勤倹貯蓄ぶりは顕著である。

② 夫婦・親と未成年子間の扶養

夫婦と親子の間では、どんなに貧しくても生活を支えなければならないとされる。自己と同程度の生活を保持すべき義務であり、夫婦間の同居、協力、扶助義務（民七五二条）と未成年の子に対する親権者の、監護教育の義務（民八二〇条）に基づく。このような夫婦、親子間の扶養義務は、その他の親族間とは異なる強力な扶養義務である。これらの家族は、通常同居していることを前提とするからである。未成年の子が非嫡子であり、認知した父が親権者でなくても、同居家族であれば、この生活保持義務を負うと解釈される。

③ 親族間の生活扶助義務

民法は、夫婦・親子間の扶養義務とは別に直系血族、兄弟姉妹間に扶養の権利義務があるものと規定している（民八七七条一項）。さらに、特別の事情がある場合には、家庭裁判所の審判により、三親等内の親族間にも、この扶養の権利義務を認める（同条二項）。この義務は、生活扶助義務と呼ばれ、前述の生活保持義務とは区別される。ここで、特に問題となるのは、老親に対し、成人し自活している子が負う義務である。民法八七七条の扶養権利者、義務者は、同居しているとは限らない。しかも、義務者である子には、いわゆる扶養家族がいる。自己の配偶者や未成年子に対する生活保持義務を果たさなければならないのである。そこで、旧法の時代から、親族間の生活扶助義務の生じる場合の要件として、扶養権利者（例…老親）が生活に困窮し、扶養が必要な生活状況にあること、扶養義務者（例…成人した子）には、自己の社会的地位その他にふさわしい生活を、自らとその家族に保障した上、なお余力（扶養能力）があることの二つと解釈されてきた。法律上は、自らの生活を犠牲にしても、老親を扶養せよと義務づけているのではない。権利者の要扶養状態と、義務者の扶養能力のいずれかが欠けている場合、扶養義務を法的には免れる。「法は最小限の道徳」の意味が、ここでも如実に表われているものと思われる。

親族扶養の義務者、扶養義務の順位、程度、金銭扶養か引取扶養かという扶養の方法については、当事者が協議して決定する。とくに、少子化が進む一方の高齢社会において、懸念されるのは、単なる金銭負担（扶養料支払い）より、引取扶養や障害者や高齢者の介護の問題である。

④ 社会的対応の要請と介護保険制度

生活保護法などの公的扶助は、自己の資産・能力の活用、民法上の扶養、その他の法律による援助が困難ないし不可能であるときにのみ、これに頼ることができるとされる（生活保護四条の補足性の原則）。しかし、今後、家族による私的扶養に依存することが、ますます難しくなると予測される。個人の自助努力や家族の相互扶助を支えるための、社会的対応（定年年齢の延長、年金制度の充実、介護休業制度や介護保険制度の利用、ホームヘルパーによる在宅介護支援）がさらに注目される。

わが国における高齢化は、欧米先進国にくらべきわめて急速に進展し、人口に占める六五歳以上の者の割合は、一六パーセント、さらに二一世紀の前半には、三人に一人が高齢者という時代の到来が予測される。従来、日本型福祉政策として、三世代、四世代の家族が同居し、家族が高齢者の介護をするという構想は、破綻に瀕している。介護の責任を、専業主婦の役割に期待し、そのため、税金や年金、健康保険などさまざまな優遇策が実施されてきた。しかし、今、家族の小規模化、機能の弱体化、共働きやひとり親世帯など、老親と同居する大家族による福祉政策は、転換を余儀なくされた。

ここ数年来、急浮上し、ついに平成九年一二月、「介護保険法」が制定され、平成一二年四月一日に施行された。制定・公布から施行までの期間、急ピッチで、介護保険制度の実施の準備が進められた。従来、寝たきりや痴呆などで、日常生活に支障をきたす高齢者の世話は、家族や公的な福祉政策に委ねられていた。次第に、家族の機能が縮小し、福祉が財政負担を増加させるとの危機感から、新たな高齢社会対策が、模索されてきたが、福祉先進国の制度を参考としながら、わが国に介護保険制度を創設しようと、国と民間が一体となって協力し、立法化が展開されてきた。

介護サービスを受ける高齢者にとって、公的な福祉政策上の措置ではなく、各自が応分に負担する保険料を支払う介護保険法の施行によって、介護は高齢者の権利として性格づけられる。また、家族によって支えられてきた私的な介護は、社会保険としてとらえられ、「介護の社会化」に転換される。介護保険の保険者は、国ではなく、市町村や特別区である。被保険者は、保険料を支払い、介護サービスを受ける高齢者であり、要支援や要介護という保険事故が生じた際、介護やケアに必要な給付を受けることができる、という保険制度である。

介護保険はスタートしたばかりである。地域によって保険料負担や支給される介護サービスにも格差が生じる上、介護保険事業の実施の前に、高齢者の要支援や要介護の認定方法にも問題があるなど、多くの課題があることも事実である。ホームヘルパーの人員不足、介護サービス自体への苦情や、低所得者の保険料負担の問題などを解決しなければならない。実際、介護保険法による支援や介護は、一割の自己負担が伴う。

そのためか、施行前より介護サービスを受ける回数が減少したり、権利とはいえ、十分な利用がなされていない。しかし、介護保険制度の後退は許されない。今後の実施の成果が待たれる新しい法制度である。

4 相続

1 相続とは

私有財産制の下、財産の所有者個人の死亡時に、その者と一定の身分関係にある者に財産が承継される。このような家族の財産承継の秩序が、相続である。

相続はなぜ必要であるか、また相続の根拠は何か考えてみよう。旧法における家督相続は、戸主の地位と家産の承継が重要であり、血縁をとおし、先祖から子孫へ財産を引き継がせることに、大きな意義があった。「家」制度が廃止され、すでに半世紀以上が経過した今日、わが国の家族における相続の性格もかなり変化してきている。血縁や愛情の絆によって結ばれた家族に、必ず遺産が承継されるとは限らない。一方、離婚で争っている夫婦でも、婚姻関係が解消されず、相続人として廃除されない限り、配偶者には遺留分権があり、他方の遺産を取得しうる。

通常、相続は、家族財産の清算の要素をもつ、と説明される。共同生活を継続してきた夫婦や親子の間の相続では、被相続人名義の所有財産のなかに、家族の実質的な持ち分が含まれている。それを、相続の際、清算し、分配する機能が、相続制度にある。家事労働によって長年夫を支えてきた共働きや専業主婦の妻は夫名義の資産に実質的持ち分を有すると解される。また、長期間、家族経営に無償で協力してきた後継者である子が、親名義の資産に実質的持ち分があるものと認められる。

相続には、家族の扶養的要素も存在する。被相続人によって、支えられていた家族は、被相続人の死亡によって生活に困窮するおそれがあるが、当分の間、遺産によって生活が保障されるという相続の機能が指摘される。

被相続人は、自己の財産を自由に処分しうるし、遺言はその最終処分でもある。したがって、遺言相続が相続制度の原則的形態である、と相続法理論上は解釈される。遺言がない場合、もし被相続人が遺言を作成し財産を与えるであろうと推測される対象は、家族であるとして、配偶者や子が相続人とされる。これが無遺言の場合の相続人の意思の推定と考える法定相続である。しかしながら、わが国においては、遺言ブームといわれながらも、遺言がない法定相続が大部分であるのが実態である。

近代社会の基本原則の一つである私有財産制からも、相続は当然必要となる。財産の所有者の死亡と同時に相続が開始され、遺産は無主の財産になることを防止するという大きな意義をもつ。特に、財産法上の理念である「取引の安全」の見地から、消極財産の承継の意味も強調される。ただ、債務の承継には、相続人に放棄や限定承認をする選択権があるので、相続債務の承継は、必ずしも確実ではない。

② 相続人と相続分

相続は、被相続人の死亡によって開始する（民八八二条）。法定相続人は、相続の開始によって、被相続人に属していた一切の権利義務（一身専属的な権利は除かれる）を承継する（民八九六条）。現行民法第五編相続において、配偶者は、常に相続人となり（民八九〇条）、血縁相続人と共同相続する。被相続人の子は、嫡出でない子も含めて、第一順位の相続人となる（民八八七条）。子（子が被相続人より先に死亡した場合はその者の代襲者）がないときは、直系尊属（親等が異なるときは、近い者が優先する）が相続人となる。子およびその代襲者も、直系尊属もいない場合、被相続人の兄弟姉妹が、第三順位の相続人となる（民八八九条）。

胎児は、相続については、すでに生まれたものとみなされ、相続能力をもつ（民八八六条）。

相続財産に対する割合を、相続分といい、各法定相続人の相続分は、分数で示される。法定相続分は、昭和五五年に改正され、配偶者相続分が相対的に引き上げられた。わが国では、平均寿命や初婚年齢の平均の男女差からみて、夫に先立たれた妻が、夫の遺産を相続する場合のほうが多い。遺言の活用によって、夫の死後、残された老妻がせめて居住用不動産を確保できるようにとの配慮が、改正の背景にあったと伝えられている。配偶者と子が相続する場合、おのおの二分の一が法定相続分である。子が数人あれば、均分となる。嫡出でない子の相続分は、嫡出子の二分の一となる。配偶者と直系尊属が共同相続するとき、配偶者の相続分は三分の二となり、直系尊属は、三分の一の相続分となる。第三順位の兄弟姉妹と共同相続する配偶者の相続分は、さらに大きくなり、四分の三である。残り四分の一が、兄弟姉妹の相続分となる。兄弟姉妹が数人あるときは、各自均分となる。また、父母の一方のみを同じくする（半血）兄弟姉妹の相続分は、父母の双方を同じくする（全血）兄弟姉妹の二分の一となる。兄弟姉妹が、被相続人より先に死亡した場合、その子が代襲相続人となる。

なお、相続人が相続開始前に死亡したときのほか、相続人が相続欠格に該当し、あるいは廃除により相続権を失ったときにも、その者の子が代襲して相続することとなる。

相続の対象となる遺産の範囲には、土地・建物などの不動産や書画、骨董、貴金属類その他の動産、現金・預貯金や株券・債券等の有価証券などの、積極財産だけではなく、借金等の債務や義務などの消極財産も含まれる。また、特許権、著作権、意匠権、商標権、実用新案権などの無体財産権、株式会社の株主権、有限会社の持ち分権、借地権、借家権、小作権なども相続の対象となる。生命保険金や死亡退職金などについては、保険契約の条項や勤務先の就業規則の条項の規定によって、固有の受取人が定まっていればその者の固有の権利となる。保険金の受取人が相続人となっていても、それら相続人の固有の権利とされる。ただし、保険金などは、相続税法上は、課税の対象とされる。特に、法律行為から派生する権利義務も、相続の対象になるかどうか判断される。登記請求権、無権代理人や本人の地位、また、生命侵害による死者本人の慰謝料請求権などが、その例である。

相続人の存在が明らかでない場合、その捜索が行われる。相続人の不存在が、最終的に確定すれば、相続財産の清算が行われる。残余財産は、国庫に帰属するのである（民九五九条）が、昭和三七年の改正により、被相続人と生前特別の縁故があった者（例…内縁配偶者や事実上の養子など、被相続人と住居や生計を同じくしていた者あるいは被相続人の療養看護に尽力した者）の請求により、相続財産の分与を認める制度が創設された（民九五八条の二・九五八条の三）。

3 相続の効力

配偶者やその他の血縁相続人は、実際に相続が行われるまでは、推定相続人である。推定相続人の相続資格が失われたり（相続欠格）、被相続人の意思によって遺留分が剥奪される（相続人の廃除）こともありうる（民八九一条・八九二条）。被相続人あるいは自己の先順位または同順位の相続人を殺害し（未遂も含む）刑に処せられた者、その殺害行為を知っていても、告発や告訴をしなかった者、詐欺または強迫によって被相続人に遺言を書かせたり、取消させたりした者、遺言書を隠したり変造・破棄した者など民法八九一条に定められた事由に該当する者は、相続資格が剥奪される。該当事由がある者は、受遺者になることもできない。また、被相続人を虐待したり、重大な侮辱を加え、あるいは著しい非行があった相続人に対し、被相続人はその意思により当該相続人を、相続人から廃除できる。廃除事由は、被相続人と相続人との間の家族的協同生活関係の破壊にあり、実質的には相続人の遺留分を剥奪するのが、廃除制度である。廃除の手続は、生前または遺言による廃除の意思表示と家庭裁判所の審判である。

相続人は、相続の開始の（被相続人の遺産の債権債務の実態を知った）ときから、三カ月以内に、単純承認や限定承認（相続財産の限度で支払う条件付承認）、あるいは相続を放棄するか、選択できる。相続放棄や限定承認をするには、家庭裁判所に申立て、必要な手続をしなければならない。三カ月の熟慮期間は、申立てと審判によって、延長が認められる。限定承認は、相続財産の限度で、相続債務を清算し、残余があれば相続するものであるが、相続人全員が共同して限定承認の手続をしなければならない（民九一五条〜九四〇条）。

相続の放棄や限定承認の手続をしなければ、相続人は、被相続人の権利義務一切を承継し、相続債務の無限責任を負う。相続放棄や限定承認をしても、相続人が相続財産の全部または一部を処分したときは、法律上単純承認したものとみなされる（民九二一条）。

④ 遺産分割と寄与分制度

相続財産は、相続人全員の共有となる。各相続人は、現実の相続分に応じて、遺産を分割する必要がある

（民九〇六条～九一四条）。現実の相続分の割合を算定するには、相続開始時の財産だけではなく、婚姻・養子縁組その他生計の資本として、被相続人の生前に贈与された財産のほか、遺贈財産を持ち戻して、みなし相続財産（民九〇三条）とし、法定相続分に応じて決定される。

遺産の分割は、具体的事情を考慮し、相続人の協議によりなされる。協議が成立しないときは、家庭裁判所に申立て、調停や審判に委ねられる。遺産分割は、遺産に属する物または権利の種類および性質、各相続人の年齢、職業、心身の状態および生活の状況その他一切の事情を考慮してなされる（民九〇六条）。

相続人のなかに、遺産の形成、増加、維持に特別寄与貢献した者があれば、寄与分として遺産から控除する制度（民九〇四条の二）が、昭和五五年改正によって創設された。農家や個人商店や工場などの家族経営者の配偶者や後継者が、長年、無償で家業に従事してきて、資産形成に多大の寄与をしてきた場合などである。また、相続人が長期にわたり、被相続人の療養看護や介護に特別尽力してきた場合も、寄与分を主張できる。ただし、寄与分は相続人以外の者には認められないため、夫の親の介護に多大の寄与をしたとしても被相続人の「嫁」には、寄与分の権利はない。このような場合、相続人の配偶者を履行補助者として理論構成するなどの解釈が必要となる。

5 遺言と遺留分

被相続人は、自らの意思で自由に財産を処分しうるから、生前、遺言を作成して、最終の処分を決めておくことができる。遺言は、遺言者の死亡により効力を生じるため、真意に基づいて作成された遺言であるか、確認するため、民法は遺言に厳格な方式を要求している。

遺言の方式には、普通方式と特別方式がある。普通方式遺言（民九六七条）には、自筆証書（民九六八条）、公正証書（民九六九条）、秘密証書（民九七〇条）の三種がある。もっとも確実な方式は、公正証書遺言である。証人二人以上が立ち会い、公証人の面前で遺言の内容を口授し、公証人はこれを筆記し、遺言者と証人らに読み聞かせる。遺言内容の筆記が正確なことが確認されれば、公証人は適正な方式により作成されたことを付記し、署名・押印をする。公正証書遺言書は公証役場に原本が保管されるため、偽造・変造、破棄のおそれはない。遺言者死亡後の検認の手続も不要である。

死亡危急時（民九七六条）や隔絶地においては、要件を緩和した特別方式の遺言作成が認められる。危急時遺言には、一般危急時遺言（民九七六条）と難船危急時遺言（民九七九条）があり、隔絶地遺言には、伝染病隔絶地遺言（民九七七条）と船舶隔絶地遺言（民九七八条）がある。特別方式の遺言については遺言者に遺言の確認の手続を要する。また、普通方式遺言ができるようになってから、六カ月間生存したときは、効力を失う（民九八三条）。

遺言者は、自己の財産の処分の自由をもつが、相続財産には被相続人以外の者の実質的な持ち分が含まれていたり、相続財産によって生活を支えなければならない相続人もいる。したがって、相続財産の清算的性格や生活保障機能を重視し、遺産の一定割合を、一定の相続人に残しておくものとされる。これが遺留分である。直系尊属のみが相続人のときは、遺産の三分の一、その他のときは、遺産の二分の一となる（民一〇二八条）。なお、兄弟姉妹には遺留分権はない。

遺言者の死亡によって遺言の効力が生じ、遺言の内容によっては、それを実現するための手続を行う遺言執行者が指定されていない場合、家庭裁判所に選任の申立てをしなければならない。

遺留分を侵害する生前贈与や遺贈が、直ちに無効となるのではない。遺留分を侵害された相続人は、侵害を知った時から一年内に、減殺請求をしなければならない。また、遺留分権は、相続開始から一〇年、行使されなければ、その減殺請求権は消滅する（民一〇四二条）。

●参考文献

有地亨ほか『民法5　親族・相続』〔第三版〕有斐閣、一九八九年
遠藤浩ほか編『民法8　親族』〔第四版〕有斐閣、一九九七年
遠藤浩ほか編『民法9　相続』〔第四版〕有斐閣、一九九七年
甲斐道太郎ほか『新民法概説3　親族・相続』有斐閣、一九九五年
榊原富士子・吉岡睦子・福島瑞穂『結婚が変わる・家族が変わる』日本評論社、一九九三年
二宮周平・榊原富士子『二一世紀親子法へ』有斐閣、一九九六年
好美清光・久貴忠彦・米倉明編『民法読本3　親族法・相続法』〔第三版〕有斐閣、一九九〇年
我妻栄・有地亨＝水本浩補訂『民法3　親続法・相続法』一粒社、一九九二年

第5章 労働と法

1 労働法とは

① 労働者と使用者

資本主義経済社会では、労働者は、事業者（使用者）に自己の労働力を提供して報酬（賃金）を受け、これによって生活を維持し、事業者（使用者）は、この労働力を他の生産手段と結合して生産を行い、得た収益によって事業を継続し、拡大する。

この労働者と使用者との関係は、雇用契約の関係であり、市民法の基礎原理である「契約自由」の原則からいえば、労働者は、使用者と自由で対等な立場で交渉し、賃金その他雇用の条件を定めて雇用契約を結ぶことになるべきものであろう。

しかし、労働者は、現実には、不自由、不平等の立場で使用者と雇用契約を結ばざるをえない。労働者は自己の労働力を提供する（売る）以外には生活を維持する途がないから、使用者（労働力の買い手）に対して不利な条件でも契約し、不満をもちながらもその指揮監督に従って働かざるをえないのである。さらに職を求める労働者が多数であれば、雇われること自体が容易でなく、雇用条件は労働者にいっそう不利なものとなる。

このように労働者には契約自由は、観念的、抽象的な原理にすぎず、労働者は使用者との関係では社会的、経済的に弱者の地位におかれるのである。

資本主義経済の発展に伴って次々と生まれてきた大量の労働者は、雇用条件が一段と低下し、窮乏や過酷な労働を強いられるようになる。このような事態が続くと、これを放置できず、一九世紀のはじめごろからイギリスをはじめ諸国に年少者、女性労働者の保護を目的とする労働者保護立法が誕生してきた。

わが国でも、明治四四（一九一一）年ようやく工場法が制定され、大正五年に施行されたが、女性、年少者の保護が中心で、それも十分なものではなかった。

第二次世界大戦後、新憲法において、生存権保障の一環として、労働者に人たるに値する生存を確保するため、労働権の保障のほか、労働者の賃金、就業時間等の労働条件の基準を法律で定めるべきこと、労働者が使用者と対等に交渉できるようにするための労働者の団結権の保障などが規定された。そして、労働基準法、労働組合法など労使関係に関する規整立法や雇用安定に関する立法が次第に整備されてきたのである。

② 労働法の性格と社会法

労働法の定義については、さまざまな見解があって定説があるわけではない。ここでは労働法とは、労働者に関する法であって、労働者の人たるに値する生活を確保することを理念とするもの（法）と定義しておきたい。労働法のめざすところは、具体的には、①国が雇用条件の最低基準を定める等により労働者の保護をはかること、②労働者が労働組合を結成し、争議行為を含む団結の力によって、使用者と対等な立場で交渉できるようにすること、および③労働者に対し雇用の機会を与え、その他雇用の安定をはかること、の三つの面から把握することができる。

労働法は、労働者の労働関係においておかれている地位に関し、形式的、抽象的な市民法の基礎原理を修正し、労使の実質的平等をはかるものとして性格づけることができよう。

ところで、憲法二五条の生存権の理念に基づいて、市民法原理を修正して人間に人たるに値する生存を確保しようとする法を社会法と呼ぶ。労働法は社会法のなかでも重要な法領域である。社会法に属する法領域には、労働法のほかに社会保障法と呼ばれる法領域があるが、社会保障法が国民一般の生存を保障しようとするのに対し、労働法は、労働者という特定層の人々のみを対象としてその生存を確保しようとするという点で、社会保障法とは別の独自性をもつ法領域を形成していると考えられる。しかし、両者には厚生年金保険、健康保険など交錯した領域がみられる。

3　労働法の体系

労働法をどのように分類し、体系づけるかについてはいろいろな考え方があるが、「個々の労働者と使用者との関係に関する法」（前記2の①に関する法）と、「労働組合および労働組合と使用者との関係に関する法」（前記2の②に関する法）とに区分し、前者を「個別的労働関係法（または労働者保護法）」、後者を「団体的労働関係法（または団体的労使関係法）」として体系づけるのが従来の一般の見解といってよい（この見解では、前記②の③に関する法は、個別的労働関係法の分野に含めて考えられている）。

しかし最近では労働の意思と能力を有する者に対して就労の機会を与え、その他労働者の雇用の安定をはかるための法（②の③に関する法）の発展が著しく、またそれが個々の労使関係をこえる法規制であることから、個別的労働関係法から独立させて別の「雇用保障法（または労働市場法）」として体系づけようとする有力な見解が表われており、この見解が妥当と考えられる。

2 憲法上の権利

憲法は、二五条の生存権保障の一環として、労働者に関し、二七条一項で勤労権を、二八条で労働三権（団結権、団体交渉権および争議権）を、特に保障している。労働三権は労働基本権とも呼ばれる。

① 勤労権（労働権）

憲法二七条は、国民は「勤労の権利を有し、……」と規定している。これは直接国民に勤労権という具体的権利を保障したものではなく、国に、労働の意思と能力を有する者に就労の機会を得やすくし、それが得られない場合にこれに代わる保護を行う政治的義務があることを明らかにしたものと解されている。

資本主義経済の下では、私企業の存在が前提であり、採用の自由も認められている以上、この勤労の権利を、社会主義経済体制におけるように、国民が国に対して直接労働の機会を与えることを要求することができるという意味に解することはできない。

勤労の権利の保障は、国に立法上、行政上の施策を講ずる政治的義務を課したもので、これに基づいて、職業安定法、雇用保険法、職業能力開発促進法などが制定され、国による職業紹介、失業給付、職業訓練、雇用の促進などが行われている。このように、勤労権は、これらの法律を通じて具体化されているのである。

そして、憲法二七条が「勤労の義務を負う」としているのは、勤労権の保障（たとえば職業紹介、失業給付など）を受けるためには労働の意思と能力を有することが必要であることを明らかにしたものである。

2 団結権

団結権とは、労働者が労働組合を結成し、これに加入する権利のことである。この権利は、国民一般に保障された結社の自由（憲二一条）とは別に、労働者に対して保障される権利で、これを侵害する行為は、不当労働行為として禁止され、そのような行為に対しては労働委員会による救済制度が定められている（後述）。

3 団体交渉権

団体交渉とは、労働組合の代表者が、使用者またはその団体の代表者との間で、労働条件その他労使関係について合意をめざして交渉することをいう。

団体交渉権は憲法の保障するところであり、使用者が団体交渉を正当な理由がなくて拒むことは、不当労働行為として許されない（労組七条二号）。

さらに、団体交渉に伴う正当な行為については刑事免責の対象となる（労組一条二項）。すなわちその行為が形式的に不退去罪（刑一三〇条）、威力業務妨害罪（同二三四条）など刑罰の構成要件にあたるとしても、その行為が正当なものと認められる場合には、処罰されない。

④ 争議権

憲法二八条は、「その他の団体行動をする権利」として、争議行為を権利として認めている。

争議行為とは、労働組合が、その目的の達成のために統一した意思のもとに行う集団的な実力行動であって、業務の正常な運営を阻害するものと定義できよう。

団体交渉の行きづまりを打開するための不可欠な手段であり、次のように法的保護がなされている。

① 刑事免責　争議行為が正当なものであれば刑事免責の対象となる（労組一条二項）。団体交渉の場合と同様、形式上威力業務妨害罪（刑二三四条）などの刑罰の構成要件に該当しても、処罰されない。

② 民事免責　争議行為は、労働者が使用者の指揮命令に従って労務を提供すべき義務に違反するのであるから、本来労働者の債務不履行となり、契約解除（解雇）または損害賠償の原因となる。また、争議行為を指令した労働組合は本来、組合員労働者に契約違反をさせたことにより不法行為責任を負うべきものである。しかし、労働組合法は、これらの労働組合または組合員労働者の責任を免除して（八条）、争議行為の保護をはかっている。

なお、正当な争議行為によって使用者以外の第三者が損害を受けても、労働組合に対して損害賠償の請求をすることができないと解される（通説）。

争議行為の正当性については、労働条件の維持改善その他労働者の経済的地位の向上をはかるための争議行為が目的として正当であることは異論はない。しかし、政治ストや、他企業の労働組合の労働争議を支援する同情ストは問題であろう。

争議行為の態様として、ストライキ（同盟罷業）、怠業（スローダウン）、ピケッティングなどがあるが、行為の態様によっては正当性が問題となる。

次に、官公労働者に対する労働基本権の制限について若干ふれることにする。

官公労働者は、労働基本権を次のように制限されている。

①警察・消防・監獄、自衛隊、海上保安庁の職員は、労働三権はすべて禁止され、②非現業の国家公務員および地方公務員は、団体交渉権、争議権を、③国営企業（郵便、林野、印刷など）の職員、地方公営企業（水道、交通など）の公務員は争議権を禁止されている（国公九八条、国営企業労働関係一七条、地公三七条、地公労一一条）。

公務員の労働基本権を一律かつ全面的に禁止することが合憲かどうかについて、最高裁判所は、幾度か判例を変更したが、現在では、国公法による禁止については、「国民全体の共同利益の見地からするやむを得ない制約」であり、勤務条件は法律・予算で定められること、人事院制度など禁止に対する代償措置があることなどから憲法二八条に違反しないとし（「全農林警職法事件」最大判昭和四八・四・二五）、またその後、公労法（現国営企業労働関係法）による制限についても、同様の判断をしている（「全逓名古屋中郵事件」最大判昭和五二・五・四など）が、その担当する職務内容のいかんにかかわらず公務員の争議行為を一律かつ全面的に禁止することを是認するこれらの判決に対しては、学界の見解の多くは批判的である。

3　個別的労働関係法

個別的労働関係法の中心となるのは、労働基準法であり、これを補充するものとして最低賃金法、労働安全衛生法、じん肺法、労働者災害補償保険法、家内労働法、労働者派遣法などが定められている。

「労働基準法」は、労働者の保護をはかるため、労働条件は労働者が人たるに値する生活を営むための必要を満たすべきものでなければならないこと、労働条件は、労働者と使用者が対等の立場において決定すべきものであることなど労働条件に関する基本原則を定め、そのうえで、賃金、労働時間、休憩、休日、年次有給休暇、年少者および女性の労働、災害補償等に関し詳細な基準を設け、また解雇についても一定の制限を課し、使用者に遵守を義務づけている。

これらの労働基準の設定は、労働者の労働条件が一定水準を下回らないようにするのが目的である。

最近、労働時間短縮の必要性が強く認識され、週四〇時間の法定労働時間が実現した。労働時間の短縮は、余暇活動を充実させ、家族とのふれあいなどにより家庭生活を豊かにし、勤労意欲の向上、個人消費の刺激、また雇用機会の創出にもつながる等のメリットがある。

労働時間制の特例として「裁量労働制」がある。裁量労働とは、業務の性質上、業務遂行の時間配分の決定等を労働者の裁量に委ねるものをいう。研究開発業務、情報処理システムの分析等の専門職に限られていたが、企画、調査等スタッフ業務にも拡大された。労使協定で裁量労働の業務を定める。労働の量に対してでなく、労働の質または成果に対して賃金が支払われる。時間外賃金の削減や生産性向上を期待して導入を検討する企業が多いといわれるが、過剰労働を招くおそれも指摘されている。

昭和六二年、社会経済、就業構造の変化等に対応して労働時間の弾力化が導入された。フレックスタイム制および変形労働時間制である。

フレックスタイム制とは、労働者が生活等の都合により一日の始業および終業の時刻を自分で決定して働く制度で、労働者が労働するか否かを自由に決定できる時間帯（フレキシブルタイム）と、必ず労働しなければならない時間帯（コアタイム）を定める場合が多い。一定期間内（一カ月以内）で労働時間を清算する。

変形労働時間制は、一年、一カ月などの期間内の一定期間を平均し一週間の労働時間が週四〇時間をこえないように定めることを認める制度である。一週間を単位とするものもある。

戦後女性労働者に対しては、生理的、肉体的に弱いことおよび家族責任を負っていることを考慮し、諸外国に比してかなり細かい配慮をした、労働条件についての特別な優遇措置を定めていたが、後述の男女雇用機会均等法の施行に伴い、労働時間制限などの一般女性労働に関する制限を緩和した。しかし、母性保護の見地から妊産婦保護を若干手厚くしている。

平成一一年四月一日以後、さらに女性労働者について時間外・休日労働の制限（週六時間、年一五〇時間以下とするなど）規定と、深夜業を原則禁止する規定が廃止された（男性労働者と同等となる）。しかし、この廃止は、未就学の子の養育や家族の介護を行う労働者（男女共）については、その雇用の継続を困難にしかねない。そこで、これらの労働者には、労働時間の延長を他より短くする措置が講ぜられ（労基法付則）、また深夜業も請求により禁止される（後述の育児介護休業法）。

こうして、女性労働者に対する労働基準法上の特別の保護規定は、妊産婦等に係る危険有害業務の就業制限、産前産後の休業、妊産婦に対する労働時間・深夜業の制限または禁止、育児時間の確保、生理日の休業および坑内労働の禁止に関する規定を残すのみとなった。なお、一八歳未満の男女労働者には、深夜業の禁止、危険有害業務の制限等の保護規定が設けられている。

男女雇用機会均等法（昭和六〇年「勤労婦人福祉法」を改正して成立。法律名は平成一一年四月一日以後「雇用の分野における男女の均等な機会及び待遇の確保等に関する法律」となる）は、事業主は、女性労働者に対し、婚姻、妊娠、出産および産前産後の休業については、これを理由に解雇してはならないと定めている（義務規定）が、募集、採用、配置、昇進等については、男性と均等な機会を与えまたは均等な取扱いをするよう努めなければならないと定める（努力義務規定）にとどまっていた。平成一一年四月以後この「努力義務規定」を「義務規定」に改める改正が行われた。しかしこれらの義務規定は罰則を伴っていない。

なお、職場における性的な言動に起因して女性労働者が労働条件のうえで不利益を受け、または職場環境が害されることのないよう、雇用主が雇用管理上配慮すべき義務（いわゆる「セクハラ防止配慮義務」）が男女雇用機会均等法に規定された（平成一一年四月一日施行）。

また育児介護休業法（法律名は「育児休業、介護休業等育児又は介護を行う労働者の福祉に関する法律」）により、労働者（男女共）が、子（一歳未満）の養育または家族（配偶者、父母、子等）の介護を行うため休業することを認める育児介護休業制度が設けられている。当初は、育児休業に限られていたが、後に法を改正して、平成一一年四月一日から介護休業が加えられた。これらは、職業生活と家庭生活の両立を支援するもので、これらの休業者には、雇用保険法により賃金の一定割合の給付金が支給される。

平成五年にはパートタイマーの保護をはかるための、「短時間労働者の雇用管理の改善等に関する法律」

が制定されているが、パートタイマー等は、雇用関係が不安定で、正規採用の労働者との賃金等労働条件の較差は容易に縮小されない。

次に「派遣労働」について述べる。

自己の雇用する労働者を他の企業に派遣し、派遣先の企業内で就業させる形態の事業（労働者派遣事業）が増加し、これに関する法律（略称「労働者派遣法」）が制定されている。この「派遣労働」は、企業にとっては必要な人材を必要なときに派遣してもらえ、労働者にとっても自己の希望するときに就業できるというメリットがある。従来、対象業務が一定の業種に限られていたが、最近派遣需要の増加に伴い、港湾運送などを除き、原則自由化された。雇用の多様化が進む一方で、不安定な労働力が増加するという側面も否定できない。

労働者の業務上の災害（負傷、疾病、障害、死亡等）に対する補償（災害補償）については、労働基準法（第八章）に定められているが、これらは労働者災害補償保険法により、一部の例外を除き、処理されている。補償の内容は、療養、休業、障害、遺族、介護等の給付のほか、傷病年金である。通勤途中の災害については、昭和四八年業務災害に準じ、「通勤災害」として保険給付の対象に加えられた。労災補償制度は、社会保障制度の一環としての性格を強めているといえよう。

4 雇用保障法

憲法二七条の労働権保障の具体化として、失業者や新規の学校卒業者に雇用の機会を与えるため、「職業安定法」が定められ、国が公共職業安定所による無料の職業紹介を行っている。なお、国以外の者の行う有料の職業紹介事業については、中間搾取等を防止する趣旨から、原則としてこれを禁止していた（職安三〇条以下）が、厳しい雇用情勢の下で労働力の需給調整を円滑にするため、建設業等の場合を除き、労働大臣の許可を受けて、これを行うことができることとされた（平成一一年改正）。

また、失業者の生活の安定をはかるとともに、労働者の雇用の安定に資するため、「雇用保険法」が制定されており、国が失業者に失業給付を行うほか、事業活動縮小に際し一時休業、教育訓練等を行う事業主に助成する雇用調整助成金の制度を設けるなど、国は積極的な雇用安定、失業の予防の措置を講じてきた。四％台後半の高い失業率が続くなかで国の雇用対策は、現在の雇用の維持よりも、新規雇用の創出や転職の円滑化に備えるという面に重点を移している（特定求職者雇用開発助成金や教育訓練給付の引上げなど）。

なお、職業能力の開発、向上を促進するという趣旨で、職業訓練法を「職業能力開発促進法」として改正、拡充している。

「雇用対策法」は、国の雇用に関する基本政策に関する法である。なお、特定層の労働者の雇用促進のため、「障害者の雇用の促進等に関する法律（企業に一定率〔一般企業は一・六％〕以上の身障者の雇用を義務づけるもの）」や「高年齢者等の雇用の安定等に関する法律（六〇歳定年の普及等をはかるもの）」などが制定されていることに注意したい。

5　団体的労働関係法

団体的労働関係法としては、労働組合法と労働関係調整法が中心である。

1 労働組合法

労働組合とは、「労働者が主体となって自主的に労働条件の維持改善その他経済的地位の向上をはかることを主たる目的として組織する団体またはその連合体をいう」(労組二条)。人事に関し直接権限をもつ監督的地位にある者など、使用者の利益代表者の参加するものや、主として政治運動または社会運動を目的とするものは、「労働組合」として認められない。

一定の要件を満たした労働組合には、使用者またはその団体との労働協約の締結等に関する交渉権限が法律によって認められ(労組六条)、また登記によって法人格を取得できる(同一一条)。

労働組合の結成・加入の自由を保障するため、労働組合を結成しまたは加入しようとしたことなどの理由で解雇その他の不利益な取扱いをすることは不当労働行為として禁止され(同七条一号)、使用者がそのような行為をした場合について、労働委員会による行政上の救済制度(救済命令)が定められている(同二七条)。

労働委員会は、使用者を代表する委員、労働者を代表する委員および公益を代表する委員各同数で組織され、国に中央労働委員会が、都道府県に地方労働委員会がおかれる。その主な役割は、不当労働行為の審査のほか、労働争議の調整(後述)である。

労働組合の結成・加入の自由に関連して、労働組合の組織強制（団結強制ともいう）が問題となる。組織強制とは、従業員であるためには、労働組合の組合員でなければならないとすることをいう。わが国では、組織強制の手段として、ユニオン・ショップ協定が多くとられている。この協定は、使用者は非組合員を採用することはできるが、労働組合に一定期間内に加入しない者、あるいは組合を脱退した者、除名された者は解雇しなければならないことを内容とする、労働組合と使用者との協定である。

ユニオン・ショップ協定は、組合選択の自由や労働組合の任意団体（設立を強制されない）としての性格に反するのではないかという点から、その有効性を疑問視する見解もないではないが、わが国の団結権の保障は、積極的団結権つまり組合を結成する権利を保障したもので、結成しない自由を含むものではないとして、ユニオン・ショップ協定は違法でないとする見解が有力である。

② 労働協約

「労働協約」と「労働契約」とは異なる。労働法上「労働契約」が個々の労働者と使用者との間の契約であるのに対し、「労働協約」は、労働組合と使用者またはその団体との間の労働条件その他に関する協定である。

労働協約は、これらの者の間の団体的合意ないし団体的契約であり、団体交渉によって合意に達した事項を協定するものである。

労働協約の果たす機能として、第一に団体交渉によって引き上げられた労働条件を基準化し、個々の労働者の労働契約に効果を発揮すること、第二に労働組合と使用者との間の紛争をいったん解決し、一時的ではあるが労使関係の安定、平和をもたらすことなどがあげられよう。

労働協約は、特別の事情のない限り、協約当事者である労働組合と使用者との単なる紳士協定でなく、契約としての効力をもつと解される。したがって、当事者がその協約に違反したときは、債務不履行の責任が生ずる。

労働協約に定める「労働条件その他の労働者の待遇に関する基準」に違反する個々の労働者の労働契約の部分は、無効とされ、その無効となった部分は、労働協約の基準の定めるところによることになる（労組一六条）。すなわち、使用者と組合員労働者との関係では、労働協約は法としての性質（規範的効力）をもつのである。

なお、労働協約は、本来、協定締結組合の組合員労働者以外には及ばないものであるが、労働組合法では、一定の条件の下で、同一工場事業場の他の同種の労働者または同一地域における他の同種の労働者（その使用者も含めて）にも、その労働協約を拡張して適用すること（一般的拘束力）を認めている（労組一七条・一八条）。これは、同一工場事業場内または同一地域における労働者の労働条件、待遇の基準の統一をはかる趣旨である。

③ 労働争議の調整

労働争議とは、労使の労務関係の当事者間で、労働関係に関する主張が一致しないで、そのためにストライキなどの争議行為が発生し、または発生するおそれのある状態をいう（労働関係調整六条）。労働争議は、関係当事者が自主的に解決するのが建前であるが、両者の主張が並行線をたどり、解決が困難なときなど第三者による仲介が必要な場合が生ずる。このため、労働委員会による労働関係の調整制度が「労働関係調整法」により定められている。

(1)　あっせん、調停、仲裁

労働関係調整法は、労働争議の解決のための調整手続として、あっせん、調停および仲裁の三種を定めている。

あっせんは、労働委員会が委嘱するあっせん員が行う。

調停は、当事者双方からの申請（労働協約に定めがあれば、一方からでもよい）によって行われ、公、労、使の各代表の三者構成の調停委員会が、調停案を作成・提示して当事者に受諾を勧告するなどの措置をとる。日常生活に不可欠な運輸事業、郵便または電気通信の事業、水道、電気またはガス供給の事業、医療または公衆衛生の事業（公益事業という）については、調停は、労働委員会の職権によっても行われる。

仲裁は、当事者の双方からの申請（労働協約に定める一定の場合には、一方からでもよい）により、仲裁委員三人からなる仲裁委員会が行い、書面により作成した仲裁裁定は、労働協約と同一の効力を有する（労働関係調整三四条）。すなわち当事者双方がこれに拘束されるのである。

(2)　緊急調整

内閣総理大臣は、事件が公益事業に関するもの、その規模が大きいものなど、争議行為によるその業務が停止されると、日常生活を著しく危くするなどのおそれがあると認める事件について、そのおそれが現実にあるとき、緊急調整の決定をすることができる（労働関係調整三五条の二）。

緊急調整の決定の公表があったときは、公表の日から五〇日間は争議行為が禁止される（同三八条）。

中央労働委員会は、緊急調整の決定にかかる事件については、他のすべての事件に優先して処理し（同三五条の四）、事件解決に最大限の努力をしなければならない（同三五条の三）。

●参考文献

下井隆史『労働法』〔第二版〕有斐閣、二〇〇〇年
菅野和夫『労働法』〔第五版補訂版〕弘文堂、二〇〇〇年
田中清定『概説労働基準法』〔新訂版〕労働法令協会、二〇〇〇年
中窪裕也ほか『労働法の世界』〔第三版〕有斐閣、一九九九年
外尾健一『労働法入門』〔第五版補訂版〕有斐閣、二〇〇〇年
安枝英訷・西村健一郎『労働法』〔第六版補訂版〕有斐閣、二〇〇〇年
山口浩一郎『労働組合法』〔第二版〕有斐閣、一九九六年
労働省労働基準局編『労働基準法（上・下）』〔改訂新版〕労務行政研究所、二〇〇〇年

第６章　犯罪と法

1　刑法

1　犯罪と刑罰のカタログ

毎日の生活のなかで、私たちは法の存在を意識することは少ない。多くの人は、「自分は犯罪とは無関係の生活を送っている」と思っているだろう。社会の秩序が維持され、私たちが平和で安定した社会生活を送ることができるのは、法が社会規範（人々の行動を規律する規範を社会規範というが、それには法だけではなく、道徳・倫理や慣習、習俗などがある）として機能しているからにほかならない。私たちは、無意識のうちに法による行動の規律を受け、一定の枠からはずれないように方向づけられているのである。ところがひとたび、社会秩序を侵害し私たちの生活を脅かす行動がとられたとき、法はその姿をあらわすことになる。すなわち、国家はその侵害者に対して、法による強制力を加えて秩序の回復をはかるのである。そのもっとも厳しいかたちの法的強制力が刑罰である。国家は国家権力の一つとして、犯罪者を処罰する刑罰権をもつのである。

もちろん、法に反するすべての行為に対して刑罰が科せられるわけではない。たとえば、不注意で他人所有の高価な物を壊してしまった場合、弁償は必要であるが犯罪にはならない。ところが、わざと物を壊したときのように、行為が犯罪となる場合には刑罰が科せられることがある。人を殺したり、ものを盗んだりすることが犯罪である、ということは誰もが認めるだろう。しかし、たとえば、手術に失敗し患者を死なせてしまった医師は殺人を行ったのだろうか。企業が川に流した有害な物質の影響で多くの人が病気になってしまった場合、企業は犯罪を犯したとして処罰されるのであろうか。実際のところ、現実に行われた行為のなかで、いかなる行為が犯罪であるのかは、必ずしも明白であるとはいえないのである。

いかなる行為が犯罪か、それに対していかなる刑罰が科せられるか。このことを規定しているのが刑法なのである。「刑法は犯罪と刑罰についてのカタログである」といわれる理由はここにある。

ところで、実は犯罪と刑罰を定めている法は「刑法」だけではない。刑法以外に犯罪と刑罰について定めている法には、「暴力行為等処罰に関する法律」「軽犯罪法」「人の健康に係る公害犯罪の処罰に関する法律」などの単行法のほか、「道路交通法」「公職選挙法」「覚せい剤取締法」「ハイジャック防止法」などにも処罰規定が含まれている。このように、刑法典のほかに存在する刑罰法規は「特別刑法」と呼ばれる。形式的意義の刑法がいわゆる「刑法」という名前のついた刑法典のことをさすのに対し、これらの法は実質的な意義の刑法と呼ばれており、広い意味での刑法といってよいであろう。

2 刑法の役割

それでは、刑法は何のためにあるのだろうか。

そこで、刑法の殺人罪の規定（刑一九九条）をみてみよう。この規定は「人を殺してはならない」という殺人の禁止を内容としている。すなわち、刑法は、殺人は行ってはならない行為であるという法の立場からの評価を明らかにし、国民（法の名宛人）に対して殺人行為を行わないように呼びかけているのである。もっとも、条文をみると、「人を殺してはいけない」とハッキリと書かれているわけではない。ただそこには、殺人罪の犯罪の要件（「人を殺したる者は」）とこれに対する刑の内容（「死刑もしくは無期または三年以上の懲役に処す」）について定められているだけである。つまり、刑法はいかなる行為が犯罪であり、それに対していかなる刑が科せられるかを定めることにより、国民に対しその行為を禁止しそのことを守らせようとしているのである。このように、刑法には国民の行動を規制し、社会秩序を維持するという機能がある。しかし、刑法以外のさまざまな法や規範もまた同様な役割を果たしているのであるから、それだけでは先の質問の答えとしては十分ではない。

刑法において、人を殺したり、ものを盗むという行為が禁止されるのは、それが道徳的に悪い行為であるから、あるいは倫理に反する行為であるからというわけではない。刑法はある行為を禁止しそれに対し刑罰を科すことによって、その行為によって侵害されたもの（刑一九九条の場合は生命）が、保護されるべきものであることを示しているのである。すなわち、刑法は道徳や倫理を維持するためにあるのではなく、法益（法益とは法により保護されるべき利益のことをいう。法益には、個人や社会にとって価値あるもの、たとえば、人の生命、身体、自由、財産、道路交通の安全などがあげられる）を保護するためにある。したがって、人を殺したり、ものを盗む行為が処罰されるのは、それが「重要な法益」を侵害する行為だからなのである。しかも、刑法の特徴は、単に法益保護という点にあるのではなく、もっとも厳しい制裁である刑罰を加えてでも保護すべきであり、刑罰以外の手段によっては十分に保護できないような法益をまもる点にある。このように、刑法は、刑罰を科してまで保護する必要があるかという観点から、保護の対象となる法益とその侵害行為を限定し、特定の法益に対する特定の侵害行為のみを犯罪と定めているのである。

しかし、刑罰それ自体もまた、犯人の生命、自由、財産といった利益の侵害を内容とする。それゆえ、刑法の適用は控えめでなければならない。他の手段（民事的な賠償など）で事足りるのであればそれに譲るべきである。あくまでも刑法は「最後の手段」なのである。刑法のもつこのような原則を謙抑性（補充性）の原則という。

すでに述べたように、刑法は「犯罪と刑罰のカタログ」として、いかなる行為が犯罪であり、それに対しいかなる刑罰が科せられるかを規定している。これはいいかえれば、人は刑法が犯罪と定めた行為以外の行為で罰せられることはないということ、各犯罪で刑法が規定した刑罰以外の不当な処罰を受けることはないということを示している。刑法は、国家による不当で恣意的な刑罰権の発動を制約することによって、国民の人権や自由を保障するという役割もまた担っているのである。このように、刑法は法益保護と並んで、人権保障という機能も担っている。つまり、刑法は一方で、法益保護のために国家に犯罪者を処罰する権限を与え、他方、人権保障のためにその権限が不当に行使されることを制限しているのである。一見すると、これらの役割は矛盾するかのように思われる。しかし、刑法に課せられている真の使命は、両者のバランスをいかにとっていくか、むしろこの点にあるのかもしれない。

2　罪刑法定主義

いかなる行為が犯罪となり、それに対してどのような刑罰が科されるかは、あらかじめ国会が制定する法律によって定められていなければならない。この原則を「罪刑法定主義」という。「法律なければ刑罰なし、法律なければ犯罪なし」という言葉で示されるこの原則は、刑法を支配する重要な原則である。

このような原則が必要とされるのは以下のような理由による。いかなる行為に対しどんな刑罰が科せられるか前もって知らされていなかったら、あるいは何らかの行為をとった後でその行為は犯罪であるといわれたら、私たちは常に不安を感じ、自由に行動することができなくなってしまうだろう。つまり罪刑法定主義は、国民の自由を保障するために必要不可欠な原則なのである。

もっとも、わが国の現行刑法には、直接に罪刑法定主義を定めた条項は存在しない。罪刑法定主義の原則は、わが国の場合、憲法上の原則として位置づけられると考えられており、その根拠として憲法三一条・三九条などの条項があげられる。そこで規定されている、「国民の意思を代表する国会によってつくられた法律によってのみ、しかも、その法律が施行された後にそれに違反する行為が行われたときにのみ、定められた手続によって罰することができる」ということは、罪刑法定主義から導かれる原理そのものであるからである。

刑法上、罪刑法定主義の原則から以下のような派生原則が導かれる。すなわち、①成文法主義（慣習法を直接処罰の根拠にしてはならない）、②刑罰不遡及の原則（その行為を行った当時犯罪ではなかったものを、後になってその行為に対し刑罰を科すことを定め、その効力を遡及させて処罰したり、行為時の法律より重く処罰することはできない。ただし、行為時より軽い刑罰を遡及的に適用することは刑法六条により認められている)、③類推解釈の禁止（当該事件に対して適用できる規定のない場合、類似した事件に対して適用される刑罰法規を類推解釈して適用することはできない)、④絶対的不定期刑の禁止などである。

しかしながら、国会が悪法を制定し、本来処罰すべきではない行為を犯罪としたり、犯罪に見合わない重い刑を規定したとき、罪刑法定主義を厳格に守って法律の条文を正しく適用したとしても、それでは国民の人権は侵害されてしまうことになる。そこで、新たに、①刑罰法規の明確性の原則（刑罰法規の内容は具体的かつ明確に規定されなければならない）と②刑罰法規の内容の適正の原則（刑罰法規は処罰する合理的根拠のある行為のみを処罰の対象とし、かつ犯罪の重さと刑罰は均衡がとれていなければならない。これを認める考え方をデュー・プロセス理論と呼ぶことがある）も罪刑法定主義の内容と認められるようになった。これらの原則に反する内容の不適切な法律を国会がつくったときには、憲法は、裁判所に法令審査権を与えているので、裁判所によるチェックを受けることになる。

3 刑罰とは

1 刑罰を科す根拠

犯罪という利益を侵害する行為に対して、国家は刑罰というかたちで制裁を加える。刑罰とは、犯罪に対する法的制裁として行為者に科せられる一定の法益の剝奪である。しかし、なぜ、犯罪を犯すと刑罰が科せられるのか、刑罰は何を根拠とし、何を目的として科せられるのか。これについては、応報刑を主張する旧派と呼ばれる人々と目的刑を支持する新派と呼ばれる人々の間で、長い間議論されている問題なのである。

まず、刑罰の本質は何かということが問題となる。これには、刑罰は行為者に対する「非難」としての苦痛（法益剝奪）であるという考え方（応報刑論）と、行為者が二度と犯罪を犯さないようにするための手段であるとする考え方（目的刑論）という二つの考えが対立している。刑罰は苦痛であるとする応報刑論の立場からは、刑罰は違法な行為に出たことに対する非難として、責任の程度に見合った苦痛を与えることであるとみなされる。その意味で、応報刑とは責任に応じた刑であり、「行われた犯罪」と「科される刑罰」とがバランスがとれていること（罪刑の均衡）が要求されるのである。

これに対して、刑罰は行為者の再犯防止にあるとする目的刑論の立場からは、犯罪者はいわば病人のようなものだとみなされることになる。すなわち、病人に対して、その病気の原因を除いて治療することが要求されるのと同様に、犯罪を犯した原因が犯罪者の性格にあり、再び犯罪を犯す危険性があるというのであれば、犯罪者に対して、その性格を改善することにより、犯罪を予防し、社会に害が及ばないように防がねばならない。いわば刑罰はそのための処方箋であるということになる。

では、刑罰は何をきっかけとして科せられるのだろうか。実行された犯罪という行為に対して科される立場（行為主義）と、犯人が将来再び犯罪を行うかもしれないという危険性に対して科せられるとする立場（行為者主義）という二つの立場が存在する。応報刑論の立場に立てば行為主義が、目的刑論の立場に立てば行為者主義がとられることになる。

また、刑罰の目的は何かについても論争がある。刑罰は行った行為に対する責任の結果として科せられるのであり、応報というかたちでの正義の実現にあるとする見解がある。また、刑罰を科すことにより、一般国民が犯罪を犯すことを予防し、犯罪を抑止するためにあるとする見解（一般予防）もあれば、犯罪者個人が再び犯罪を行わないようにするための犯罪者に対する改善更正にあるとする見解（特別予防）がある。近年では、刑罰の効果に懐疑的な者から、犯罪者を刑務所に入れ、犯罪者を社会から隔離することにより、少なくともその間社会は安全を保たれるのであり、刑罰の目的はこのことにしかないのだとの主張もなされている。

さらに、刑罰を科すことが正当化される理由についても、悪いことをした人に対して苦痛としての刑罰が科せられるのは当然であると考える人もいれば、刑を科すことによって将来の犯罪の防止という社会的に有益な目的を実現するからこそ正当化されると考える人もいる。

一般に現在では、刑罰は実行された犯罪に対して科されるという意味で応報刑であると考えられており、少なくとも犯罪者の更生に役立つように考慮されねばならず、その目的が一般予防であれ、特別予防であれ、刑罰を科すことがどうしても必要であると考えられる場合であっても、責任のない行為を処罰することはできず、責任に見合う限度を超えて重い刑罰を科すことは許されないとされる。なぜなら、応報とか責任という要素は、国家による刑罰権の行使に歯止めをかけ、刑罰権の濫用から人権を守るうえで重要だからである。

② 刑罰の種類と内容

犯罪を行った者に対していかなる刑罰が科せられるのだろうか。現在、刑法で定められている刑罰には、死刑、懲役、禁錮、拘留、罰金、科料と付加刑である没収がある（刑九条）。死刑は犯罪者の生命を、懲役・

禁錮・拘留は犯罪者の自由を、罰金・科料は犯罪者の財産を奪う刑罰である。

死刑の執行方法は監獄内で絞首により実施される（刑一一条）。死刑については存置すべきか、あるいは廃止すべきか議論のあるところである。憲法は、生命を奪う刑罰があることを予定しており（憲三一条）、死刑が直ちに「残虐な刑罰」（憲三六条）とはいえず、死刑制度は憲法に違反しないとするのが判例・通説である。しかし、一方で誤判の可能性を完全に否定することはできない以上、死刑を執行すると取り返しがつかない（法は再審制度を設けてはいるが）。一人一人が真剣に考えなければならない問題であるといえよう。

懲役・禁錮・拘留はいずれも自由刑である。懲役・禁錮と拘留は刑の期間によって区別される。懲役と禁錮には一月以上一五年以下の範囲内で「何年（あるいは何年何月）」と確定される有期の刑、または無期刑が言い渡される。これに対し、拘留は三〇日未満の短期の自由の拘束であり、罰金よりも軽い刑である。

懲役と禁錮とは刑務作業の有無、すなわち強制労働が課せられるか否かにより区別される。このような区別が設けられている理由は、普通の犯罪は軽蔑すべき「破廉恥な」行為であるから、懲役が予定され、労働が義務づけられる。しかし犯罪のなかには、破廉恥とはいえない行為、たとえば政治的信念に基づいてなした政治犯、重大な結果になると思わず、うっかり犯してしまった過失犯のような行為などがある。これら犯罪を行った者に対しては、その名誉を少し尊重するという趣旨で禁錮という少し評価の低い刑が科されているのである（禁錮刑は、たとえば、刑七七条以下・九五条・一〇六条以下・一九三条以下・二一一条などに規定されている）。もっとも現実には、禁錮受刑者の大半（約九九％）は自ら望んで作業を行っており、実質的には両者の差はあまりない。

懲役または禁錮に処せられた者は、刑務所（法律上は刑務所と拘置所を含む監獄という言葉が用いられている。刑一二条二項、刑一三条二項参照）に拘禁され、社会から隔離される。刑務所に入ることになれば、職を失い家族とは離され、また刑務所帰りというレッテルが貼られることにより、社会復帰を困難にする可能性がある。それゆえ、自由刑を言い渡すことは必要であるといえ、現実に刑務所に送ることは可能な限り避けることが望ましい。こうした見地から刑の執行猶予という制度（刑二五条）が設けられている。たとえば、「被告人を懲役二年に処す。ただし刑の執行を三年猶予する」という判決を言い渡すことによって、執行猶予の期間を無事に経過したときには、最初から刑の言い渡しがまったくなかったものとして取り扱われるのである（刑二七条）。この制度は実刑のもつ弊害を回避するばかりではなく、行為者が自力で立ち直るチャンスを与えるものとして大いに活用されている。

罰金・科料はともに金銭の徴収であり、両者はその額によって区別される。科料は千円以上一万円未満の範囲内で、罰金は一万円以上の金銭を支払わせる刑罰である。金銭が払えない場合には労役場に留置されることになっている。有罪確定判決を受ける者の約九五％が罰金刑を言い渡されており、刑罰制度の中心といってもよいであろう。なお、没収は犯罪によって得たもの、また犯罪に使用されたものをとりあげる一種の財産刑であり、これ自体単独で科せられることはない。

ほかに、刑法九条に列挙された刑罰以外に、法令に違反したことに対する制裁として、過料、公務員に対する懲戒や減給といった処分である懲戒、道路交通法違反に対する反則金（道交一二五条以下）などもあるが、いずれも刑罰ではない。

4　犯罪とは

1　構成要件に該当する違法で有責な行為

犯罪が成立したと評価されるのはいかなる場合なのであろうか。刑法においては、通常、「犯罪とは構成要件に該当する、違法かつ有責な行為である」と定義される。すなわち、ある行為が犯罪であるというのは、刑法に反する行為であるが、同時に処罰に値する程度に違法な行為であり、行為者に対し責任を問うことができる行為であることが必要なのである。

まず、ある行為が犯罪と評価されるためには、刑法において定められている個々の刑罰法規において、犯罪として規定されている行為の類型（構成要件という）に該当することが必要である。しかし、行われた行為が、刑法で犯罪と定められた行為類型と、形式的・客観的に一致したからといって、それでただちにその行為が犯罪であるとされるのではない。

たとえば、殺人罪は「人を殺す」ということを行為の類型として定めている。しかし正当防衛で人を殺してしまった場合には犯罪とはならない（刑三六条一項）。なぜなら、相手の急迫不正な攻撃から自分の命を守るためにやむなく相手を殺した場合は、他人の法益を不当に侵害するものではなく、正当な行為であり違法性はないと考えられるからである。

刑法では、違法な行為とは正当化されない法益侵害行為をいう。すでに述べたように、刑罰は法益の侵害があった場合に科せられる。しかし、法益を侵害する行為があったとしても、それが法的に許容される特別な正当化根拠が存在する場合には、違法性を欠く行為として処罰されない。刑法はそのような行為を違法性阻却事由とし、以下のものを定めている。法令による行為としての死刑執行人の死刑執行、ボクサーの試合、医師による外科手術といった正当な業務中の行為（刑三五条）、違法な攻撃を加えようとしたものに対して自己または他人の正当な利益を守るためになした正当防衛（刑三六条）、自分または他人に何らかの危険がさし迫ったときに、第三者を犠牲とすることによって危難から逃れようとする緊急避難（刑三七条）を認めている。また、被害が軽微であり、処罰に値する程度に違法な行為（可罰的違法性）がない場合も違法性は阻却される。最近では、安楽死のように被害者の同意がある場合に違法性をどのように判断したらよいのか、つまり自己決定権をいかに扱うかも問題となっている。

また、同様に、自分の行為によって人を殺すという結果を引き起こしたことを知らず、それを知らないことを責めることができない場合にも犯罪とはならない（刑三八条一項）。なぜなら、人を殺すと知らずに殺してしまった場合には、法上これを非難することはできず、責任はないと考えるからである。

すなわち、「犯罪」であるとされる際に責任が問われるのは、違法な行為を思いとどまることもできたのに、あえて違法な行為を選んでしまったことに対し非難ができるかどうか、すなわち、非難の結果として刑罰が科せられるかが問題となるからである。「責任なければ刑罰無し」の言葉の示すように、たとえ、どんな重大な犯罪的結果を引き起こしたとしても、その行為者にとって避けることが期待できない出来事であった場合には、行為に出たことを刑罰をもって非難することはできず、刑罰を科すことは正当化とされない。それゆえ、精神障害のために自らの行動をコントロールできない者の違法な行為（刑三九条）、一四歳未満の違法行為（刑四一条）は、当該行為に対する非難はできず責任は問えないので犯罪の成立は認められないことになる。すなわち、刑法においては、違法行為への意思決定に対する非難が可能でなければ、犯罪の成立は認められないのである（この原則を責任主義といい、先に述べた罪刑法定主義と並んで刑法の基本原則である）。

２ 社会の変遷と犯罪

(1) 新たな立法化の動き

近年われわれの生活の中に急速に浸透してきたコンピュータは、手続の簡略化や便利さをもたらすと同時に、これまでは予想もしなかった多くの新たな犯罪を生み出した。コンピュータを用いた記録を不正に作成したり、ハッカー行為により情報を盗んだり改ざんしたり破壊やしたりする行為に対しては、刑法に、電子計算機使用詐欺罪（刑二四六条の二）、電磁的記録不正作出及び供用罪（刑一六一条の二）電子計算機破壊等業務妨害罪（刑二三四条の二）といった規定が追加されるなどのように刑法の一部を改正するという形がとられている。

また、地下鉄サリン事件という、サリンというこれまで一般に用いられたことのない毒ガスを用いた前代未聞の犯罪も起こった。これについては、「サリン等による人身被害の防止に関する法律」という新たな立法が制定されている。

二〇〇〇年には、「ストーカー行為等の規制等に関する法律」が制定された。悪質なつきまとい行為や無言電話等の嫌がらせ行為を執拗に繰り返す、いわゆるストーカー行為が社会問題化し、ストーカー行為がエスカレートして殺人等の凶悪な事件にまで発展する事件が起きた。同法は、これまで刑法では処罰することが難しかった「つきまとい等」の行為――たとえば待ち伏せや無言電話、行動の監視等――を反復して行った場合、その行為を新たに「ストーカー行為」と定義し、同行為を禁止し、それに違反した場合には刑罰も科すことができることを定めている。

医療技術の進歩は、これまで心臓死を意味していた人の死の概念および、その判定方法にも大きな影響を及ぼした。一九九七年に制定された「臓器の移植に関する法律」は、脳死体という新たな死の概念を定めている。脳死とは脳幹を含む全脳の機能が不可逆的に停止する状態を意味する。脳死に陥ると、人間はこれに引き続いて呼吸・心拍の不可逆的停止、すなわち心臓死に至り、これまでは両者の間にほとんど時間差が無かった。医療技術の進歩により、脳死状態でも必要な生命維持治療を行うと数日間心臓を動かすことが可能になり、両者の間に時間差が生じうることになった。もし、脳死状態の下で移植のために心臓を摘出した場合、従来の法の下では殺人罪に問われる可能性がある。それゆえ、新たに死の概念を定める必要があったのである。

子どもに対する対応も変わってきている。一九九四年の児童の権利に関する条約の批准以後、子どもは保護の対象から権利の主体と見なされるようになった。この条約の影響を受け、一九九九年、児童の性的搾取および性的虐待が児童の権利を著しく侵害するという観点から、「児童買春、児童ポルノに係る行為等の処罰及び児童の保護等に関する法律」が、二〇〇〇年には児童虐待の禁止、児童虐待の防止に関する国および地方公共団体の責務を定めた「児童虐待防止法」が制定された。

権利の主体として児童の権利を認めることは、その責任も問われることになる。ここ数年、世間の注目を浴びるような少年による犯罪がたびたび起こっている。こうした少年犯罪を巡る報道は、少年による犯罪が多発し、凶悪化しているかの印象を人々に与え、人々の不安を掻き立てると同時に、少年に対しても成人と同様な取扱いをすべきであるとして、少年犯罪の取り締まりの強化を望む声や「少年法は甘い」といった少年法に対する批判となってあらわれた。こうした動きを受け、二〇〇〇年一一月には刑事処分適用年齢を現行の一六歳以上から一四歳以上に引き下げること、一六歳以上の比較的重大な非行への刑事処分を原則化する等を盛り込んだ少年法改正が国会を通過成立した。

たしかに現行の少年法には、いまなお検討すべき問題点を抱えていることは否めない。しかし、そもそも何ゆえに、少年法という成人とは異なる手続を設けたのか、少年が行った行為の原因、責任は少年のみに求められるのかなど、改めて考え直す必要があるだろう。

(2) 社会の変遷と犯罪

犯罪は社会とともに生まれ社会とともに変化する。

立法当初には予想もされなかった技術革新や意識の変化などによって生じた新しい犯罪現象については、罰する必要があったとして、現行刑法の規定の枠を越えるものであれば、罪刑法定主義の見地からその行為を犯罪とすることはできない。

しかしながら、刑法のような法律は簡単に改廃されることはない。このことは現行刑法が一九〇七年に制定されたものであり、これまでにも何回もの刑法改正の試みがなされたにもかかわらず、頓挫していることをみてもわかるであろう（一九九五年、刑法はこれまでの文語体カタカナから口語体ひらがなに改められたが、尊属関係規定の削除以外の内容的変更は行われていない）。これを犯罪とするためには、刑法を改正するか新たな特別立法の成立をまたねばならないのである。まさに、前で述べた種々の立法化の動きは、そうしたなかで生まれたものであるといえよう。

法には規範を形成するという側面もある。今日のように価値観の多様化する社会において、法の果たす任務は大きい。社会の変化に法はいかなる形で対応していったらよいのか、法が保護すべき利益は何かが、常に問われなければならないといえるであろう。

●参考文献

渥美東洋『レッスン刑事訴訟法（上・中・下）』中央大学出版部、一九九〇年
井田良『基礎から学ぶ刑事法』有斐閣、一九九五年
佐藤幸治ほか『法律学入門』〔補訂版〕有斐閣、二〇〇〇年
町野朔『プレップ刑法』〔第二版〕弘文堂、一九九四年

第7章 裁判と法

1 裁判とは

かつて、裁判を司どるものは、部族の長老のように、権利主張者と緊密な人間関係にある仲間であった。時に裁判官が目にみえない存在であったり、人間でないこともあった。それはたとえば、決闘で決着をつけたり、ワニを使って食べられたほうが負けになるというワニの裁判であったり、熱湯に手を入れてやけどの有無で正邪を決めた盟神探湯という形がとられたりした。このような形で行われた裁判の多くは神の意志に基づいて判決が語られたといわれる。いわば神判ともいえるこのような裁判がかなり普遍的にみられたのは、裁判を権威づける究極の基礎に神が存在すると考えられていたからにほかならない。しかし、決闘であれ、ワニであれ、熱湯であれ、一見すると大変不合理なやり方で行われていたと思われるこれらの裁判も、そこでは偶然という形の公平さが保障されていたとみることもできるのである。

ところが、神の意志が国王の意志と、偶然性が恣意性と同義語として用いられるようになるにつれ、裁判に客観性が求められるようになった。すなわち、王権神授説を背景とした国王の気まぐれな正義を排するために、目にみえる具体的な基準が求められるようになったのである。このような神の裁判から人間理性による裁判への流れは、啓蒙的自然法思想を背景とするヨーロッパ大陸における法典編纂運動とも呼応する。

近代の裁判は、人間の理性の所産である法を裁判の基礎とし、この法に従って白黒を決することを特徴とする。近代法治国家は、法律に従った裁判を裁判の本質的要素とすることによって、正義を固定するために法律を制定し裁判の客観性を確立しようとしたのである。裁判を法の適用作業とみる近代法治国家の裁判観——裁判官を単なる自動機械とし、事実に法規を当てはめることによって判決が出てくるとする判決三段論法的な見方——は、現代に至るまで、基本的には維持されてきているといえよう。

裁判が神の意志という形の偶然性を基準にするのであれ、人間の理性の所産であるところの法を基準にするのであれ、公平というものに重きをおいていることはいうまでもない。公平は、適正、迅速、訴訟経済とならんで、現在においてもなお、裁判の理想として掲げられる。そこで以下では、このような裁判の理想を実現するために、裁判制度はどのようになっているのか、いかなる役目を果たしているのか、その問題点も含め、みていくことにしよう。

2 裁判の機能と限界

1 裁判の機能

今日、社会生活上何らかの法律的な紛争（たとえば、借金を返してもらえない）が生じたとき、人々はいろいろな方法を用いて解決しようとする。もちろん、当事者同士の話し合いによって解決ができれば問題はないが、時に互いの主張が対立したまま膠着状態になってしまうこともある。そのような場合、双方が信頼できる第三者に紛争の解決を依頼することも一つの方法であろう。しかし、それでもうまくいかないときもある。いかなる場合であれ、腕力に訴えて自分で問題の解決をはかることは、現行法では禁止されている（自力救済の禁止）。そこで、公権的機関、すなわちその判断に拘束力を与えられている公的な機関に紛争の解決を申し立てる必要がある。紛争当事者の申し出によって、市民間の法的紛争を公権的に解決する国家作用を一般に裁判といい、これを担当する紛争処理機関を裁判所と呼んでいる。

このように、裁判とは、社会生活上の利益や問題などを第三者の公権的な判断に委ねて解決するという役割をもった国の制度である。したがって、裁判の役割としては、まず第一に、紛争を解決するという紛争解決機能があげられることはいうまでもない。

第二に、裁判には法創造的側面もある。法は必ずしも万能ではない。紛争のなかには、法の予定していない事態（これを法の欠缺という）が生じることもある。また、たとえ原告の主張は法律上、正当であっても、被告の救済をはかるべき場合もある。このような場合、裁判所は法律と現実社会との齟齬を埋め、法律の文言に拘泥することなく、利害調整をして判断を下すことが要求される。このようにして示された判断は、以後一つの法規準となることがある。まさにこのような意味で、裁判所は新しい権利やルールを承認していくという積極的な役割も担っているということができよう。

第三に、裁判のもたらす波及的な効果として、政策形成的な機能をあげることができよう。とりわけ、環境公害訴訟や消費者訴訟において、このような傾向が見受けられる。いわゆる四大公害訴訟（新潟水俣病、富山イタイイタイ病、四日市ぜんそく、熊本水俣病）は、さまざまな行政的な措置を講じることを促進したばかりではなく、公害対策基本法（後に環境基準法）に代表されるような公害立法の成立を促した。直接に、政策の実現に結びつくことは少ないにせよ、公共性の意義を判断した結果たる判決が、関係企業、国や自治体の政策などに、何らかの影響を与えるという側面をもつことは否定できない。特に最近の傾向としては、裁判によって下された判決のみならず、訴えの提起にはじまる一連の手続過程それ自体が、問題を顕在化し、議論を呼び起こすことの見地から、裁判のもつこのような機能は注目されている。

裁判には以上のような機能があるといえる。裁判の第一の機能たる紛争解決機能が、主として対立する当事者間に限定されたはたらきの場に見出されるのに対し、政策形成機能は当該事件をこえて広範な影響力をもち、そのインパクトは立法や行政にまで及ぶ。このような訴訟を通じての政策形成や法改革については、裁判と政治を峻別しその制度的独自性を保とうとする立場から批判はある。また、三権分立制度にあっては、このような機能をどのように位置づけるかという問題は残る。裁判の分野が拡大し、その機能が増大するにつれ、国民の裁判に対する期待も強まる傾向にある。しかし、裁判にはその性質上限界があることも認識しておかなくてはならない。

2 裁判の限界

まず、裁判というのは、裁判という枠のなかでの解決しかはかれないということである。すなわち、そこにはおのずと限界があるということである。社会で起きた事件というのは、いろいろな原因をもち、長い経過をたどり、心理的にも深い葛藤を秘めているものである。しかし、裁判というのはそのうちの一こまを切りとって当該事実の解明をするものであり、社会に起きたすべての事象について必ずしも解決を与えることができるわけではない。判決が下されれば、紛争は解決されたのかという問題はわきにおくにしても、裁判によって解決できることは、裁判に浮かび上がってきた事実だけを明らかにするだけであるということを十分認識する必要がある。

第二に、裁判というのは「事後の救済」をはかるものであるということである。名誉毀損で訴えるといっても、すでに名誉の侵害は起きてしまっているのである。したがって、文字通りの原状回復というのは不可能である。裁判による救済というのは、結局のところ事後の救済という形で調整するしかないのである。

第三に、裁判官の適性ということも問題となる。もちろん、具体的な紛争が生じた場合に、これを解決するための十分な適性をもち、そのための教育訓練も受けてはじめて裁判官となることができるわけである。しかし、法律が増大し複雑化するにつれ判断の困難な「灰色領域」を処理する必要が増え、また立法者が予測したところと現実との食い違いのためにその調整を行う必要もある。このような事件における裁判官の役割は大きく、またその責任も重い。裁判の質は裁判官の資質に依存するところが大きいといわれる。そこではおのずと裁判官の適性が問われ、時にそのことが裁判の判決に影響を及ぼすこともあるということを考慮しなければならないであろう。

第四に、法定の手続上の特質から生じる限界もある。たとえば、刑事事件において、伝聞証拠（いわゆる又聞きの証拠）は、いかに信用性があるようにみえても採用されないことになっている。「真実の発見」という見地からは、このような手続が制約となって思うように運ばないことも生じるのである。

さて最後に、裁判所は社会に生起するさまざまな紛争のごく一部のものにしか解決を与えることはできないということを指摘しておこう。裁判にかかる時間、経費の問題、裁判制度の利用のしにくさなどのさまざまな要因から訴訟が回避される傾向にあることもまた事実である。そこで、社会的な紛争のなかで裁判として上がってくるのは、限られたごく一部である。したがって裁判所が関与し、裁判所によって与えられる解決もまた限られたものになってしまうのである。

裁判は、「伝家の宝刀」ではない。裁判に過度に期待をかけることは、かえって裁判の機能を損なうおそれもある。また、裁判による解決が必ずしも最高の解決とは限らない。裁判のもつ役割・機能を十分に理解し、裁判による紛争解決とは何なのかということを考えていく必要があるだろう。

3 裁判制度

1 裁判の種類

裁判の種類としては、裁判の対象となる紛争により、主に次の三つに分類される。

第一は、〈民事訴訟〉である。これは、私人間の生活関係に関する紛争を対象とする。たとえば、所有権や土地の境界線をめぐる争いなどである。

第二は、〈行政訴訟〉である。これは、行政権の行使やその他公法上の権利関係に関する行政処分の取消を中心とする。自動車運転免許の取消処分や営業（不）許可について不服がある場合に取消などを求める抗告訴訟などがこれにあたる。

第三は、〈刑事訴訟〉である。これは特定人に対する国家（検察官）による刑罰権の確定を目的とする。

同一の事実関係から起きた事件であっても、その取扱い方によって、これらの各種の訴訟になることがあることに注意する必要がある。たとえば、交通事故の場合、加害者の行為を傷害として検察官が傷害罪で起訴すると刑事訴訟になり、その被害者が加害者に対して治療費とか慰謝料を請求するとすれば、民事訴訟になる。また、その交通事故に伴う自動車運転免許証の取消について不満があれば、行政訴訟を起こして争うことになるのである。

これら三つの裁判は、法律上は、互いに独立した別個の手続である。ただ、先にあげた交通事故の場合を例にすれば、加害者が被害額を弁償して被害者との間に示談が成立した場合、検察官が事件を起訴しない、起訴猶予にする、あるいは裁判が進行中であれば、執行猶予で終わるといったことが行われることもある。

近年、犯罪や刑罰のあり方について、改めて考え直そうという動きも出てきている。すなわち、刑罰というのは、自由の剝奪という非常に重大な人権侵害を伴うものであるので、あくまでも最終手段として用いるべきであり、他の代替手段、たとえば民事的な解決や行政的な解決に委ねることができるのであるのならば、できる限りそのような方法をとることが望ましいという考え方である。このような考え方は被害者の利益にも合致する（たとえば、金品を盗まれた場合、被害者は、加害者に刑罰を加えることよりも盗まれた金品が戻ってくることをのぞむ）こともある。他方、企業による組織犯罪のように、従来の刑法の概念では取り締まることができない犯罪も増えてきている。この種の犯罪に対しては、たとえば営業停止のような行政罰が有効であることもある。以上のような動きがあることも、念頭においておく必要があるであろう。

民事、刑事、行政各分野の訴訟は、それぞれに基準となる法が存在し、それに基づいて法運用がなされる。そこで以下では、私人対私人の訴訟を扱う民事事件と、私人対国家（検察官）という形をとる刑事事件について、具体的に裁判というものがどのような形で行われていくのかみていくことにしよう。

2 裁判の過程

裁判、つまり訴訟は、一定の者の申立て、すなわち訴えの提起によって開始される（「訴えなければ裁判なし」）。裁判所が職権を発動して自ら訴訟を開始することはない。このような訴訟制度の構造を、民事では処分権主義、刑事では弾劾主義と呼んでいる。なお、訴える者を原告（民事の場合）・検察官（刑事の場合）、その相手方を被告（民事の場合）・被告人（刑事の場合）と呼び、これら裁判の名宛人を総称して当事者という。

訴えの提起にはじまり判決の確定に至る裁判の一連の流れは、裁判において法が実現されていく過程にほかならない。裁判は、結論として権利義務を確定し、あるいは有罪無罪を宣告するものであるが、それは裁判官によって恣意的に行われるものではなく、法に定める手続に従って、法的な判断として示されるものである。

裁判は具体的な事実を前提として、これに適切な実体法（たとえば、民法七〇九条とか、刑法一九九条というように）をあてはめる（法の適用）という作業のなかで行われる。それゆえ、法を実現（適用）するためには、まず、その前提として、実現されるべき法を適用するための要件が満たされているか否かが検証されねばならない。これを行うのが、事実の確定（認定）である。訴える者は自己の主張する法律効果（権利義務の発生、犯罪の成立）を発生させる要件（民事では要件事実、刑事では公訴事実）の存在を前提として主張することになる。相手方はそうした事実の不存在や消滅など、前提としての要件が欠けていることを主張して争い、さらに双方が証拠を出しあってそれぞれの事実の主張を裏づけることになる。裁判所はこのような当事者双方の主張を聴いたうえで、要件事実の存否を確定する（これは心証形成と呼ばれる）。このような過程を経てはじめて、裁判所は法令の適用を行うことができ、権利義務の存否、犯罪の成否を判定することができるのである。

しかし、この事実の確定の仕方については、民事訴訟と刑事訴訟とでは若干の相違がある。まず、自白がある場合、民事訴訟においては、自白された事実は証明する必要がなく、裁判官は自白の内容に拘束される（民訴一七九条）。しかし、刑事訴訟においては、たとえ被告人が自白したとしても公訴犯罪事実は必ず証拠によって証明されなければならない（刑訴三一七条）ばかりではなく、自白が唯一の証拠である場合には有罪とされない（憲三八条三項、刑訴三一九条二項）こととされている。

また、証拠によって事実を認定する場合でも、基本的人権の要請が強いため、刑事訴訟の場合のほうが証拠の制限が大きい。強制、拷問もしくは脅迫による自白または不当に長く抑留もしくは拘禁された後の自白は、これを証拠とすることはできない（憲三八条二項、刑訴三一九条一項）とされているし、伝聞証拠もその証拠能力を制限されている（憲三七条二項、刑訴三二〇条以下）。

このようにして裁判官は、証拠調べの結果を踏まえて要件事実の存否をいずれかに確定するわけであるが、その際、証拠の評価は裁判官の自由にまかされる。これを自由心証主義という（民訴二四七条、刑訴三一八条）。心証を形成するにあたっては、民事訴訟であれ、刑事訴訟であれ「合理的な疑いをこえる」ところの確信を得たことを必要とする。ただし、刑事訴訟においては、有罪の心証が得られない場合、「疑わしきは被告人の利益に」という原則に従って、被告人は無罪とされる。民事訴訟では、証明の対象となる事実は、その性質によって原告・被告それぞれに証明責任があるのに対し、刑事訴訟では、原則として、検察官（原告）に証明責任があるということになる。

このようにして確定された事実に基づいて、判決が下される。仮にこの判決に不服がある場合、民事事件であれ、刑事事件であれ、判決の内容に不服がある場合、両当事者はさらに上級の裁判所に審理を求めることができる。一般に、上訴が認められるのは、裁判官の判断にも誤りがある可能性があるからであり、また敗訴した当事者に別の裁判官の判断を受ける機会を与え納得させる必要があるからだといわれている。

現行法の下では、訴訟事件について、審級を異にする裁判官の審理を三回受けることを認める三審制がとられている。一審の判決に対する不服を上級の裁判所に申し立てることを控訴といい、二審の判決に対する不服を終審の裁判所に申し立てることを上告といい、両者を合わせて上訴という。民事裁判では、地方裁判所に訴えが提起された事件（訴額が九〇万円をこえる場合）は、高等裁判所に控訴を申し立て、最高裁判所に上告を申し立てることになる。簡易裁判所へ訴えが提起された（訴額が九〇万円以下の場合）場合は、地方裁判所が控訴審、高等裁判所が上告審となる。これに対し、刑事裁判の場合は、簡易裁判所に提起されたもの（法定刑が罰金以下）であれ、地方裁判所に提起されたもの（法定刑が禁錮刑以上）であれ、家庭裁判所に提起されたもの（裁判所三一条の三第一項三号に定められたもの）であれ、控訴を扱うのは高等裁判所、上告は最高裁判所という仕組みになっている。

三審制をとっている現行制度の下では、上告によって下された判決が最終の判断として確定される。しかし、判決に重大な欠陥があるために、これを放置することが、正義の観念に反すると認められる場合に限って、再審が認められる（民訴三三八条一項、刑訴四三五条・四三六条）。ただし、刑事事件の場合には、被告人の利益となる場合にのみ再審を認めている。

③ 裁判における審理原則

前章で述べたことは、一定の手続に基づいて行われる。この手続は、民事事件は民事訴訟法という法律で、刑事事件は刑事訴訟法という法律で規定されている。各手続の構造・進め方は、細部において差異があるものの、基本的には共通の性質をもっている。そこで、以下にはまず共通する部分について述べ、ついで各手続のもつ特徴について述べることにする。

裁判は、訴え（公訴）の提起によってその手続（審理）が開始される。

民事裁判の目的は、紛争の解決に、刑事事件の場合には国家刑罰権の確定にあるといわれるが、これらはいずれも裁判の前提に紛争あるいは犯罪というものを想定している。しかし、必ずしも紛争が存在し、犯罪が行われたからといってただちに裁判が開始されるわけではない。すでに述べたように、裁判は当事者（紛争主体・刑罰権の発動を求める者）の側からこれを求めない限り行われないことになっている（民訴二四六条、刑訴二四七条・二四八条）。したがって、裁判による法の実現を求めたときには当事者に対して、必ずその途が開かれるよう保障されていなければならない。

訴えの提起によって開始された訴訟の審理は、民事事件であれ、刑事事件であれ以下のような審理原則に基づいている。

まず第一に、審理は、裁判所が主宰して、裁判所の法廷で行われる。審理を運営する主導権は、裁判所に与えられ当事者は任意に手続を変更することはできない。

第二に、裁判は公開されなければならない（憲八二条一項）。刑事被告人については特に「公正な裁判所の迅速な公開裁判」を受ける権利を有する（憲三七条一項）と規定されている。審理を公開するのは、司法の密室性を排して裁判の公正を担保し、ひいては司法に対する国民の関心と信頼とを高めるためである。

第三に、審理は原則として、両当事者その他の関係人の口頭の陳述を基礎として行われる。これに対して、当事者がその主張を書面で裁判所に提出し、裁判官はそれを閲読して審理するという形をとるのが書面主義である。口頭主義のメリットは、口頭の陳述を聴くほうが書面に書いたものを読むより、新鮮で強い印象を得ることができるからであり、また関係人と裁判官とが向き合った場でなされるので、釈明権の行使も行われやすいといったことがあげられる。このことは、弁論の聴取や証拠調べは判決をする裁判官自らがしなければならないという直接主義という原則とも相まって裁判官の心証を形成するうえで重要な原則となっている。

第四に、審理は両当事者を対席させて行われる。裁判所は、単に当事者の主張を聴取すればよいというものでもない。両者を対席させ、当事者双方にその主張する機会を平等に与えることに審理の本質がある。このような裁判構造は、対審構造と呼ばれる。それは、相対立する当事者が、主張・立証を重ねる攻防のプロセスとしての対論的性格を有する。したがって、このような審理過程においては、最終的結果として下される判決も重要な意味をもつが、むしろ、当事者が積極的に裁判に参加することにより、当事者をして裁判の結果を納得させるはたらきがあることを忘れてはならない。

④ 訴訟手続の概略

(1) 民事訴訟手続

民事訴訟手続は、対等な私人間に生じた私法上の権利義務をめぐる紛争を強制的に解決するための訴訟手続である。民事事件においては処分権主義と呼ばれる原則によって、紛争を裁判によって解決をはかるか、また裁判によって解決をはかる場合でも、どの範囲で裁判所の判断を仰ぐかということについては、当事者である私人の側に主導権が認められている（裁判による解決は、裁判所によって一刀両断的な解決が示されるのであるから、常に納得のいく形での解決がはかられるわけではない。このため、紛争の解決は必ずしも裁判という形をとらないことがある。裁判によらない解決は制度上認められており、それには、和解、調停、仲裁などがある。これらの制度は、何らかの形での当事者の合意を前提としている点に特徴がある。この意味で、民事事件おいて裁判は、紛争解決の最後の手段であるといってよい）。民事事件は、本来、自治的に解決されるべきものである。しかし、当事者の間で解決がつかない場合には、国家が介入せざるをえない。

民事訴訟手続は以下のようなプロセスをとる。

① 通常手続

まず、訴えの提起によって裁判ははじまる（民訴一三三条・二七一条）。この訴えには紛争の内容に従って、給付の訴え（一定の金額の支払いや家屋の明渡しを求める訴えなど）、確認の訴え（家屋の所有権が自己にあることの訴えなど）、形成の訴え（離婚を判決によって宣言することを求める訴えなど）の三つの類型がある。たとえば、貸した金二〇〇万を返してほしいという訴えを原告甲が被告乙に対して起こしたとしよう。訴えの提起は、これら三つの訴えのどれかを自分で選択し、裁判所に訴状という書面を提出することにより行われる。この場合は給付の訴えにあたる。そこで、まず甲が乙を訴える裁判を起こすためには、「甲は乙に対し二〇〇万を支払え」という請求の趣旨と理由などを書いた訴状を裁判所に提出しなければならない。

裁判所がこの訴えがその紛争を解決するのに必要ではない、あるいは役に立たないと判断した場合には、ただちに訴えの却下の判決をする（民訴一四〇条）。訴えが却下にならない場合には、裁判所は原告から提出された訴状の写しを被告に送って、原告から訴えの提起があったことを被告に知らせるとともに、被告としては原告の言い分に対してどのような対応をとるかを答弁書と呼ばれる書面に書いて提出することを求める。乙は甲の訴えに対し、甲の請求を棄却する判決を求める旨の答弁書を提出すれば、乙は甲と争うことになる。

裁判所は審理を行う日を定め原告と被告に出頭を求め、審理が開始されることになる。審理の対象は、当事者が申し立てた事項と内容に限定される（処分権主義、民訴二四六条）。審理では、まず原告がなぜこのような訴えを起こしたのかについて陳述し、被告がこれに答える。被告が原告の主張を認めればそれで裁判は終了する。被告が争えば、双方が口頭によって自らの見解を主張しあうことになる。裁判所は当事者が法廷に提出した材料だけを基礎にして裁判をするのが原則である。裁判所がその事件について自ら調査することは一切ない。当事者の弁論を通してのみ事件の解決をはかるという意味で、この原則は弁論主義と呼ばれる。したがって、原告や被告は自分の主張を裁判所にわからせるために自己に有利な材料を裁判所に提出していくことになる。たとえば、被告に金を貸したが被告が返さないというのであれば、原告はそのことを証明し、反対に被告が過去に原告に対し金を貸しており、それを返してもらっただけだと主張する場合にはそのことを立証していかねばならない。

裁判官は両当事者の主張を聞き、双方から提出された証拠を調べ、原告の主張が果たして法律に照らして認めることができるか否か判断する。この判断を書いたものが判決である。先の例でいえば、裁判官が原告の主張を認めたときは「被告は原告に二〇〇万円支払え」という判決をし、原告の主張を認めなかったときには原告の主張を退ける判決を行う。

本来、判決によって訴訟は終了することになっているが、民事事件においては、原則として当事者の自由な処分が認められるので、判決以外の形で裁判が終わる場合（訴えの取り下げ、請求の放棄・認諾、和解）もある。

② 少額訴訟手続

社会に生起する私的紛争は、多額複雑な事件から少額単純な事件にまで種々さまざまである。これをすべて、画一的に、上記で述べた複雑かつ慎重な訴訟手続で審理することは必ずしも適当ではない。そこで、少額軽微な事件を処理する簡易裁判所が設けられた。簡易裁判所は、訴額が九〇万円以下の事件を対象とし、通常の手続に対していくつかの特則（民訴第二編第七章）を設け、簡易・迅速な紛争解決をはかろうとするものである。しかし、この手続も基本的には通常手続が適用されることを前提とするものであり、係争額がきわめて少額で、事案も単純であり解決も困難ではない紛争手続としては、必ずしも一般市民にとって身近で利用しやすい紛争解決手段とはいえない。そこで、新たに訴額が三〇万円以下の金額の支払いを求める事件に関して、係争額に見合った経済的負担で、より簡易迅速な手続を定めた「少額訴訟に関する特則」（同第六編）が加えられた。この少額訴訟制度の創設により、たとえば、アパートの敷金を返してくれない、賃金・請負代金を払ってくれない、地代・家賃を払ってくれないなど、これまで費用、時間、労力を理由に泣き寝入りせざるを得なかった事案に対しても解決がはかられるようになった。

少額訴訟手続では、原則として一回の期日で（一日で）審理を終了し、その後ただちに判決の言渡しをする。このため、被告からの反訴の提起は認められない。証拠調べに関しては、即時に取り調べることができる証拠に限定したり、証人尋問における宣誓等を不要として手続の簡易化をはかるほか、電話会議システムを利用し法廷から裁判所外にいる証人への尋問も認めている。

(2) 刑事訴訟手続

刑事訴訟手続は、犯罪の存否、刑罰を科すことの可否を確定し、具体的な刑罰を定めることを目的とする。いかに軽微な犯罪であろうとも、刑罰を加えるためには裁判が行われなければならない。また、たとえ軽い刑罰を科す場合であっても、被告人の人権は保障される必要がある。刑罰は謙抑的に、あくまでも最後の手段として用いられなければならない。刑事裁判というのは、真実の解明と人権の保障という相対立する目的を担っている。この調和をはかるために刑事訴訟手続には、厳格な手続が設けられているのである。

① 捜　査

犯罪の届出、被害者からの告訴・告発、犯人の自首などによって捜査機関（警察官）によって捜査が開始される。捜査は強制的な手段によらない、いわゆる任意捜査が原則である（刑訴一九七条）。しかし、被疑者が逃亡したり、証拠を隠滅するおそれがある場合には、その身体を拘束しなければならない。また、強制的に住居などを捜索し、証拠を差し押さえる必要がでてくる場合もある。このような強制的な捜査方法は、刑事司法の目的達成に必要不可欠であるが、他面、人権を侵害するおそれがある。そこで、憲法は強制捜査は原則として事前に裁判官の捜査を受け、裁判官が発布する令状によって行うこととしている（令状主義）。

拘束された被疑者は、ただちに警察に引き渡され、犯罪事実の要旨と弁護士選任権を告知され、弁解の機会を与えられる。そのうえで釈放されることもあるが、そのまま留置される場合もある。被疑者が留置された場合は、逮捕から四八時間以内に検察官に送致される（刑訴二〇三条）。

被疑者を受け取った検察官は、釈放するか、そのまま公訴を提起するか、それとも裁判官に対して勾留を請求するかを決定する。勾留の請求は、被疑者を受け取った時から二四時間以内でなければならず、かつ被疑者が逮捕された時点から七二時間以内でなければならない（刑訴二〇五条）。

勾留の請求を受けた裁判官は、勾留の要件があるかどうか審査し、勾留の必要があると認められたときは、勾留状を発付する（刑訴二〇七条）。起訴前の勾留期間は、検察官の勾留請求の日から一〇日間であるが、さらに一〇日間延長されることがある（刑訴二〇八条）。検察官がこの期間内に公訴を提起しないときは、被疑者を釈放しなければならない。結局、通常事件における被疑者の拘束期間は、全体として約一三日間、最大限二三日間あることになる。

② 公訴の提起

捜査が終結した事件は、原則として検察官に送致される（刑訴二四六条）。犯罪の嫌疑が十分であると判断されたときに、検察官の起訴（公訴の提起）によって、訴訟手続が開始される。この公訴の提起は、現行法上は、検察官のみに認められている（国家訴追主義）。

犯罪が成立しない場合、公判を維持するのに十分な証拠がない場合、または被疑者の死亡や公訴時効の完成などによる訴訟条件の欠缺の場合、不起訴処分となる。しかし、犯罪となる事実が存在し証拠が揃っていても訴追されない場合がある。微罪処分（刑訴二四六条但書）、起訴猶予（刑訴二四八条）と呼ばれる処分がそれにあたる。前者は、軽微な犯罪であり検察官によって送致の手続をとる必要がない旨あらかじめ指定されたものについて警察官が送致しない場合である。後者は、犯人の性格、年齢および境遇、犯罪の軽重および情状ならびに犯罪後の情況を考慮した結果、処罰する必要がないと検察官が判断した場合に、検察官の裁量により公訴の提起を行わない（起訴便宜主義）処分をいう。このような形で、裁判が回避される場合もあるが、ひとたび起訴された以上、判決によらずに事件が終了することはない。この点は、民事事件とは異なるところである。

起訴状には、公訴事実（訴因）と罪名（罰条）とを明らかにしなければならない。その際、裁判所に予断を抱かせるおそれのある書類などを添付してはならない（起訴状一本主義、刑訴二五六条）。これは裁判所が白紙の状態で公判に臨むようにすることを目的としている。

③ 公判手続

審理（公判）では、まず検察官が起訴状を朗読する。裁判所は、被告人に黙秘権などの権利があることを告げたうえで、被告事件について陳述する機会を与える（刑訴二九一条）。ここで、被告人が、たとえ犯罪事実について有罪であると認めても、ただちに判決を下すことはできない。

被告人の陳述の後、証拠調べに入る。証拠調べは民事訴訟手続とは異なり、裁判所が職権により行うこともできる（刑訴二九八条）。検察官は公訴犯罪事実の存在を証拠によって明らかにしなければならず（刑訴三一七条）、その際、検察官は「合理的な疑いをこえる」程度の証明が必要である。これに対し、被告人は「合理的な疑いをさしはさむ」程度の立証で足りる。検察官は、証拠調べが終わると、事実および法令の適用について意見を述べなければならない（論告・求刑、刑訴二九三条）。これに対応して、弁護人は最終弁論を行うことができる。公訴事実の存否については、裁判官の自由な心証に基づく判断に委ねられ、「被告人を懲役〇年に処す」という有罪判決のほか無罪、免訴、公訴棄却といった判決が言い渡されることになる。

なお、刑事訴訟手続には、このほか五〇万円以下の罰金・科料を命ずる場合に、検察官が被告人に異議がないことを確かめたうえで行う、略式手続がある（刑訴四六一条の二）。これは、簡易裁判所によって、公判を開くことなく書面審理によってのみ略式命令で刑罰を科すものである（刑訴四六一条）。

5 司法制度改革

わが国の裁判制度に対しては、これまでにも「敷居が高すぎる」「わかりにくい」「迅速性に欠ける」などといった批判がなされてきた。こうした批判を受け、近年、さまざまな観点から裁判制度の見直しが行われている。

たとえば、刑事裁判においてもっとも被害を受けながら、当事者としては排除されてきた被害者の権利をどのように刑事司法に取り込んでいったらよいのかが模索されはじめている。一九九九年四月、法務・検察により被害者通知制度が実施されているほか、一〇月には刑事訴訟法の改正問題が法制審議会に諮問され、強制わいせつ罪や強姦罪等における告訴期間の撤廃（ただし親告罪制度は残存）、証人が繰り返し証言することの負担を軽減するためのビデオ・リンク方式の利用等をまとめた答申「刑事手続きにおける犯罪被害者保護のための法整備に関する要綱骨子」が二〇〇〇年二月に出された。

また、一九九九年六月、内閣に司法改革を目的とした司法制度改革審議会が設置されている。国民にとってより身近で利用しやすい司法制度をめざし、同審議会では、裁判の迅速化、法律扶助制度の拡充、国民の司法参加という観点からの陪審制（地域住民のなかから選ばれた一〇人前後の市民が、証拠に基づいて評議によって被告人の有罪・無罪を決定する裁判制度。アメリカ合衆国、イギリスなどで実施されている）・参審制（裁判官と一緒に参審員と呼ばれる数名の一般市民が合議をして結論を出す裁判制度。ドイツ、フランス、北欧諸国で実施されている）の導入、さらには司法制度や大学法学教育を含めた法曹養成制度のあり方などが検討されている。

●参考文献

兼子一・竹下守夫補訂『訴訟のはなし』〔第三版〕有信堂高文社、一九九二年
小島武司編『現代裁判法』三嶺書房、一九九〇年
小島武司編『裁判キーワード』〔新版〕有斐閣、一九九八年
田宮裕『日本の裁判』〔第二版〕弘文堂、一九九五年
渡辺保夫ほか『テキストブック現代司法』〔第四版〕日本評論社、二〇〇〇年

第8章 国際関係と法

1 国際法とは

① 国際社会と国際法

今日、地球上には一九〇にのぼる国々が、それぞれ民族や文化、国内体制などを異にしながら共存している。近代以降、とりわけ近年のめざましい科学技術や交通・通信手段の発達による国際化の進展は、人々や財、サービス、情報の往来や国家間の交流を活発にし、相互の依存関係をいっそう深めた。なかでも、経済統合から始まったヨーロッパにおける地域統合の動きは、EC（欧州共同体）からEU（欧州連合）へと発展を遂げ、一九九九年一月からは通貨統合という段階へと進み、外交や防衛でも歩調をそろえるまでになっている。もっとも、このように政治的、経済的、社会的に安定した国々や地域もある一方で、依然として紛争や貧困、国内的混乱の下におかれている国々も数多くある。すなわち、各国によって国内事情や発展段階はさまざまであるが、これら多様な国々によって構成されている社会がいわゆる国際社会である。

より正確にいうならば、国際社会は、主権をもった国家、すなわち主権国家を基本的枠組みとする社会として特徴づけられる。今日のような主権国家を単位とする近代国際社会が成立したのは、キリスト教徒間の宗教戦争（三〇年戦争）を経て中世封建社会が崩壊した一七世紀半ばのヨーロッパにおいてであるとされ、国際法は、そこに生まれた近代主権国家相互間の関係を規律する法として形成され発展を遂げてきたのである。すなわち、国際法とは国際社会の法のことであり、国際社会において、主として国家相互――限定的に個人や国際組織――の関係を規律する法規範のことをいう。

2 国際社会の構造と国際法の法的性質

ところで、国際法は、国内法とは基本的にその性格を異にする。その相違は国際社会と国内社会の構造の相違による。すなわち、国内社会は各国家の中央公権力（政府）が自国領域内の人や財産に対して排他的に管轄権を及ぼしている集権的な社会であり、国内法はその下で統一的機関（立法機関）によって制定され、その法が強制力を伴って執行され、国内法を適用して裁判が行われる。

これに対して、国際社会には、国内社会におけるような中央公権力（超国家的機関）が存在しない。国際社会は、主権国家が並存する分権的な社会であり、その結果、法の定立・執行・適用においても、それぞれの国家に分権化されている。まず、国際法の定立については、国際社会には国内社会における議会のような統一的な立法機関が存在しない。その定立にかかわるのは原則として主権国家であり、国際法は、主権国家相互の合意に基づいて成立する。したがって、国際法は、定立について同意を与えた国家のみを拘束し、同意を与えない国家はそれに拘束されない。次に、執行についても、やはり、国際社会は、統一的な執行機関を欠いており、国際法の違反に対して強制する機関と手続が十分組織化されていないのが現状である。特に、二〇世紀の初頭までは、国際法違反に対する制裁は、戦争や復仇を内容とする自力救済（self-help）という形で、個別国家の手に委ねられていた。さらに、適用、すなわち裁判についても同様である。国際紛争を国際司法裁判所のような国際裁判機関に付託することは可能ではあるが、その場合、紛争当事国が双方とも付託に合意することが前提条件であり、自国に都合の悪い事件はあえて付託しようとはしないのが一般的である。

以上のような国際法の法的性質から、国際法は果たして「法」であるのかという疑問が提示されることがある。しかし、国際法が法であるか否かは、その場合の「法」の概念をどのように定義するかという問題とも密接にかかわってくる。たしかに国内法のように、中央公権力によって制定、強制される規範のみを法と呼ぶ狭義の解釈に立てば、国際法は、「法」と呼ぶのは難しいかもしれない。しかし、自力救済という形での制裁が国際社会において認められてきたことは、たとえ分権的ではあっても、社会的に認められた強制力がそこに明確に備わっていることを示しており、そのような社会規範の意味において、国際法は法であるといってよい。

3　国際法の存在形態と効力関係

ところで、国際法といっても、憲法や民法のように統一的な法典があるわけではない。国際法とは、具体的には、国家間の明示（文書）の合意である条約と、諸国家の慣行を基礎とした黙示の合意である慣習国際法のことをいう。条約は普通、交渉、署名、批准、批准書の交換または寄託の締結手続を経て成立する。批准とは、当事国の国内法上、条約締結権をもつ機関が、当該条約に拘束されることについて最終的に意思を決定する行為のことであるが、今日では、そのために憲法上、議会の承認を必要とする場合が多い。条約は当事国が同意すれば署名だけで効力を発生する場合もある。成立した条約は、前述のように、合意に参加した国家のみを拘束する。慣習国際法は、①諸国家の同一行為の反復という事実的要素と、②その慣行を法的に拘束力あるものとして認める法的信念の二つの要件を満たした場合に成立する。慣習国際法は、原則として、国際社会を構成する大多数の国を拘束する。その点で普遍性をもつといえるが、明確性や確実性の点では成文法である条約に劣る。そこで、国連国際法委員会が中心となって慣習国際法を法典化する試みがこれまでになされてきている。

条約と慣習国際法が相互に抵触した場合の効力関係については、国際社会の分権的性格を反映し、「特別法（条約）は一般法（慣習国際法）を破る」という原則が妥当する。しかし、その例外の一つとして、戦略戦争や奴隷売買、ジェノサイド（集団殺害）の禁止など、慣習国際法のなかにも、これに反する条約の締結が認められない強行規範（ユス・コーゲンス）が存在するという考え方がある。これは、たとえ国家間で合意があったとしても、その内容が国際社会全体の利益に反するようなものについては認められないとの考え方の表れであり、国際社会の一つの発展を示すものといえる。これについて、一九六九年の「条約法に関するウィーン条約」は、「強行規範に抵触する条約は無効である」（五三条）として、条約の無効原因の一つとして規定している。ただし、その具体的内容については、ウィーン条約のなかでは明確にされていない。

④ 国際法と国内法

従来、国際法はもっぱら国家間の対外関係のみを規律し、国内法とは無関係で法的抵触もないとされてきた。しかし、国際社会の緊密化に伴う国際法の規律対象の拡大によって、本来、国内法が規律対象とする、個人の権利義務関係についても、国際法が規律することが多くなった。そのため、同一事項について国際法と国内法が抵触する場合も増えた。すなわち、既存の国内法の内容が国際法に違反したり、国際法上の義務を履行するための国内法が存在しないといった場合である。両者の関係については、理論的には、国際法と国内法をまったく別個の独立した法秩序とみる二元論と、同一法秩序の下にあるとみる一元論の対立がある。後者は、さらに、効力関係においてどちらを優位とみるかで、国際法優位論と国内法優位論に分かれる。しかし、いずれも現実の法現象とはそぐわない部分があり、今日では国際法と国内法を別個の法体系としたうえで、それぞれの法に基づく義務の抵触を、調整により解決しようとする理論が有力である。(等位理論)。そして、国家実行と国際裁判によれば、一般的に次のように結論づけられる。①国際関係では国際法上の義務が優先する。したがって、国家には国際法上の義務を履行するための国内法を改廃する義務が生じ、国家がその義務の履行を怠った場合には、国際責任が発生する。②国際法は、国内法制により、国内法秩序に編入される。③国内法秩序における国際法の効力順位は、国内法制に委ねられる。条約の受容についてはわが国は、国内法への変型を必要とせず、公布手続によって国内法としての効力を認める、一般的受容の立場をとっている(憲九八条二項)。憲法との効力関係については明文の規定がないが、一般的には国際法は法律より上位にあるが、憲法よりは下位にあるとされる。

2 国際法の基本原理

1 国際法の主体

国際法において、権利義務が直接帰属する当事者のことを国際法の主体という。国際法が当初、国家間の権利義務を定める国家間の法であるとされたことからも、国家が国際法の主体であることに争いはない。しかし、国際社会の発展に伴って、個人や国際組織も権利義務を直接国際法上の手続によって主張し、もしくは追及される例がみられるようになった。特に、二〇世紀になってから、個人の国際裁判所への出訴権や国際機構への申立権を認めたり、ニュールンベルグや極東軍事裁判において、個人の戦争責任を追及した例などがあげられる。また国際組織については、一定の条約締結権を認めたり、内戦終結後のカンボジアや住民投票による独立選択後の東ティモールに派遣、設置された国連暫定統治機構のように、領域的管轄権などを認めている例がある。これらの具体的事例から、個人や国際法主体性は、国家と違って、あくまで特定の条約によって限られた範囲内で認められるにすぎない。また、個人については、自らが国際法の定立、すなわち権利義務の設定に参加することはできないという意味で、消極的な主体にとどまる。その点において、国家が国際法の主体として基本的な地位を占めていることに変わりはない。

2 国家の基本権と承認

国家は、国際法の主体として、慣習国際法上主要な権利、すなわち基本権を有している。基本権には、その中核ともいうべき主権をはじめ、平等権や自衛権等が含まれる。主権とは、国家のもつ最高独立の権力のことであり、対内的には国家領域における排他的な管轄権として現われる。対内的な主権は、領域と領域内の人に対して及ぶことから、領域権または統治権とも呼ばれる。また、主権は、対外的にはいかなる外部の権力や支配にも服さない権力、すなわち独立権として現われる。ただし、そのことは、国家が自ら合意した国際法に拘束されることを否定するものではないし、また、国際裁判の決定に従うことも主権に抵触しない。しかし、国際社会の組織化に伴い、加盟国に対して拘束力を有する、国連の安全保障理事会による強制措置の決定（憲章二五条）や憲章改正（同一〇八条・一〇九条）のように、主権が一定の制限を受ける場合がある。

国家が主権を有する結果として、一般国際法上、他の国家は、当該国家が国際法上自由に処理することが認められている事項（国内管轄事項）について、強制または威嚇により干渉してはならないという義務が生ずる。これを国内管轄事項不干渉の原則という。また、国連憲章は、国連による加盟国への干渉を禁止している（同二条七項）。

自衛権とは、国家が外国から急迫または現実の不法な侵害を受けた場合、これを排除するために必要な限度内において実力を行使する権利をいう。後で述べるように、第一次世界大戦以降は、自力救済としての実力行使も含めて個別国家による一切の武力行使が禁止されることになったが、自衛権の行使による場合はその例外とされる（憲章五一条）。さらに、憲章五一条は、集団的自衛権についても規定している。これは、自国と密接な関係にある他国に対して武力攻撃が発生した場合に、これを自国の平和および安全を侵害するものとみなして、武力による反撃を行う権利である。集団的自衛権については、日本国政府は、「国際法上これを保持しているが、これを行使することは憲法上許されない」との立場をとっており、一九九九年五月に国会で成立した、日米防衛協力のための指針（新ガイドライン）実施のための「周辺事態法」に基づく自衛隊による米軍への軍事支援活動との関連で論議がなされている。

なお、複数の国家の合併や母国からの分離独立により、国際社会において新たな国家が誕生し、当該領域および住民に対して実効的支配を確立した場合、既存の国家がその国を国際法主体として承認するということが行われる。これを国家承認という。国家承認の方式には、承認を直接的に表明する明示の承認と、外交使節の派遣・接受や条約の締結などを通じた黙示の承認がある。新国家にいついて統一的な承認機関を欠く国際社会において、承認は各国家によって個別的、一方的行為として行われ、承認によって承認した国家とされた国家の間に一般国際法上の関係が形成される。ただし、その法的効果は、承認が個別的に行われることの結果として、承認国と被承認国の間のみの相対的なものにとどまる。

③ 国家領域と領域権の制限

地球上にはさまざまな場所が存在する。国際法上、国家の排他的な管轄権が及ぶ空間的な範囲を国家領域と呼ぶ。国家領域は、陸地と水域およびその上部空間から構成されている。この領域の中核をなす陸の部分を領土、水域の部分を領水、領土と領水の上空を領空と呼ぶ。領水は、さらに、基線（領海の範囲測定の基準線で、海岸の低潮線とされる）の内側の内水と、外側の領海に分けられる。内水には、河川や湖、沼、港湾、内海などが含まれる。海洋法制度については、後に述べる国連海洋法条約が詳細な規定を設けている。同条約によれば、各国は、一二カイリをこえない範囲で領海の幅を設定することができる（三条）。また、同条約は、フィリピンやインドネシアなどいくつかの島からなる群島国家について、群島のもっとも外側にある島礁を結ぶ直線を群島基線とし、この基線の内側の水域を独自の法的地位をもつ群島水域として、船舶の通航についての新しい制度を設立している（四九条）。

本来、領域は、領域国の排他的な管轄権の下にある。しかし、他国との関係や国際社会の利益の観点から、国家の領域権が制限される場合がある。たとえば、一九九七年に、イギリスから中国に返還されるまでの香港や、一九七二年にアメリカから日本に返還されるまでの沖縄は、中国や日本の領土に対する主権が制限されていた例である。また、内水のなかで、国際交通上重要な役割を果たしている河川や運河を、船舶が通航する権利を条約によって認め、このため沿岸国の領域権が制限される場合がある。このような河川や運河を国際河川、国際運河と呼ぶ。領海においては慣習国際法上、すべての国の船舶に無害通航権が認められ、他国の船舶は、沿岸国の秩序と安全を害しない限りにおいて、領海を航行することが許されている（同一七条）。また、公海と公海とを結び、国際航行に使用されている国際海峡においては、軍艦と軍用航空機を結ぶすべての国の船舶と航空機に対して、継続的かつ迅速な通過の目的のみのために航行および上空飛行の自由が認められる。これを通過通航権という（同三八条）。

領空についても国際交通の観点から、条約によって他国の航空機の飛行を認めている。なお、領空の範囲（高さ）をどこまでとするかについては諸説があるが、領空主権が無限に及ばないことについては異論はなく、後に述べるように宇宙空間は、領空とはまったく別の法的地位を有する。

④ 公海および宇宙空間

海洋のうち領海、内水、群島水域および排他的経済水域を除いた水域を公海という。公海においては慣習国際法上、公海自由の原則が確立している。これは、公海がいかなる国の領有にも属さないという「帰属の自由」と、その結果すべての国は公海を自由に使用できるという「使用の自由」を内容とする。使用の自由には、航行の自由、上空飛行の自由、漁獲の自由などが含まれる。しかし、公海自由の原則は、公海が何らかの法的規制も受けないことを意味するものではない。いずれの船舶も、いずれかの国の国旗を掲げて航行しなければならず、旗国の管轄権に服する。これを旗国主義という(同九二条)。また国際法は、公海秩序の維持の観点から、この原則の例外として、公海において海賊などの行為を他国が取り締まることができることを認めている。

ところで、「広い公海、狭い領海」という伝統的な二次的海洋法秩序は、資源開発の目的で海洋への管轄権を広げようとする、一九四五年のトルーマン宣言をきっかけとして、見直されることになった。そして、第三次国連海洋法会議は、一九八二年、海洋法に関する包括的な制度である国連海洋法条約を採択した(一九九四年発効)。そこにおいて、発展途上国を中心とする沿岸国の漁業管轄権拡大への要求の結果、一二カイリの領海の外側に二〇〇カイリの排他的経済水域が設けられた(同五七条)。また、海底においては大陸棚制度が、沿岸国の主権的権利を認める形で確立された(同七六条・七七条)。さらに、深海底を「人類共同の財産」として、国際社会全体の管理の下におこうとしている点などが注目される(同一三六条)。

わが国も一九九六年に同条約を批准したが、領土問題とからんで漁業資源に関する水域や漁獲割当量の設定などをめぐって中国や韓国など隣国との間で難航していた漁業交渉が、最近ようやく基本合意に達した。

なお、科学技術の進歩に伴い、宇宙開発についても国際法上の規則を設けることが必要となった。一九六七年の宇宙条約は、宇宙空間と天体の領有の禁止(二条)、天体の平和利用(四条)などを定めている。

5 個人

先に述べたように、国家の管轄権は、領域内の個人に対しても及ぶ。当該国家の管轄権に服する点においては、自国民も外国人も同じである。しかし、外国人についてはその特殊な地位から、出入国や権利義務などについて、国際法は一定の原則を定めている。外国人とは当該国の国籍を有しない者をいう。無国籍者もこれに含まれる。外国人の入国を認めるかどうかは、原則として自由である。しかし、実際には条約および慣行により、入国を許可するのが一般である。これに対し、出国は外国人の自由である。ただし、税や債務の履行されていない場合や戦時における出国の禁止などは例外である。反対に退去強制の場合や、犯罪人引渡条約に基づく場合のように、強制的な出国もある。犯罪人の引渡しとは、自国領域外で犯罪を犯した者が自国に逃亡してきた場合、外国の請求に応じて引き渡すことである。犯罪の鎮圧のための国際協力の目的で条約等に基づいて行われているが、純粋政治犯については個人の政治信条を尊重する趣旨から、不引渡の原則が確立している。

ところで、第一次世界大戦以降、人種的、宗教的、政治的理由により、本国において迫害を受け、外国に逃れるいわゆる政治難民（政治的亡命者）が増加した。従来の政治犯に加え、これらの難民についても国際法上の保護を与えようとの趣旨で、一九五一年に「難民の地位に関する条約」がつくられた。同条約は、三三条で難民の追放・送還を禁止している。これら政治難民に加え、今日、戦争や内乱などを原因とする多くの難民が世界各地で発生している。これらいわゆる難民問題に対し、国連難民高等弁務官事務所（UNHCR）をはじめとする国際機関やＮＧＯが取り組んでいるが、難民の各国への受け入れや定住、帰還など、わが国も含め国際社会として難しい対応を迫られている。

領域内における外国人の権利義務については、原則として在留国の国内法による。一般国際法上、外国人は通常の生活に必要な程度の権利能力および行為能力を認められなければならないが、公法上の権利や土地所有権等については制限される場合が多い。わが国でも、外国人の参政権や公務就任権をめぐってさまざまな論議が交わされている。また、二国間の条約により、自国民と同じ待遇を相手国国民にも与えるとする内国民待遇や、いずれかの第三国の国民と同じ待遇を与えるとする最恵国待遇を約束する場合が多い。さらに、在留国は、「相当な注意」をもって外国人の安全を保護する義務があるが、外国人の権利が侵害された場合には、在留国の国内的救済の手続を尽くし、かつ国際継続の原則を満たしたうえで、外国人の本国は、在留国に対し、外交的保護権を発動することができる。

⑥ 国際責任と国際犯罪

条約の不履行や他国の領域主権の侵害等、国家およびその他の国際法主体が、国際法上の義務に違反した場合、それらの国際法主体に責任が発生する。これを国際責任という。国家は、国家自身の行為や国家機関の地位にある個人（国家公務員等）の権限内の行為、および外見上職務行為とみえる行為によって責任を負う。ところが、私人の行為をきっかけとして国家が責任を負う場合がある。これが先に述べた、国家の「相当な注意」義務違反の場合である。国家には私人が外国人の権利を侵害しないように、「相当な注意」をもって防止する義務があるが、その国家自身の義務違反により責任が発生するのである。なお、国際責任の成立要件として、国家機関の行為に故意、過失の心理的要素が必要とする過失責任主義と、国際義務違反という客観的事実のみでよいとする客観責任主義の対立がある。かつては前者が通説であったが、たとえば立法機関について、議会という合議体の意思形成の過程に過失があったことを立証するのは困難であることなど、国家機関の行為の態様の実際からみて、今日では後者が有力である。ただし、国家の「相当な注意」義務違反の場合には、過失責任主義が機能する余地があるといえる。しかし、これとは別の視点で、最近の科学技術の発達に伴う、宇宙や原子力の分野での国家の危険な活動の増加を背景に、国際違法行為の存在も過失の存在も要件とせず、結果に対し責任を負うとする、無過失責任主義の考え方が諸条約にみられる。

ところで、国際違法行為は、対等な主権国家間の関係を規律するという国際法の私法的性格から、国内法上の不法行為と類似したものと考えられてきた。すなわち、対等当事者間の不法行為と社会全体の利益に反する行為としての犯罪が明確に分化した国内法と違い、かつて国際法における犯罪概念は未成熟であった。その意味で、国際違法行為のなかに国際犯罪（戦争犯罪、集団殺害、アパルトヘイト、航空犯罪などがあげられる）の概念が登場し、その訴追、処罰のための条約や制度が増えつつあることは、そこに国際社会全体の法益の概念の形成がみられるという点で、国際社会の一つの発展を示すものといえる。一九九八年には、ジェノサイドや人道に対する罪、戦争犯罪を裁くための国際刑事裁判所条約が採択され、設立が決まった（未発効）。

3 国際関係と平和

1 国際平和の維持と国際法

国家や民族間の対立や紛争をいかに防止し、また解決するかという問題は、人類に課せられた重要な課題であると同時に、国際法に与えられた役割でもある。「国際法の父」とよばれるグロティウス（H. Grotius,

1583~1645）が、名著『戦争と平和の法』を著したのは、ヨーロッパにおける三〇年戦争のさなかであったが、そこにはキリスト教諸国間の悲惨な争いを、法的規制の下に何とか緩和できないものかとの思いがあったといわれる。

ところで、国際紛争が生じた場合、伝統的に平和的解決方法と強制的解決方法が認められてきた。前者は、交渉、周旋、仲介、審査、調停、国際機構による解決などの非法律的方法と、仲裁裁判および司法的解決の法律的方法、すなわち国際裁判を内容とする。後者は、戦争のように実力行使を伴った方法であるが、第一次世界大戦を境とする戦争観の変遷と国際組織の発展により大きな変化を遂げる。一七世紀から一八世紀にかけて唱えられた「正戦論」においては、戦争は防衛や奪われた財産の回復などの正当原因に基づく場合には合法とされた。しかし、侵略戦争との区別は困難で、それを判断する客観的機関も欠いていたことから、一八世紀半ばからは「無差別戦争観」が支配的となった。これは、戦争が一定のルールに則って行われる限り、違法とはみなさないというもので、国際法が規律の対象としたのは、もっぱら戦争の遂行方法であった。したがって、この時期の戦時国際法（戦争法）の発展はめざましいものがあった。

ところが、第一次世界大戦以降、戦争自体の規制、違法化へと大きく向かうことになる。国際連盟規約、不戦条約（一九二八年）を経て、国連憲章は、「国際の平和と安全の維持」を国連の目的の第一に掲げ（一条一項）、紛争の平和的解決をうながすとともに（二条三項）、武力行使違法化の徹底をはかった（二条四項）。そのうえで、紛争解決のための強制的な措置を、安全保障理事会を中心とした国連の手に委ねる、集団安全保障体制を採用した（二四条・二五条・七章）。これは、加盟国が相互に不可侵を約束し、それに反し武力を行使した場合、他の加盟国が一致して加害国に対して、経済制裁等の非軍事的措置（四一条）、および軍事的措置

（四二条）をとるというものである。しかし、憲章の予定した国連軍の編成と集団措置の発動は、結局、冷戦による大国相互の不信により挫折した。その一方で国連の実践過程のなかで大きな役割を果たしてきたのが、国連平和維持活動、いわゆるPKO（Peace-Keeping Operations）である。紛争当時国間の停戦合意後に派遣され、停戦監視や治安の維持などを任務とする伝統的PKOは、その中立的、非強制的性格ゆえに成果を収め、実績を積み重ねてきた。軍事制裁が実効性や人的、物的損失の大きさなどの点で、依然として問題を有する現状において、今後も重要な役割を担っていくものと思われる。わが国についていえば、一九九二年に成立した国連平和維持活動（PKO）協力法に基づき、カンボジアに自衛隊、文民警察官等が派遣された。しかし、平和と安全の維持のためには、紛争の諸段階に応じた平和的解決制度の整備とともに、南北問題等、紛争の根本原因となっている経済的・社会的不平等の是正や、核兵器を含む軍備の縮小、撤廃への努力が不可欠である。

② 人権および地球的課題の解決と国際協力

平和は単に戦争のない状態のみをさすものではない。国際法は、より積極的に国際社会および個人の福祉・繁栄とそのための国際協力を目的としている。それは、先にも述べたように経済的・社会的問題が紛争の原因となるからでもある。その例として、第二次世界大戦をきっかけとする人権の国際的保障の問題がある。それまで、個人の人権は国内問題とされてきたが、ナチスドイツによるユダヤ人の大量虐殺に代表される人権蹂躙による全体主義の台頭が、人類を悲惨な戦争へと導いた苦い経験から、人権の尊重こそ平和の基礎であるとの認識がもたれるに至ったのである。その結果、国連憲章は、国際の平和と安全の維持と並んで、人権の尊重を国連の目的の一つに掲げ（一条三項）、世界人権宣言（一九四八年）、国際人権規約（一九六六年）をはじめとするその後の人権諸条約によって、人権の国際的保障がはかられることとなったのである。その一方で、人権問題は世界各地で後を絶たない。特に、冷戦後は民族や宗教の違いに起因する内戦、地域紛争が頻発しており、その過程で大量虐殺などの深刻な人権侵害状況がみられる。最近の例では、ユーゴスラビア連邦セルビア共和国コソボ自治州で起きた民族紛争があげられる。これに対し、一九九九年、北大西洋条約機構（NATO）は、ユーゴ政府のコソボ抑圧からアルバニア人の安全と人権を守るため、すなわち「人道」を理由に空爆を行った。これについては、武力行使が国連安全保障理事会の許可をえないまま行われたことから、国際法上の根拠については議論があるが、主権国家に対するいわゆる「人道的干渉」の可能性を示唆した点で注目できる。

その他、開発援助をはじめとして、環境、人口、食糧、エネルギー、難民問題等々、国際協力が必要とされる分野は多岐にわたっている。国際法は、国家相互の権限の調整という役割に加えて、国際社会の共通利益の実現のために国家や国際組織を通じて行われる国際協力に、法的枠組みを与える行為規範としての役割を同時に担っているのである。

●参考文献

大沼保昭・藤田久一編『国際条約集』有斐閣、二〇〇〇年
奥脇直也・小寺彰編『国際法キーワード』有斐閣、一九九七年
香西茂ほか『国際法概説』〔第三版改訂〕有斐閣、一九九二年

田畑茂二郎『国際法新講(上・下)』東信堂、一九九〇・一九九一年
寺澤一・山本草二・広部和也編『標準国際法』〔新版第三刷〕青林書院、一九九五年
島田征夫ほか編著『ケースで学ぶ国際法』成文堂、一九九五年
山本草二『国際法』〔新版〕有斐閣、一九九四年
横田洋三編『国際法入門』有斐閣、一九九六年

第2編　憲法

第１章

憲法とは何か

1 国家の概念

憲法は国家の基本法である。そこでまず、国家とは何かを説明する。国家は複雑な社会現象を全体として統合した組織体であるといわれている。そして、それぞれの時代背景の下で多様な国家観が示されてきたが、憲法を学ぶ際に重要なことは、国家は法によって統一され、秩序づけられたものであるということである。

通常、国家を構成する要素として、領土、国民、統治権の三つがあげられる。領土とは、国家の存在の基礎となる一定の地域である。領土には、狭義の領土である領陸のほかに、領海と領空が含まれる。国民とは国家に所属する構成員全体をさす。国家の統治作用が本来的に及ぶ人的範囲である。国民としての身分が国籍である。国家が領土内の国民を統合し、その組織を維持し、その目的を達成するためには統一した意思力が必要となる。このような国家の統治作用の根源が統治権である。統治権は国権とも呼ばれる。

2　憲法の概念

　憲法という言葉にはいろいろな意味がある。ここでは、重要なものとして三つの意味を説明する。

(1)　実質的意味の憲法

実質的意味の憲法とは、基礎法とか根本法とかいわれる一群の法のことである。それは、国法のなかで、国家統治の基本的体制や根本の秩序を定める法規範全体である。この実質的意味の憲法には、統治権の主体、統治の組織と作用、治者と被治者との関係などを規律する規範が含まれている。これは、固有な意味の憲法ともいわれる。

ある社会が国家として存在するためには、このような法規範をもたなければならない。したがって、およそ国家である以上、実質的意味の憲法は存在する。

(2)　形式的意味の憲法

実質的意味の憲法が成文化され、法典(憲法典)という特別な法形式をとる場合に、形式的意味の憲法といわれる。たとえば、現在の日本では「日本国憲法」がそれにあたる。

形式的意味の憲法と実質的意味の憲法とは、その内容が完全に一致するわけではないことに注意しなければならない。もちろん、両者の合致する範囲は広い。しかし、実質的意味の憲法とならない規定が、何らかの事情で、形式的意味の憲法に含まれる場合がある。また逆に、実質的意味の憲法が、法律、命令などの憲法典以外の法形式に含まれることもある。

(3)　立憲的意味の憲法

実質的意味の憲法が、近代の自由主義的思想に裏づけられた立憲主義の内容を含んでいる場合に、立憲的意味の憲法と呼ばれる。立憲主義とは、国家権力が憲法の制約を受け、国政が憲法の規定に従って行われることを原則とする考えである。近代市民革命により、専制主義の国家体制を否定し、市民階級が政治的勢力を手に入れ、個人の尊厳を基盤とする市民社会が成立した。そこでは、市民的自由の理念が成長し、立憲主義が国家統治の基本原理であると主張された。この考え方が典型的に示されているのが、一七八九年フランス人権宣言一六条の「すべて権利の保障が確保されず、権力の分立が定められていない社会は、憲法をもつものでない」という規定である。この意味の憲法は、歴史的産物であり、近代的意味の憲法とも呼ばれる。

3　近代憲法の原則

立憲主義に基づく近代国家の憲法には、それぞれの国の歴史的・社会的状況によって多少の差異はあるが、以下に示す共通点がある。それら共通点を近代憲法の原則と呼ぶことができる。これらの原則は、権力を抑制する機能があるという点で共通の性格をそなえている。

(1)　国民の政治参加

君主や少数の者が権力を独占し、専断的な政治を行うことを抑制するための有効な方法が、国民の政治参加である。これは、国民が統治権の対象としての被治者にとどまるのではなく、国家意思の形成に直接的にまたは間接的に加わることである。国民の政治参加のもっとも徹底した形が直接民主制である。しかし、国の規模が大きくなると、この形態での参加は難しくなる。そこで、通常、国民は代表者を選びその代表者を通じて間接的に国政参加する。これが代表民主制あるいは間接民主制である。この代表制の一般的な形が、一定の構造と権限を有する議会である。したがって、近代憲法における政治は原則として、議会を通じての政治という形をとる。

(2) 法治主義・法の支配

立憲主義の下では、国家権力は憲法の制約内にとどまる。そこでは、「人による統治」ではなく「法による統治」が行われる。この「法による統治」は、ヨーロッパ大陸においては「法治主義」特に「法律による行政」という形をとる。これは、国民を代表する議会が制定する法律を重視する点に特徴がある。すなわち、司法は法律による裁判を、行政は法律に基づき法律を適用することを要求される。これは、手続的な恣意を排除できる機能を有し、特にドイツにおいて発達した考えであった。しかし、立法府しか法律の内容の正当性に関与できず、議会自体が専制的傾向にかたむくと、立憲主義が実質的に保障されなくなる欠点がある。

これに対して、英米で発達した「法の支配」は、法による国家権力のコントロールのみならず、法内容自体の正当性や手続上の正当性をも必要とする。したがって、「法の支配」は、「法による統治」を形式的のみでなく実質的にも実現しようとするものである。この点で、「法の支配」は近代憲法の原理としていっそうすぐれたものといえる。

(3) 責任政治

近代以前の絶対王政の下では、権力の行使者である国王は、権力行使の結果に関して責任を負うことはなかった。近代憲法は、権力の行使者が権力を恣意的に行使することを抑制するために、権力行使の結果に関して責任を負わせる制度を採用している。この責任政治の典型的な形が責任内閣制である。また、一定の任期を定めることで、大統領や立法部の議員の行為に対しても責任を問うことができるようにしている。

(4) 権力の分立

国家権力が一点に集中すると、それを制約することが困難になることが経験的に知られている。そこで、国家権力をいくつかに分散させ、それらを相互に抑制させる。このことによって、国家権力の濫用や恣意的な行使を防ごうとする。これが権力の分立である。権力分立の具体的な形態としては、通常、権力は権力の種類に応じて、立法、行政、司法の三つに分かれる。これを三権分立と呼ぶ。権力分立の目的は、それぞれ構成の異なる独立の機関が権力を行使することで、各権力を行使する機関の均衡をとることにある。

また、連邦制や地方自治の制度も、ある意味での権力の分立といえる。

(5) 基本権の保障

近代立憲主義は個人の尊厳を認めることから出発する。したがって、人権保障は、近代憲法にとって欠くことのできないものであり、最大の特徴である。人権を保障するために、国家権力の作用を一定の範囲内にとどめ、個人の権利および自由に対して権力が介入することを禁止する必要がある。権力の分立も、国民の基本権が侵害されないようにするために権力の集中を禁じたものであり、人権を確保するための統治機構上の原理といえる。近代憲法のなかで保障される人権は、国家権力を抑制することによって確保されている。したがって、そこで保障される人権は、「国家からの自由」と表現される自由権となる。

4　現代憲法の特徴

一八・一九世紀に誕生した近代憲法の諸原理は、二〇世紀になると大きく変容した。その結果として出現した現代憲法には、社会権の承認、行政権の優位、人権保障の拡大と国際化といった特徴が見出せる。

(1)　社会権の承認

二〇世紀に入り、特に第一次世界大戦以降、社会的経済的格差が拡大した。そのことで、社会的に不安定な状態が生じた。そこで、社会的経済的不平等を是正するために国家が積極的に介入すべきであるとする考え方が登場した。社会的法治国家観・積極国家観である。この国家観の下で、個人の生存や生活の維持・発展に必要な一定の条件を確保することを国家に対して求める国民の権利として、社会権が認められるようになった。この考え方は、一九一九年のワイマール憲法のなかではじめて明示的に示された。そこでは、近代の個人主義・自由主義的思想とは異なる社会連帯の共同体的思想が基盤にあり、社会的経済的弱者に対する生活保障の配慮がなされていた。

(2)　行政権の優位

近代憲法の下では議会優位の構造がとられたいたが、現代憲法では、行政権の優位性が顕著となってきた。これは、行政国家現象に対応する権力分立の原則における変容を示すものである。これは、社会国家理念を実現するために積極的な役割を国家が担うので行政機能が強化されるためである。その結果、権力分立の原則が行政権中心のものとなった。

(3) 人権保障の拡大と国際化

人権保障の分野では、主体が拡大した。近代憲法の下では、人権の主体は白人の成人男性を念頭においていた。しかし、現代憲法ではそれが、有色人種、女性、障害者等へと拡大した。内容の点でも拡大がみられた。すでに示したように現代憲法になり、社会権が認められるようになった。さらに今日では平和的生存権、環境権、プライバシー権といった「新しい人権」が出現しつつある。また、人権保障の範囲も拡大している。近代憲法の下では、人権保障を国家対個人の二極構造の問題としていたが、現代憲法の下では、社会的権力による人権侵害の発生により私人間でも問題となりうる。さらに、人権を国際法的にも保障しようとする傾向が強くなった。この動きの最初の代表例は一九四八年の世界人権宣言である。その後、一九六六年には国際連合総会で国際人権規約が採択された。さらに、一九七九年には女性差別撤廃条約、一九八九年には児童の権利に関する条約が採択された。

5 憲法の分類

憲法は、いくつかの観点から分類することができる。ここでは、法形式、改正手続および憲法制定の主体の三点からの分類について説明する。

(1) 成文憲法と不文憲法

憲法は、法の形式によって、成文憲法と不文憲法に分けられる。近代憲法は憲法典として成文化されている。法の成文化は、法律関係を明確にするという必要に基づいている。特に近代憲法の場合、市民革命によって獲得した成果を成文で明示する必要があった。それは、国家権力を行使できる範囲を憲法に明文で示すことで、憲法に基づかない権力行使を防ぎ、立憲主義を確実なものにしようとしたためであった。このような理由から、近代国家の急速な生成とともに、一七七六年のヴァージニア憲法以降、種々の成文憲法典が各国で制定された。

これに対して、現在でもいわゆる不文憲法の国とされるのがイギリスである。イギリスにも、マグナ・カルタ以来、権利請願、人身保護法、権利章典、王位継承法などの憲法的意味をもつ多くの制定法がある。しかし、これらの制定法は、実質的意味の憲法の一部分にすぎない。実質的意味の憲法の大部分は、判例法や憲法上の習律によって形成されている。「イギリスに憲法なし」といわれることがあるが、それは、イギリスには統一的な成文憲法典が存在しないためである。

(2) 硬性憲法と軟性憲法

改正手続からみて、通常の立法手続よりも厳格な手続が必要なものが硬い憲法または硬性憲法と呼ばれる。これに対して、通常の立法手続で改正できる憲法を軟らかい憲法または軟性憲法と呼ぶ。イギリス憲法や一八四八年のイタリア憲法のような少数の例外を除けば、近代憲法は成文の硬性憲法である。

近代憲法の大部分が硬性憲法であるのは、憲法を普通の法律の上におき、憲法の変更を困難にすることで、改正を慎重にさせるためである。改正手続の厳格化の方法として、定足数や議決の要件を厳しくするもの、特別な憲法議会を設けるもの、国民投票などの国民の参与を必要とするものなどがある。

(3) 欽定憲法・民定憲法・協約憲法・条約憲法

憲法の制定主体によって憲法を分類することができる。君主主権の思想に基づいて君主が制定する憲法が欽定憲法である。明治憲法や一八一四年のフランス憲法などがその例である。これに対して、国民主権の思想に基づいて、国民が直接または代表者を通じて制定する憲法が民定憲法である。アメリカ諸州の憲法、大戦後のフランス憲法などがその例である。現行日本国憲法も民定憲法といえる。

これらのほかに、君主と国民の代表者との合意に基づいて制定される協約憲法と、多数の国家が結合して新しい連邦国家が形成される際に定められる条約憲法がある。アメリカ合衆国憲法は条約憲法であるといえる。

これらの区分は、憲法制定の建前上の主体に応じた形式的な分類である。したがって、制定された憲法の内容や性格に直接関係するものではなく、その重要性は、現在ではあまりない。

●参考文献

芦部信喜『憲法』〔新版補訂版〕岩波書店、一九九九年
伊藤正巳『憲法』〔第三版〕弘文堂、一九九五年
佐藤幸治『憲法』〔第三版〕青林書院、一九九五年
辻村みよこ『憲法』日本評論社、二〇〇〇年
樋口陽一『憲法』〔改訂版〕創文社、一九九八年

第２章

日本国憲法の成立

1 わが国における憲法の歴史

①「憲法」という言葉

私たちが現在使っている「憲法」という言葉は、実をいうとわが国ではそれほど長い歴史をもっているわけではない。一八七〇年代後半から九〇年代にかけて、明治政府は、わが国の独立を守り近代国家体制をつくりあげるために、より直接的には、屈辱的な不平等条約を撤廃するために、法典編纂作業を進めるが、「憲法」という言葉も、それに先立って行われた外国法典の翻訳作業のなかで、フランス語の Constitution やドイツ語の Verfassung の訳語として「生まれた」、比較的新しい言葉なのである。

これらのフランス語やドイツ語は、いずれも「構成する」、「組織する」という意味の動詞から生まれたものであり、「国家の基本法」あるいは、「国家の統治組織の基本法」という意義をもつものであった（「固有の意味の憲法」第1章の1　憲法の概念　参照)。

もちろんわが国でも、有名な聖徳太子の「十七条憲法」(六〇四年)をはじめとして、古くから憲法という言葉は使われていたものの、「憲は懸なり」という表現が示すように、それは高札などにより民衆に広く知らしめる必要のあった重要な「法」ないし「法規」を一般的に示す言葉にすぎなかったのである。

② 二つの憲法

こうしてわが国でも、明治以降「憲法」という言葉は、「国家の統治組織の基本法」という意味で使われるようになっていく。そして、それは同時に「立憲的意味の憲法」(第1章の2　憲法の概念　参照)を意味するものでもあった。わが国はその後、明治二二(一八八九)年に制定、発布される大日本帝国憲法(以下では、明治憲法という)と、第二次世界大戦後の昭和二一(一九四六)年に制定、公布される日本国憲法という二つの立憲的憲法をもつことになる。二つの憲法は、同じく立憲的憲法と性格づけられるものであったが、さまざまな点で大きな相違をもっていた。その相違を明らかにするために、まず明治憲法制定の背景からみていくことにする。

2　明治憲法の特色

① 明治憲法制定の背景

ペリーの黒船に象徴される欧米列強からの外圧が大きなきっかけとなって、約二六〇年間続いた徳川幕藩体制は幕を閉じた。これに替わって登場した明治政府にとって、当面の最大の課題は、国内政治の安定と対外的な独立の維持であり、それを「富国強兵」によって実現することであった。当時、開国によって西洋諸国の進んだ科学技術や社会制度が流入し、これは当然「富国強兵」の推進に役立つものであったが、それとともに天賦人権の思想や議会主義の考え方も輸入され、こちらの方はむしろ国内を不安定にさせる要因であった。

明治七（一八七四）年、旧薩摩藩や長州藩を中心とした明治政府に対抗する在野勢力であった、自由民権派の板垣退助や江藤新平らによって、「民撰議院設立建白書」が提出される。政権の座にあった大久保利通らも、民撰議院の設立を求める世論に対応せざるをえず、翌明治八年に設置された元老院に国憲取調局を設けて、憲法の制定に着手する（明治九年）。このとき明治天皇から、元老院議長に宛てて、「建国ノ体ニ基キ広ク海外各国ノ成法ヲ斟酌シ」て、憲法を制定せよとの勅語が出されたが、その後の制定過程は、「海外各国ノ成法」ではなく、「建国ノ体」のほうに大きな力点がおかれて進められていくことになる。

国憲取調局は、「日本国憲按」の第一次草案（明治九年）から第三次草案（明治一三年）までを完成させるが、それらは、フランス、イギリスなどの外国憲法の影響を強く受けており、民主的色彩が強すぎるとする岩倉具視や伊藤博文らの反対によって、結局採用されなかった。ただ、この時期に、政府のこうした動きに影響を与えることをねらいとして、国民主権主義をとり、抵抗権を含む基本的人権のカタログを網羅した植木枝盛の「日本国国憲案」など、民間で多くの私擬憲法草案がつくられたことが注目される。

最終的に明治政府は、明治一四（一八八一）年一〇月の政変を契機として、ドイツ帝国、具体的にはその中心となったプロイセンの憲法をモデルとした憲法を制定することを決定する。というのは、当時のドイツは西欧諸国のなかにあって、後発の帝国主義国家として、中央集権的な官僚組織と軍事力により国力の増強に努めていたのであり、伊藤らの目には、モデルとしてもっともふさわしい国と映ったからである。こうして、明治二二（一八八九）年二月一一日、わが国最初の立憲的憲法である明治憲法が制定、発布された。

2 明治憲法の特色

(1) 「神」の意思に基づく天皇制――「国体」という考え方の誕生

明治憲法の制定にあたって、伊藤博文らの起草者たちがもっとも意を用いた点こそ、わが国を近代国家として発展させていくうえでの中心軸を何に求めるべきかという問題であった。この課題に応えるものとして、「国体」という考え方が生み出された。すなわち、伊藤らは、千年にわたるヨーロッパの憲法政治において国家統一の中心軸としての役割を果たしてきたキリスト教に代わるものとして、天皇制・皇室を位置づけようとしたのである。

そこでの「国体」という考え方は、①万世一系の天皇が主権者として君臨し、国家の統治権をもつという国家のあり方（法的意味の国体）と、②現人神としての天皇を国民の精神的な結びつきの中心とする国家のあり方（精神的意味の国体）という、二つの要素を含んでおり、これらの要素が混然一体となったものと理解されていた。こうした考え方に基づいて、明治憲法は、その一条で「大日本帝国ハ万世一系ノ天皇之ヲ統治ス」とし、天皇を主権者と定めていた。しかも天皇が主権者とされる理由は、天皇の先祖といわれる天照《あまてらす》大神《おおみかみ》の意思（神勅）に基づくものとされたのである（「告文」参照）。

(2) 不徹底な立憲主義

四条は天皇を元首であると同時に統治権の総覧者としており、天皇が立法、司法、行政というすべての国家作用（統治権）を究極において統括する権限を有するものとしていた。具体的には、帝国議会は立法権について天皇を協賛するものとされ、議会の発言が許されない多くの事柄が、天皇の「憲法上の大権」事項として認められていたため、議会の権限は大きく制限されたものであった。特に、陸海軍の統帥大権（一一条）は、国務大臣の輔弼《ほひつ》にもよらなかったことから、後に軍部が「統帥権の独立」を標傍して、国政全般にまで直接、間接の干渉を加えることになる軍国主義体制に法的な基礎を与えるものとなった。

また、内閣制度も、憲法に基づく制度ではなかったため、憲法上はおのおのの国務大臣が天皇に対して個別に責任を負うだけ（五五条）であり、議会に対して責任を負うものではなかった。さらに首相も国務大臣の一人として「同輩中の首席」にすぎなかったため、閣内不統一の事態を防ぐことができず、軍部に対する政治の優位（文民統制）を保つことができなくなる原因となった。立憲的憲法は、①国家権力の制限と、②それによって国民の権利・自由を保障することの二つを不可欠の要素とする憲法であるが、明治憲法は、以上のようなことから、まず①の要素について、不徹底な憲法であったといわざるをえないのである。

(3)　臣民の権利の保障

立憲的憲法のもう一つの要素である、②国民の権利保障についても、明治憲法は不十分なものであった。まず、そこで保障された権利は、人間としての権利（人権）ではなく、天皇の恩恵として与えられた臣民（天皇の家来としての国民）の権利にすぎなかった（二章）。また、こうして認められた権利には、すべて「法律の留保」という条件がついていた。これは、「法律の範囲内」で権利が保障されるということであり、法律によりさえすれば、権利のどんな制限も可能であることを意味した。たとえば、戦前において、天皇制に反すると政府が判断した思想、信仰、表現をほぼ完全に抑圧した治安維持法もこうして生まれたのである。

3 日本国憲法の成立

① 憲法制定の原因

第二次世界大戦後の昭和二一（一九四六）年に、現行の憲法である日本国憲法が、明治憲法の改正という形をとって誕生する。この日本国憲法が制定された原因として、二つのことが考えられる。

一つは、外部的な原因であり、わが国が第二次世界大戦において連合国に敗北し、ポツダム宣言の受諾に基づいて、新憲法の制定に関して連合国軍総司令部（最高司令官マッカーサー元帥）から強い指示を受けたことである。もう一つの原因は、明治憲法自体に大幅な改正を必要とする内在的な理由があったことである。前の節でみたように、明治憲法の立憲主義はきわめて不完全なものであり、それが軍部による独裁的な政治支配を許し、最終的には敗戦による国土の壊滅的な荒廃をもたらしたと考えられる。したがって、より完全な立憲主義憲法をつくることが、わが国自身の問題として避けることのできない課題であったのである。

② 憲法制定の経過

新憲法制定にあって、当時の政府の最大の関心事は「国体」の護持であり、この点を中心に憲法制定の過程は進んでいく。この観点からすると、制定過程は大きく二つの段階に分けることができる。

第一の段階は、政府が「国体」を完全な形で護ろうとした、ポツダム宣言の受諾からマッカーサー草案を示されるまでの段階であり、第二の段階は、政府が法的な意味の「国体」の維持は諦め、天皇制の存続だけでも死守しようとした、マッカーサー草案の提示を受けてから新憲法の制定、公布に至る段階である。

(1) ポツダム宣言の受諾と松本委員会

昭和二〇（一九四五）年八月一四日、日本政府は無条件降伏を求めるポツダム宣言を受諾し、わが国だけで戦闘員と非戦闘員である民間人を合わせて約六五〇万人の死傷者を生んだ太平洋戦争がやっと終わった。この宣言は、全文一三項のなかに、日本国民の間にある民主主義的な傾向の復活にとって障害となるものをすべてなくすこと（一〇項）、日本国民が自由に表明した意思に従って政府がつくられること（一二項）を政府に求める内容を含んでいた。

宣言の受諾にあたって、政府は明治憲法を立憲主義的に運用することによって宣言の求める政府の樹立も可能であり、「国体」は護持できると考えていた。しかし一二項は、通常の法解釈によれば、国民主権主義の採用を求めていると理解すべきであり（連合国側が当時そう考えていたことは、資料によって確認されている）、新憲法の制定は不可避であった。

ところが、その後も政府の宣言の理解の仕方は変わらず、一〇月に幣原内閣が設置した憲法問題調査委員会（松本烝治国務大臣が委員長を務めていたことから松本委員会と呼ばれた）が、翌昭和二一（一九四六）年二月にまとめた松本案も天皇主権主義を当然の前提とするものであった。

(2) マッカーサー草案の提示から帝国議会での審議——憲法制定が急がれた背景

二月一日、毎日新聞のスクープによって松本案の内容を知ったマッカーサー元帥の率いる総司令部は、そのあまりに保守的な内容に驚き、①天皇制の存続、②自衛戦争を含む戦争の放棄、③封建制の撤廃という三原則（マッカーサー三原則）に基づいた、独自の憲法草案を作成することを決定する。この背景には、一二月二六日にマッカーサーの権限を制約する極東委員会（連合国一一カ国からなる日本占領統治に関する最高機関）が設けられることになっており、総司令部としては、天皇の戦争責任を東京裁判で厳しく追及しようとしていたソ連やオーストラリアなどの国々から天皇を守り、アメリカの占領政策を実現していくためには、その発足以前に明治憲法を民主主義的に改正する作業に着手しておくことが必要であったという事情が存在したのである。

二月一三日には、「マッカーサー草案」と呼ばれる草案が日本政府に提示される。国民主権そして象徴天皇制という内容に大きな衝撃を受けた政府は、当初抵抗を試みるが、いま述べたような背景のなかでそれ以上の抵抗は「皇室」そのものを失うことになると判断し、この草案に基づく日本側での憲法改正案づくりが開始される。四月一〇日、女性にも普通選挙権を認めた新公職選挙法による、戦後初の総選挙が実施され、これによって選ばれた議員により成立した第九〇回帝国議会に、六月二〇日「憲法改正草案」が提出される。この改正草案について衆議院および貴族院で活発かつ詳細な論議が展開され、いくつかの修正を行ったうえで、圧倒的多数により可決される。そしてそれは、一一月三日、「日本国憲法」として公布され、翌昭和二二（一九四七）年五月三日より施行された。

4　日本国憲法の基本原理

① 三つの基本原理

日本国憲法の基本原理は、前文一項が述べているように、①国民主権主義（「主権が国民に存することを宣言し、この憲法を確定する」）、②人権尊重主義（「自由のもたらす恵沢を確保」）、③平和主義（「政府の行為によって再び戦争の惨禍が起ることのないようにすることを決意」）の三つである。さらに前文一項は、これらの原理と、ロックの「自然権」および「社会契約」の思想に由来する「国民の信託による国政」の考え方を「人類普遍の原理」としたうえで、「これに反する一切の憲法、法令及び詔勅を排除する」と述べて、憲法の改正によってもこれらの原理を変更することはできないことを明らかにしている。

基本原理のそれぞれについての詳細な検討は、以下の章（第3章、第4章、第5章）に譲るとして、ここでは三つの基本原理の相互関係について、簡単にふれておきたい。

② 基本原理の相互関係

国民主権主義、人権尊重主義、平和主義という三つの基本原理は、相互に不可分な形で関連しあっている。まず、国民主権の原理と人権尊重の原理については、手段と目的という関係で不可分に結びついていると考えられる。明治憲法が一つの適例であるように、君主主権の下では、国民の権利保障は不十分なものにならざるをえない。したがって、国民の権利、自由の保障を十分なものにしていくためには、国民自身が国の政治のあり方を最終的に決定する権力または権威を有すること（国民主権の原理）が必要だと考えられたのである。また、人権尊重の原理の基礎には、個人の尊厳あるいは個人主義の考え方がある。同様に、国民主権の原理も、すべての国民が平等に人間として尊重されるという考え方＝個人の尊厳の思想を前提としてはじめて成立するのである。

次に、人権尊重の原理と平和主義も深く結びついていると考えられる。人権＝人間としての権利という考え方は、そもそも理念として「国境」というものによって限定されない性質をもっている。つまり、人権尊重の原理を掲げるのであれば、当然に、自国の国民にとどまらず、他の国の国民の人権にも一定の配慮を払うことが要請されるのであり、それは国家の対外的なあり方としては平和主義に必然的に結びつくことになるからである。

●参考文献

芦部信喜『憲法』〔新版補訂版〕岩波書店、一九九九年
伊藤満『日本国憲法』八千代出版、一九八三年
樋口陽一『憲法』〔改訂版〕創文社、一九九八年
穂積陳重『法窓夜話』岩波書店、一九八〇年
丸山真男『日本の思想』岩波書店、一九六一年

第3章 国民主権と天皇

1 国民主権

1 国際社会と国民国家

現在の国際社会は、「国民国家」（Nation State）を基本とする約一九〇の国家から構成される、国家（Nation）と国家との相互関係（inter-）に基づくまさに国際的な（international）社会である。この国民国家とは、ヨーロッパの中世から近代にかけて、君主達が絶対主義の考え方に基づいて中央集権的な国家をつくりあげていくなかで、歴史に登場した国家のあり方であり、フランス人やイギリス人といった国民の観念を基礎にした国家である。そしてそれは同時に、主権をもった国家、国家＝主権国家でもある。

本章でとりあげるのは、この国民国家の内部における主権のあり方の問題である。しかし現在、国際社会の基本単位である、この国民国家自体のあり方が問い直されていることにも注意を払わなければならない。

たとえば、国民国家を生み出したヨーロッパにおいて、ＥＵ（欧州連合）による国家統合の方向と、旧ユーゴスラビアの地域紛争に象徴される民族を単位とする国家分裂の方向とが同時に進んでいるのである。いうまでもなく、こうした国民国家のあり方の動揺は、その内部における国民主権のあり方（たとえば、外国人の政治参加の問題など）にも影響を与えているのである。

②「主権」の概念――その歴史性

国民主権の原理について考える場合にはまず「主権」という言葉の意味をはっきりさせなければならない。「主権」という言葉は、多義的であり、それが使われる文脈によって、異なった意味をもつからである。

「主権」という言葉は、①国家権力そのもの、②国家権力の性質としての最高独立性、③国家権力の最高決定権を誰がもつかという問題として、国政のあり方を最終的に決定する権力または権威、という三つの意味を含んでいる。

第一に、主権は国家権力そのものを意味する。国家権力とは、国家がもつ支配権を広く意味する言葉であり、これを立法権、行政権、司法権を総称する統治権という言葉で呼ぶこともある。ポツダム宣言八項の「日本国ノ主権ハ、本州、北海道、九州及四国（中略）ニ局限セラルベシ」というときの主権は、この意味である。

第二に、それは国家権力の性質としての最高独立性を意味する。主権という言葉は、先ほども述べたように、君主が絶対主義の考え方に基づいて中央集権的な国民国家をつくりあげていくなかで、歴史に登場した。すなわち、絶対君主は、国内の封建領主や自由都市に対してその権力が最高のものであり、また対外的にはローマ法王や神聖ローマ皇帝に対して独立の権力であることを理論的に基礎づける必要があったのであり、そうした必要に応える政治理論として主張されたのが、この主権の考え方であった。その意味で、これが主権の本来の意味であるといえる。憲法前文三項の「自国の主権を維持し」の主権はこの意味で使われている。

第三に、それは国政のあり方を最終的に決定する権力または権威を意味する。これが国民主権というときの主権の意味であり、この権力または権威を国民がもっていることを国民主権といい、それを天皇がもっている場合を天皇主権というのである。前文一項の「主権が国民に存することを宣言し」の主権はまさに第三の意味である。

このように、主権という言葉が多様な意味をもつに至った理由は、この言葉が国家のあり方の歴史を担ったものであることに基づいている。主権という言葉が生まれた時代は、「朕は国家なり」という思想が支配していた絶対君主の時代であり、いま述べた主権の三つの意味は君主の権力という形で一つのものとして理解されていた。それが立憲主義の進展に伴って、君主の権力と国家権力とが別個のものとしてとらえられるようになり、主権の意味が三つに分解したのである。

③　国民主権の理念

(1)　国民主権の理念の性格

国民主権の考え方は、本来、絶対君主の主張した君主主権に対抗するために生まれたものである。したがって、君主主権であることは国民主権ではなく、国民主権であれば君主主権ではないという、両者は相反する関係にあることに注意しなければならない。この観点からすれば、主権は君主にも国民にもなく国家にあるとする国家法人説[1]の考え方や、主権は天皇を含む国民全体にあるとする説明は、正当とはいえない。

(2) 国民主権の意味——二つの要素

国民主権の考え方は、二つの要素を含んでいる。一つは、正当性の契機と呼ばれるものであり、国会、内閣、裁判所といった国家機関を構成する者の行使する国家権力は、天皇、皇族を除く全国民に由来するものとして、その権力の行使を正当なものとするという要素である。

この正当性の要素は、ただ単に国家機関による権力行使を正当化するだけではなく、そこからさらに、それが全国民に由来する正当なものといえるかどうかを国民が絶えず監視することを可能にする制度を要請する。具体的には、国政についての十分な情報に基づいた国民の自由な討論を可能にする公開討論のためのフォーラムを保障するような制度（言論、出版の自由の保障や情報公開制度など）の要請が導かれる。

もう一つは、権力性の契機と呼ばれる。これは国民自身（具体的には有権者。憲四四条）が、選挙を通じて国政のあり方や方向を決定し、また憲法改正の国民投票（九六条）を通じて国政の基本的な仕組みを決定するという要素である。ただ、日本国憲法は、その基本において直接民主制ではなく、代表民主制をとっていると考えられる（前文一項・四三条など）ことから、国民による国政の決定というこの要素にも一定の限界がある。たとえば、この要素からさらに、憲法の解釈（具体的には一五条の国民の公務員選定・罷免権から）として国会議員の解職制度（リコール制）などを導くことができるかどうかについても、議論が分かれているのである。

4 参政権

国民主権の原理の中心的な部分を国民の権利として定めたものが、参政権である。フランス人権宣言は、国民主権の原理と参政権との関係をはっきりと示している。それは、正式名称を「人および市民の権利の宣言」といい、人としての権利（この段階では主として自由権を意味した）と市民としての権利を承認し宣言していたが、参政権は政治社会＝国家を形づくる主体的な構成員としての「市民」の権利にほぼ対応している。すなわち、同宣言六条は「国民主権」原理を謳った三条を受けて、「すべての市民は、みずから、または代表者によって、その（＝一般意思の）[2]形成に参与する権利をもつ」と規定していたのである。

日本国憲法において、この参政権には、次のような権利が含まれている。

(1) 公務員の選定・罷免権

憲法は、「公務員を選定し、及びこれを罷免することは、国民固有の権利である」（一五条一項）と規定する。この規定は、国民主権の原理の下で、公務員[3]を選定し罷免する権限が最終的には国民にあることを意味するものであり、すべての公務員について国民（具体的には有権者。以下同じ）が直接に選んだり、罷免したりする権利をもつことを意味するものではない。この規定を受けて、憲法は、国民が直接選定する場合（四三条・九三条二項）と、国民による罷免が認められる場合（七九条二項・三項）を規定するとともに、総理大臣、その他の国務大臣、裁判官については、それぞれ選任する者と罷免のできる者を定めている（六条・六四条・六七条・六八条・七八条・八〇条）。また、憲法が特別な規定をおいていない、これ以外の公務員については、国民代表機関としての国会が、その職務の種類や性質に照らして、もっともふさわしい選任と罷免に関する方法を決定することができると考えられる。

このうちもっとも重要なものは、いうまでもなく国民が議員を直接選ぶ権利であるところの選挙権である（一五条三項）。この選挙権の本質については争いがあるが、それは自由権や社会権などの個人的権利とは異なり、国民が有権者団の一員として一票を投じることによって選挙が成り立つという公務としての側面と、それを通して自らの国政に関する意見を表明できる権利としての側面の、二つの面をもっているとする考え方（二元説）が多数の支持を受けている。

(2) 公務就任権と直接投票の権利

国会議員や地方公共団体の長または議会の議員についての被選挙権を含めて、広く公務員となる権利（実質的には公務員となる資格）を公務就任権という。この権利の根拠について、従来は、一四条の「政治的関係」における差別の禁止に求める学説が多かったが、一三条の幸福追求権を根拠とする考え方が有力となってきている。

憲法は、国会議員（四四条）以外の公務員について、その資格に関する定めをおいていないが、公務就任の権利が幸福追求権の一つであることを前提として、国会がその職務にふさわしい資格要件を定めることを憲法は認めていると考えられる。

直接投票の権利も参政権に含まれる。これには、国レベルでの憲法改正についての国民投票（九六条）と一つの地方公共団体のみに適用される地方特別法についての住民投票（九五条）、さらに地方自治体レベルで法律により設けられている、住民が条例の制定・改廃または事務の監査を請求できる制度（地方自治一二条）や、地方議会の解散、議員または長などの解職を請求できる制度（一三条）などがある（第9章2の2参照）。

5 選挙制度

(1) 選挙に関する基本原則

国民主権の考え方が、近代的な選挙制度として定着するなかで、いくつかの選挙に関する基本原則が生み出されてきた。このなかで、普通選挙と平等選挙の原則が特に重要である。

普通選挙とは、制限選挙に対する言葉であり、狭い意味では財産や納税を選挙権をもつための要件としない選挙を意味するが、現在では広く人種・信条・性別・社会的身分・教育などによる制限も認めない選挙を意味している（憲四四条参照）。わが国の選挙制度も、制限選挙からはじまったが、大正一四（一九二五）年には二五歳以上のすべての男子に、そして戦後の昭和二〇（一九四五）年には女性を含めた二〇歳以上のすべての国民に選挙権が認められた。

平等選挙とは、有権者の選挙権の価値を平等にする選挙制度であり、当初は有権者に等しく一票を与えること（一人一票主義）のみを意味したが、現在では投票価値の平等（一四条参照）をも含むものと考えられている。この投票価値とは、選挙人の投票が選挙結果に対して与える影響の度合いのことであり、たとえば人口が少なく議席の多い農村部の選挙区（仮に四〇万人で四議席）と、人口が多く議席の少ない都市部の選挙区（一〇〇万人で二議席）とでは、後者の有権者の投票価値（一票の重み）は、前者にくらべて五分の一しかないことになる。この考え方に基づいて、議員定数の不均衡を是正するための訴訟が数多く起こされており、最高裁判所も昭和五一（一九七六）年にはじめて、一票の較差が最大四・九九対一となっていた昭和四七（一九七二）年一二月の衆議院議員選挙について、その定数配分を定めた公職選挙法別表は法の下の平等に反し、違憲であるとの判断を下した（最大判昭和五一・四・一四）。

しかし、どの程度の較差までが憲法上認められるかの問題については、最高裁は現在まで明確な基準を示していない。ただ、昭和六三（一九八八）年に最高裁は、最大較差が二・九二対一であった六一（一九八六）年の衆議院議員選挙について、合憲とした（最判昭和六三・一〇・二一）ものの、平成五（一九九三）年に最大較差が三・一八対一であった平成二（一九九〇）年の衆議院選挙について、その較差が違憲状態にあると判断した（最大判平成五・一・二〇、ただし是正のための合理的期間が経過しておらず、定数配分規定を違憲と断定することはできないとした）。このことから、最高裁は三対一程度を、中選挙区制を前提とした衆議院の議員定数配分規定に関する違憲判断の一応の目安にしているものと推測される。しかし、学界では多数の学説が平等選挙の考え方、具体的には一人一票主義を基礎として二対一以上となる較差は違憲であるとしている。

さらに、参議院の議員定数不均衡事件について、最高裁は、昭和三九（一九六四）年に参議院地方区の最大較差が四対一であった事例に関して、議員定数配分は「立法府である国会の権限に属する立法政策の問題であ」るとして、合憲判断（最大判昭和三九・二・五）を下して以来、一貫して合憲としてきている。昭和五一（一九七六）年の衆議院に関する違憲判決以降、最大較差五・二六対一といわゆる「逆転現象（有権者の多い選挙区の議員定数が有権者の少ない選挙区の定数よりも少なくなっている現象）」が問題となった昭和五八年判決（最大判昭和五八・四・二七）では、理由付けが詳細になっており、最高裁は、参議院地方区の地域代表的性格および半数交代制（憲四六条）という参議院の特殊性を強調して、合憲の結論を導いている。しかし、平成八年判決（最大判平成八・九・一一）では最大較差六・五九対一を「違憲の問題が生ずる程度の著しい不平等状態」としたが、違憲の判断は示さなかった。参議院の特殊性を勘案したとしても、投票価値の平等という憲法の要請の下で、五倍以上の較差や逆転現象を正当とすることはできないであろう。

このほかに、選挙に関する原則として自由選挙、秘密選挙、直接選挙の原則がある。

選挙区、投票の方法その他選挙に関する事項は法律で定めるものとされ（憲四七条）、公職選挙法がこれを定めている。

(2) 選挙区制と代表の方法

代表の方法には大きく分けて、①多数代表法（選挙区の多数派によって当選者を独占させる方法であり、小選挙区制がこの典型）、②少数代表法（選挙区の少数派にも議席を与えようとする方法であり、わが国の衆議院でとられてきた、一選挙区から二人ないし六人の議員を選出する、いわゆる中選挙区制——理論的には、一選挙区から複数の議員を選出すること から、小選挙区制との対比で大選挙区制と呼ばれる——がこの例である）、③比例代表法（政党ごとの得票数に応じて議席を配分しようとする方法）がある。多数代表法は、死票が多く少数派に著しく不利となり、少数代表法は政党の得票と議席の比率がかなりの程度偶然によって決められるという難点があり、政党を媒介とする民意の国政への正確な反映という点では、比例代表制がもっとも優れているといわれる。ただ、選挙制度を考える場合には、この民意の正確な反映という要素と同時に安定した政権をつくるという要素も忘れてはならない。

平成六（一九九四）年の公職選挙法改正で衆議院に導入された小選挙区比例代表並立制は、一つの選挙区から一人の議員を選出する小選挙区制が基本となっており、それに比例代表制の要素を加味して少数派への配慮を払ったものである。①の多数代表法の典型である小選挙区制は、大政党に有利で政局の安定につながるといわれる反面、小政党にきわめて不利であることを考慮した制度であるといえよう。これに対して、現在ドイツの下院で採用されている小選挙区比例代表併用制は、比例代表制を基本としたうえで、小選挙区部分で候補者と選挙民とのつながりを確保しようとする制度である。

(3) 小選挙区比例代表並立制の問題点

平成八(一九九四)年、この小選挙区比例代表並立制の下で初めて衆議院議員選挙が実施された。しかし、この総選挙に対しては、早速、同制度の憲法上の問題点である①小選挙区の区割について「一人別枠方式」を採用したことによる投票価値の不平等[4]、②重複立候補制(小選挙区選挙で落選した候補者の比例代表選挙での敗者復活制)の違憲性、③小選挙区選挙において、候補者届出政党にも選挙運動を認めた規定の違憲性、などを理由とした選挙無効請求訴訟が三一件も提起された。これらの事件に対する上告審で、最高裁は、選挙制度に関する国会の広範な立法裁量を認めることにより、いずれの争点に関しても合憲と判断した(最大判平成一一・一一・一〇、ただこの判決には、争点①と③に関して違憲判断を示した五人の裁判官の反対意見が付されている)。

なお、平成一二年の法改正により、争点②の重複立候補者の復活当選に制限が設けられる(公選九五条の二)とともに、以前から議論のあった、比例代表選出議員の当選後の他の政党等への移動が禁止された(九九条の二)。

また、参議院の比例代表選挙について、同年の法改正により、従来の拘束名簿方式が非拘束名簿方式に変更された。

2 天皇の地位と権能

1 明治憲法の天皇から日本国憲法の天皇へ

明治憲法の下で、主権者であり統治権の総覧者であった天皇は、日本国憲法において「日本国」と「日本国民統合の象徴」（一条）となった。このことは、明治憲法における天皇も、主権者であると同時に、日本国の象徴であったと考えられることから、日本国憲法の下で天皇が象徴になったことが重要なのではなく、むしろ国民主権の成立により主権者でなくなり、象徴としての側面が前面に出てきたというべきである。

また、第2章2の②でふれた「国体」という言葉を使えば、日本国憲法によってその中心的要素である法的意味の国体は否定されたが、天皇を国民の精神的な結びつきの中心とする国家のあり方という精神的意味の国体の側面は必ずしも否定されてはいないとも考えられるのである。

以下では、このように天皇が象徴としての地位だけをもつ、日本国憲法の予定する象徴天皇制の特徴について述べることにする。

② 象徴としての地位

象徴（シンボル）とは、平和の象徴が鳩であるように、抽象的、非感覚的なもの（平和）を具体的、感覚的なもの（鳩）によって表わす場合のその媒介物をいう。もともとは、文学的、心理学的な言葉であるが、次にあげる有名なウェストミンスター法（一九三一年）のように、法の世界で使われることもある。すなわち、同法の前文は、「王位（クラウン）は、イギリス連邦の構成国の自由な結合の象徴であり、これらの構成国は国王に対する共通の忠誠によって統合される」と規定する。日本国憲法の場合も、こうした例を参考にしながら、天皇を日本の国と国民統合の象徴としたと考えられる。

ここで重要なことは、憲法がこの象徴たる天皇の地位は「主権の存する日本国民の総意に基づく」（一条）としていることである。先に述べたように、明治憲法では主権者たる天皇の地位は、天皇の先祖とされる

「神」の意思に基づいていた。これに対して、日本国憲法は象徴としての天皇の地位を主権者である国民の総意、具体的には国民の多数派の意思に基づくものとしているのである。

これは、次の二つの点で重要である。一つは、原理的に考えると、日本国憲法の根本原理である「個人の尊厳」の理念とそこから導かれる平等の原理に矛盾すると考えざるをえない世襲天皇制を、国民の総意に基づかせることによって合理化していると考えられること。もう一つは、天皇の地位の根拠である国民の総意が失われれば、その地位は否定される。いいかえれば、憲法改正によって天皇制を廃止することも可能であることを意味しているのである。

③ 天皇の権能

(1) 国事行為

憲法は、天皇の権能の範囲について、「天皇は、この憲法の定める国事に関する行為のみを行ひ、国政に関する権能を有しない」(四条)と規定する。この「国事に関する行為」と「国政に関する権能」との違いは、言葉のうえからだけでは必ずしもはっきりしないが、六条および七条に列挙されている国事行為の内容を検討すると、国事行為とは形式的、儀礼的な天皇の行為をいうことが理解される。

このなかには、たとえば総理大臣の任命(六条一項)のように、国政に関する行為と考えられるものも含まれているが、総理大臣を誰にするかという実質的な決定は六七条に基づき国会がすでに行っており、天皇はこれに基づいて形式的な任命式を行うにすぎない。これ以外の国政にかかわる行為についても、実質的な決定は他の機関が行っており、それを公にする形式的な行為だけを天皇が行うのである。

(2) 内閣の助言と承認

天皇の権能について現行憲法がとっている基本的な態度は、天皇の非政治化ということである。このことは、いま述べたように、①天皇の権能を形式的、儀礼的な国事行為に限定していることと、②その国事行為についても、さらに内閣の助言と承認という厳格な規律の下においていることの二つに表われている。

②の点について、憲法は「天皇の国事に関するすべての行為には、内閣の助言と承認を必要とし、内閣が、その責任を負ふ」と定める（三条）。天皇が行うすべての国事行為に対して内閣の助言と承認が必要とされ、それゆえに、行為の結果についても内閣が責任を負い、天皇は何らの責任も負わないのである。

これとの関連で問題となってきたのが、衆議院の解散（七条三号）である。衆議院の解散はそれ自体が政治的な行為であるにもかかわらず、その実質的な決定をどの機関が行うかについて、憲法は明確な規定をおいていないからである。これについては、天皇の国事行為は必ずしもすべてが形式的なものではなく、この衆議院の解散の場合のように、その国事行為について実質的な決定を行う機関が明らかでない場合には、解散に関する国事行為の規定と内閣の助言と承認の規定に基づいて、内閣に解散についての実質的な決定権を認めることができるとする説（七条説）が一般に支持されている。

また、この憲法が施行されて以来、天皇は国会の開会式における「おことば」や外国元首の接受など、国事行為以外の「象徴としての公的行為」と呼ばれる行為も、事実上行ってきている。これを認める場合にも、天皇の権限が国事行為に限定されている趣旨から、国事行為に準じて考えることのできる実質的理由のあるものに限られ、さらに国事行為と同様に、内閣の規律と責任の下におかれなければならないと思われる。

④ 皇位の継承

憲法は、「皇位は、世襲のもの」であると規定する（二条）。皇位とは天皇の地位をいい、この皇位の継承についての具体的な規定は皇室典範に委ねている。皇室典範は、明治憲法の下では議会の関与が許されない、憲法と対等の地位にある特別な法であったが、現行憲法の下では国会によって定められる通常の法律となり、性格を一変させている。

すでに述べたように、世襲制は個人の尊厳の原理とそこから導かれる平等の原理に反するものであるが、憲法は天皇制を存続させるためにこれを認め、国民の総意に基礎をおくものとして合理化している。

また、皇室典範は「皇位は、皇統に属する男系の男子が、これを継承する」（一条）として、女性の天皇の可能性を否定している。ただ、世襲の天皇制を認めることは女性の天皇を排除することに必ず結びつくものではなく、憲法のレベルの問題としては、女性の天皇が許されないわけではないと考えられる。

⑤ 皇室経済

明治憲法の下で、皇室は御料（天皇の財産）という形で、議会の関与しない莫大な財産をもつとともに、皇室経費についても増額をしない限り議会の監督を受けないものとされた（明憲六六条）。これに対し、現行憲法は、すべての皇室財産は国に属するとしたうえで、皇室経費についてもすべて「予算に計上して国会の議決を経なければならない」（憲八八条）と定めており、皇室経済が完全に国会の監督に服することを明らかにしている。(5)

6 天皇は「君主」か？ また「元首」か？

現在の憲法の下で、天皇が君主、また元首といえるのかについても多くの議論がなされてきている。結論的にいえば、それらの言葉をどのような意味で使うかという用語法の問題であるといえる。つまり、伝統的に君主と呼ぶために必要とされてきた標識のうち、天皇は、①名目上の行政権あるいは調整的な権能と、②対外的な代表権をもっていないため、君主ということはできない。

また元首とは、国家有機体説が国家における君主の地位を人間の活動の源泉たる頭脳になぞらえて表現したものであるが、これについても、伝統的な用語法によれば、対外的な代表権、具体的には条約締結権を含む外交事項を処理する権能をもつものを元首と呼んでおり、その意味では、天皇は元首でもないのである。

7 国旗と国歌

象徴天皇制の現在と将来を考えるうえで重要な問題として、平成一一（一九九九）年に制定された「国旗及び国歌に関する法律」（国旗・国歌法）についてふれておきたい。

これまで社会的には、「日の丸」が国旗であり、「君が代」が国歌であると考えられ、事実上そうした扱いがなされてきたが、その法的根拠は存在しなかった（ただ、下級審の判決には、「日の丸」が「日本を象徴する国旗であるとの慣習法が成立している」とするもの（大阪地判平成八・二・二二）があり、また文部省は昭和五二（一九七七）年の省令で「君が代」を国歌と定め、入学式・卒業式におけるその斉唱が望ましいとの指導を行ってきた）。平成一一年二月に広島県の県立高校の校長が卒業式での「君が代」の扱いに苦しみ自殺に追い込まれたことを契機として、同年八月に「日の丸」を国旗とし、「君が代」を国歌と定める国旗・国歌法が成立した。

この法律については、多くの議論があるが、憲法の条項との関係では特に次の二つの点が問題であろう。

一つは、「日の丸」の掲揚や「君が代」の斉唱が強制されれば、一九条（思想、良心の自由）、二〇条（信教の自由）、そして二一条（表現の自由）に違反する疑いが強いという点である。この点に関して、国会審議のなかで政府は、同法には国旗・国歌に関する尊重義務規定もなく、学校現場へ強制することはないと答弁したが、学校において集団の圧力による事実上の強制が行われることが危惧されている。

もう一つは、「君が代」を国歌として法定することと国民主権（一条）との関係である。政府は、国会答弁のなかで「君」とは「象徴天皇」をさし、「代」とは「国」であるとした。この解釈によれば、日本は国民主権の国ではなく、「象徴天皇の国」であることになる。さらに、その末永い繁栄を祈る「君が代」の歌詞は、憲法改正によって天皇制の廃止も可能であること（前述②「象徴としての地位」参照）とも矛盾することから、違憲の疑いが強いといわざるをえない。

●注

（1）一九世紀のドイツで広く支持された学説であり、君主主権か国民主権かの問題は、法人である国家の最高意思決定機関の地位に君主がつくか国民がつくかの違いにすぎないと主張した。天皇機関説のモデルとなった学説。

（2）ルソーによれば、「社会契約」を結ぶことによって生まれる主権者としての国民一般の意思のことであり、それが法の世界に具体的に表われたものが議会によってつくられる法律であるといわれる。

（3）広い意味では、国または地方公共団体の事務を担当する者を立法・司法・行政のいずれの部門に属するかを問わずにいうのに対し、狭い意味では、国会議員および地方議会議員を除いた、国または地方公共団体の事務を担当する者を、あるいは行政部門に属する職員のみをさす。

(4) 小選挙区の区割に際して、人口過疎県に配慮し、定数三〇〇をまず都道府県に一ずつ基礎配分したうえで、残り二五三を人口に比例して都道府県に配分する方式(「一人別枠方式」)をとったため、投票価値の平等(最大較差二倍未満)の実現が小選挙区比例代表並立制を導入する際の正当化理由であったにもかかわらず、平成七年の国勢調査の時点で二・三〇九対一の最大較差が生じていた。

(5) 皇室経済法によれば、予算に計上される皇室の経費は、内廷費・宮廷費・皇族費に分かれる(皇経三条)。内廷費は、「御手元金《おてもときん》」ともいい、宮中内廷で生活する皇族の日常の費用にあてるものであり、宮内庁の経理に属する公金ではない(四条)。宮廷費は、皇室の経費のうち宮内庁の経理に属する公金をいい(五条)、皇族費とは、皇族としての品位保持のために年額により毎年支出されるもの、および皇族がはじめて独立して生計を営む際や皇族の身分を離れる際に、一時金として支払われる経費のことをいう(六条)。

●参考文献

芦部信喜『憲法』〔新版補訂版〕岩波書店、一九九九年
清宮四郎『憲法I』〔第三版〕有斐閣、一九八五年
佐藤幸治『憲法』〔第三版〕青林書院、一九九五年
樋口陽一『憲法』〔改訂版〕創文社、一九九八年

第4章 戦争放棄

1 日本国憲法の平和主義の特色

1 平和主義の歩み

平和主義は、日本国憲法の基本原理の一つであるとともに、この憲法の大きな特色であるといわれる。なぜ、そういわれるのかを明らかにするために、まず戦争を廃絶しようと努力してきた人類の歴史からみることにしよう。

すでに述べたように（第3章1の1）、現在の国際社会は主権をもった国家からなる社会であり、かつてはこの主権国家にとって戦争をする権利は、対外的独立性を守るために必要な国家固有の権利、不可侵の権利であるとして、全面的に肯定された。しかし、この考え方は現在大きく変わってきている。こうした戦争観あるいは戦争の法的な評価についての歴史的な変遷を検討するうえで、まず注目されるのが一八世紀末のフランス一七九一年憲法である。

(1) フランス一七九一年憲法の戦争放棄

一七九一年憲法は、フランス革命のさなかに制定された憲法であり、フランスにおける最初の立憲的憲法であった。この憲法は、「人は、自由かつ権利において平等なものとして生まれ、存在する」と高らかに人権の理念を謳い、革命の目的を明確にした人権宣言（一条）をその一部とするとともに、軍事力をコントロールするためのいくつかの注目すべき条項をおいていた。すなわち、従来は君主の専属的権限であった宣戦について議会の承認を必要とし、さらに征服戦争の放棄を定めていたのである。[1]

戦争には、大きく分けて、①対外政策の手段の一つとしての戦争である侵略戦争と、②他国による侵略から自国を守るための自衛戦争の二つがあるが、ここで放棄された征服戦争は前者の侵略戦争に含まれるものであり、またこの条項が戦争を抑止した現実的な効果は限られたものであった。[2] しかし、すでに二〇〇年以上前に、限定的とはいえ戦争の放棄に関する条項が実定憲法のなかに規定されていたこと、しかも人権宣言をその一部とした憲法が同時に戦争放棄の規定を含んでいたことが注目される。なぜなら、人権宣言はフランス人の権利ではなく（敵国の国民を含んだ）人間の権利＝人権の保障を宣言していたのであり、このことは対外政策としては戦争の放棄に必然的に結びつかざるをえないという、人権の理念と平和主義との深い結びつきを示しているからである。

(2) 不戦条約（一九二八年）による侵略戦争の違法化

人類が経験した最初の総力戦である第一次世界大戦は、双方合わせて三七五〇万人以上の犠牲者（死傷者、捕虜および行方不明者を含む）を生んだ。戦後の一九二〇年に、戦争防止のための初の国際機構である国際連盟が組織されるが、それ以上に注目されるのが一九二八年に締結された不戦条約である。

この条約は、正式名称を「戦争の放棄に関する条約」といい、締約国は国家の政策の手段としての戦争を放棄する旨を定めていた。日本を含めて当時の主要国のほとんどが加入した条約であり、実定国際法である条約によって戦争の違法化がはかられたという点で画期的なものであった。しかし、この条約によっても、自衛のための戦争は禁止されておらず、国家を防衛するための戦争、あるいは宣戦布告のなされない武力行使の拡大という形で条約は形骸化され、歴史は第二次世界大戦へと進んでいく。

(3) 第二次世界大戦後の国連憲章と各国憲法

第二次世界大戦は、まさに世界中を巻き込んだ総力戦であったと同時に、大戦の末期には「終末兵器」といわれる核兵器を誕生させた。大戦後、こうした悲惨な歴史を繰り返すまいと、戦争防止のための努力が国内法と国際法の二つのレベルで行われてきている。

前者については、戦後まもなくつくられた各国憲法、すなわち一九四六年のフランス憲法（「征服のための戦争」の放棄。前文）、四七年のイタリア憲法（「国際紛争を解決する方法としての戦争」の否認。一一条）、四九年のボン基本法（「侵略戦争」とその「準備」の禁止。二六条）が、平和主義の考え方に基づき侵略戦争の放棄を定めていることが重要である。

後者としては、一九四五年に戦勝国である連合国側が国際連盟の失敗を踏まえ、一歩前進した集団安全保障体制として国際連合を発足させた。しかし、この国連の場合もいま紹介した各国の憲法の場合と同様に、国際社会が主権国家によって形成されているという現実を反映して、加盟国に限定つきながら自衛戦争を行う権利を認めたうえで（国連憲章五一条）、加盟国の安全を集団安全保障体制の下で維持しようとするものであることに注意しなければならない。

２ 日本国憲法の平和主義の特色

日本国憲法の採用した平和主義は、こうした一八世紀以来の戦争を廃絶しようとしてきた人類の努力の歴史のなかに位置づけることができるものであるとともに、さらにそれを一歩進めて、自衛戦争を含む一切の戦争を放棄し、それを徹底するために戦力の不保持と交戦権の否認を定める（憲九条）というきわめて注目すべき内容をもっている。

また、これに加えて日本国憲法は、全世界の国民が「平和のうちに生存する権利」をもつことを確認し（前文）、人権思想と平和主義を結びつけている。この「平和的生存権」が、それを直接の根拠として裁判所に救済を求めることのできる権利（裁判規範）といえるかどうかについては、見解が分かれているが、[3]少なくともこれが理念的な権利であることは広く認められており、理念的な権利としてのこの権利は、二つの点で重大な意義をもつものということができる。

一つは、経済的自由などの自由権が一八・一九世紀の立憲的憲法によって認められ、労働基本権などの社会権が二〇世紀に入って実現されてきたことを考えると、日本国憲法が平和的生存権の理念を掲げたことは、二一世紀の人権を先取りしたものと理解されることである。

もう一つは、先に述べた一七九一年のフランス憲法が示していたように、平和主義と人権の理念とは深い関連性をもつのであり、このことを「平和的生存権」は端的に表わしている。そして、これが憲法に規定されたことによって九条の規定は単なる対外政策の問題ではなく、人権の理念に基礎をもつ条項として理解されることになる。したがって、九条の解釈にあたってはこの理念的権利が重要な指針とされることになるのである。

2　第九条の解釈上の問題

1　第九条の解釈

(1)　戦争の放棄（一項）

憲法九条は、一項で「国権の発動たる戦争」すなわち、宣戦布告を伴う通常の戦争のみならず、それに至らない「武力による威嚇または武力の行使」をも放棄することを明らかにしている。ただ、一項は「国際紛争を解決する手段としては」これを放棄すると述べている。一つの見解は、およそ戦争や武力の行使というものは国際紛争の解決のために行われるものであることを理由として、一項によって自衛戦争を含むすべての戦争が放棄されているとする。この見解は、戦前の日本が一連の戦争をすべて「自衛」の名において行ったことを有力な論拠としてあげる。しかし、当時の一般的な用例に従えば、「国際紛争を解決する手段」としての戦争とは侵略戦争を意味しており（たとえば、不戦条約）、一項で放棄されているのは侵略戦争のみであると考えざるをえないのである。

(2)　戦力の不保持と交戦権の否認（二項）

だが九条は、二項で「陸海空軍その他の戦力は、これを保持しない」と定めており、この規定によって、自衛戦争を含むすべての戦争が放棄されていると考えられる。なぜなら、一項で自衛戦争が放棄されていないとしても、二項がその前提となる戦力をもつことを認めていないことから、すべての戦争が放棄されることになるからである。その意味で九条の特色は二項にあるといわれる。さらに二項は、「国の交戦権は、これを認めない」としている。「交戦権」とは、敵国の軍事施設を攻撃する権利など戦争を行っている国に認められる国際法上の権利であり、戦争を全面的に放棄する趣旨を国際法上の権利の点からも徹底するために、この権利も否認されたと理解される。

なお、二項の冒頭に「前項の目的を達するため」という文言があることから、前項の目的とは侵略戦争を放棄するという目的であり、戦力の不保持も侵略戦争のための戦力をもってはならないことを意味するにすぎないとして、自衛戦争は放棄されていないとする見解がある。この見解は、①前文に述べられた格調の高い平和主義、とりわけ平和的生存権の理念と矛盾する、②自衛のための戦力と侵略のための戦力とを区別することは困難である、③自衛戦争が認められるとすると、なぜ交戦権が否認されるのかを説明できないなどの理由から、妥当ではない。

②「戦力」に関する政府解釈の変遷――自衛隊合憲の論理

このように、九条の特色は、二項すなわち戦力不保持の規定にあることから、戦後政府は再軍備を進めるなかで、「戦力」の解釈を変えてきている。

(1) 憲法制定当初

「憲法改正草案」を審議した第九〇回帝国議会において、当時の吉田茂首相は、九条が自衛戦争を含むすべての戦争を放棄する趣旨であることをはっきり認めていた。また、戦力の意味についても、軍隊または有事の際にそれに転化できる程度の実力部隊をいうとする学界の通説と同じ解釈に立っていた。ここで軍隊とは、警察力が国内の治安の維持を目的とするのに対して、外敵の攻撃に対し実力をもってこれに対抗することを目的として設けられた人的および物的手段の組織体を意味する。

(2) 警察予備隊から自衛隊の誕生まで

しかし戦後まもなく、東西冷戦が激しくなり、アメリカの極東政策は大きく変更される。特に、昭和二五(一九五〇)年六月には朝鮮戦争がはじまり、これを機に「警察力を補う」ことを目的として、警察予備隊が設置された。この段階で、政府は戦力とは警察力をこえる実力部隊を意味するとの解釈を示し、警察予備隊は戦力ではないとした。

さらに昭和二七(一九五二)年には、これが保安隊と警備隊に改組、増強され、これらを警察力とすることは不可能となったため、政府は、戦力とは「近代戦争を遂行する能力である」という新解釈を示した。しかし、昭和二九(一九五四)年には自衛隊法が制定され、これらの組織から自衛隊が生まれるに及び、国会を舞台に自衛隊は軍隊ではないかとの論戦が激しく展開された。

(3) 「自衛力」という考え方の登場

そこで政府は、今度は積極的に「自衛力」という考え方を打ち出し、自衛力である限り戦力にはあたらないとの立場をとった。これが現在の政府の自衛隊に関する公定解釈でもある。それによると、国家は固有の権利として自衛権をもち、これは九条の下でも否定されていない。そこで自衛権を行使するための実力すなわち自衛のための必要最小限度の実力=自衛力(自衛隊)は、憲法が禁止している戦力にあたらないというのである。

政府は、自衛権が国家固有のものであることを強調するが、この自衛権とは、国際法が従来から認めてきた主権国家の権利であり、外国からの急迫または現実の不正な侵害に対して、自国を防衛するために必要なやむをえざる実力を行使する権利と定義される。しかし、すでに述べたように（本章の1参照）、歴史的にみると、主権国家の固有の権利とされてきた戦争を行う権利に対しては大幅な制限が加えられてきているのであり、日本国憲法はさらにそれを一歩進めて、国家権力の発動としての自衛のための戦争・武力の行使・武力の威嚇をも放棄したと解釈されるのである。したがって、自衛権が何らかの実力の行使を含む限り、それは憲法上認められていないというべきであろう。

3 「自衛力」の考え方の問題点

以上述べたように、現行憲法の解釈として自衛力の前提となる自衛権自体が認められないのであるが、仮に政府のいう自衛力の考え方を認めた場合に生まれる二つの問題点について述べることとする。

(1) 自衛力の限界

政府は、自衛力として保持できるのは防衛用の兵器のみで他国に対して脅威を与える攻撃的兵器はもつことができないとしてきている。だが、兵器の性能は著しく向上しており、両者を区別することは事実上不可能である。さらにこれに関連して重大な問題だと思われるのは、政府は核兵器についても防衛的な小型のものであれば、憲法上もつことができるという見解をとってきていることである（ただ、現在の政府は政策として非核三原則――核兵器をつくらず・もたず・もち込ませずという原則――をとり、核兵器拡散防止条約（NPT）や原子力基本法によって核兵器をもつことを禁止されている）。

(2) 自衛隊の海外派兵問題

自衛力の考え方を根拠として、外国による急迫または現実の不正な侵害からわが国を守る実力部隊と説明されてきた自衛隊を、果たして海外に派兵（または派遣）できるかどうかという問題がある。これまで、政府は憲法の「武力の行使」禁止規定および自衛隊の任務が国土の防衛に限定されていること（自衛三条）を根拠として、海外派兵（武力行使の目的で行われる海外出動）は自衛の限度をこえるとの立場をとり、国連平和維持活動（Peace Keeping Operation＝ＰＫＯ）[4]への参加要請についても一貫して拒否してきた。

しかし平成二（一九九〇）年からの中東湾岸危機および湾岸戦争を契機として、わが国は国際社会に対してさらに大きな貢献をすべきである、特に経済的な貢献だけでなく人的な貢献が必要であるとの主張が強まるなかで、平成四（一九九二）年「国際連合平和維持活動等に対する協力に関する法律」（ＰＫＯ協力法）が成立した。国会での議論のなかで、政府はＰＫＯが武力行使を伴うものであれば、自衛隊がそれに参加することは憲法上許されないが、武力行使を伴わないものであれば、自衛隊法の改正によって参加は可能であるとの従来からの見解を改めて明らかにした。そのうえで平和維持軍（ＰＫＦ）への参加についても、ＰＫＦ参加五原則[5]を前提として憲法上認められるとしたが、これに関する規定は野党の強い要求により「別に法律で定める日まで」凍結されることになった（協力法附則二条）[6]。

この問題は、自衛隊が憲法によって認められるのかどうかという問題とその活動が武力行使を伴うものであるかどうかという二つの問題を抜きにして考えることはできない。たとえ国際貢献のためであっても、九条を改正することなく自衛隊を部隊として武力行使を伴うＰＫＯに参加させることは、二重の意味で憲法上許されないのである。したがって、今後わが国の国際貢献のあり方を検討する場合には、違憲の疑いの強い自衛隊によらない、平和的な方法による人的貢献のあり方を模索すべきであるというのが憲法の求めるところといってよいであろう。

3 第九条と国際安全保障

1 日本国憲法の予定した安全保障体制

日本国憲法の予定した安全保障のあり方は、前文に述べられている平和主義の精神と九条の理念から、自衛戦争を含めたすべての戦争の違法化と各国による完全軍縮の後に生まれる、国連という安全保障システムをさらに一歩進めた世界連邦または世界国家による安全保障であると考えられる。しかし、憲法制定時には協調関係にあったアメリカとソ連が、数年後にはそれぞれ東西両陣営の盟主として「冷戦」の厳しい対立関係に入ったことから、国連による集団安全保障システム、すなわちその中心は国連憲章七章に基づく国連軍[7]による軍事的強制措置であるが、それはまったく機能しないものとなってしまったのである。

こうした冷たい戦争の激化のなかで、昭和二六（一九五一）年、わが国は旧連合国のうちアメリカを中心とする西側諸国だけとの間に平和条約を結び、同時にアメリカと日米安全保障条約を結んだ。その後、昭和二九（一九五四）年、日本の防衛力増強の義務を定めた日米相互防衛援助協定（Mutual Security Act＝MSA協定）が締結され、保安隊が自衛隊に改組されるとともに、昭和三五（一九六〇）年、大きな国民的な反対を押し切って日米安保条約が改定された。

2 日米安保条約の内容と問題点

(1) 安保条約の内容

改定された現在の安保条約（新安保条約）の主な内容は、次の二つである。一つは、日本の施政下にある領域でのいずれか一方に対する武力攻撃について、日米間の相互防衛義務を定めている。したがって、わが国にとってはアメリカに対する武力攻撃のうち日本の領域内にあるアメリカ軍（在日米軍基地や領海内の米軍艦船など）に対する攻撃についてのみ共同防衛の義務を負うことになるのである（安保約五条）。もう一つは、わが国がアメリカ軍に基地を提供し、駐留させる義務を負うことを定めている。その駐留の目的は、日本の防衛と「極東」の平和と安全の維持のためである（同六条）。

(2) その問題点

こうした内容をもつ安保条約については、多くの問題点が指摘されているが、これまで「極東」の範囲の問題と駐留米軍の合憲性の問題が特に大きな論議を呼んできた。

第一に、駐留米軍は日本の防衛だけでなく、「極東」の平和と安全の維持にもあたることになっているが、「極東」の範囲は明確ではなく拡大される傾向にあるため、アメリカの極東戦略の動きによっては日本と無関係な戦争に巻き込まれる危険があることが指摘されている。

第二に、日本の安全のみならず極東の平和と安全の維持に寄与することを目的とした外国軍隊の駐留を許すことは、九条の戦力不保持規定に違反しないかどうかという問題である。この問題は、昭和三二（一九五七）年に起こった砂川事件(8)において争われたが、最高裁は戦力とはわが国が指揮権、管理権をもつ軍隊をいうのであり、駐留米軍は戦力にあたらないとして安保条約の合憲性を支持した（最大判昭和三四・一二・一六）。

しかしこれに対しては、政府は自分に禁止されていること（戦力の保持）をなぜ外国政府に認めることができるのか、外国の軍隊が政府の意思に基づいて日本の防衛のために駐留していることは、間接的にせよ政府が戦力を保持していることにほかならないのではないかなどの批判がなされている。

(3)　新ガイドライン関連法とその問題点

平成三（一九九一）年のソビエト連邦の解体、そして東西冷戦の終結という国際情勢の大きな変動のなかで、日米安保条約体制は新しい局面を迎えた。そこで日米両国は、平成八（一九九六）年の「日米安全保障共同宣言」のなかで、安保体制が冷戦終結後もアジア太平洋地域の平和と安定に不可欠であることを確認するとともに、これまで安保を具体化してきた旧ガイドライン（昭和五三（一九七八）年策定）の見直しを打ち出した。こうして平成九（一九九七）年に新たに策定された「日米防衛協力のための指針（新ガイドライン）」は、旧ガイドラインの「極東有事」に代えて「周辺事態」という新たな概念を導入し、これを具体化する「周辺事態に際して我が国の平和及び安全を確保するための措置に関する法律」（周辺事態法）などの新ガイドライン関連法が、平成一一（一九九九）年に成立した。これらの関連法は、憲法との関係で大きな問題を含むだけでなく、安保条約との関係でもその整合性が疑問視されるものであり、関連法の成立によって安保条約体制は新しい段階に入ったといわれる。

周辺事態法は、「そのまま放置すれば我が国に対する直接の武力攻撃に至るおそれのある事態等我が国周辺の地域における我が国の平和及び安全に重要な影響を与える事態」（周辺事態一条）と定義される「周辺事態」に対応するために日本が実施する措置として、「後方地域支援」と「後方地域捜索救助活動」の二つを特記している（二一条）。同法の論理は、基本的に前線の「戦闘行為」と「後方地域支援」の区別の上に成り立っており、戦闘行為が行われている地域とは一線を画する「後方地域」での戦闘支援は、憲法九条の「武力行使」の禁止にふれないから憲法上許されるというものである。

政府は、これまで一貫して憲法九条の下では個別的自衛権の行使は可能（「自衛力」論）であるが、集団的自衛権の行使はわが国の自衛の範囲をこえることから認められないとし、安保条約の定める相互防衛体制も、日本の防衛義務は領域内に限られるものであることから、わが国の個別的自衛権の範囲内のものと説明してきた。(9) しかし、「後方地域支援」は、現代戦の常識からすれば「戦争」参加行為として「武力の行使」、少なくとも「武力による威嚇」であるといわざるをえず、それを日本の領域外で行うことを予定する周辺事態法は、憲法の禁止する集団的自衛権の行使を是認する法律として、違憲の疑いが強い。

さらに、その「後方地域支援」や「後方地域捜索救助活動」という米軍への軍事協力は、日本の領域および「極東」（安保約五条・六条参照）に限定されない「周辺地域」における事態に際して行われるものであることから、現行の安保条約が認めていない軍事協力に道を開くものであると指摘されるのである。(10)

●注

（1） 征服戦争放棄の条項は次のとおり。「フランス国民は、征服を行なうことを目的とするいかなる戦争を企てることも放棄し、かついかなる人民の自由に対してもその武力を決して行使しない。」（第六編冒頭）

（2） 実際、翌年（一七九二年）には対オーストリア戦争が開始され、当初防衛的性格の強かったこの戦争も次第に侵略戦争の性格を強め、ナポレオンの征服戦争につながっていった。

（3） この点が裁判所で争われた有名な事件が、長沼事件である。この事件は、自衛隊がミサイル基地を建設するに際してなされた北海道長沼町の保安林の指定解除処分が違法であるとして、その処分の取消を求めて反対派の町民が起こした行政事件である。第一審は住民側の「訴えの利益」を認める前提としてこの権利の裁判規範性を承認したが（札幌地判昭和四八・九・七）、控訴審はこれを認めず（札幌高判昭和五一・八・五）、最高裁もほぼ控訴審の見解を支持して上告を棄却した（最判昭和五七・九・九）。なお、第一審判決は自衛隊の合憲性について、裁判所としてはじめて実体的な審査を行い、自衛隊は九条二項の禁止する「戦力」にあたり違憲であるとの判断を示して大きな注目を集めた。

（4） 戦後の冷戦の激化により、国連が本来予定していた憲章七章に基づく正式の国連軍による集団安全保障措置が機能しないなかで、慣行によってつくられてきた国連による平和維持のための活動。これは通常、①平和維持軍（PKF—平和の回復または維持のために紛争地域において、紛争当時国の間に入って紛争の再発防止、兵力引き離し、あるいは兵力撤退の監視を行うものであり、その構成員は軍事要員であり、武力行使も認められている）、②停戦監視団（停戦の監視を任務とするもので、兵力の引き離しなどは行わない。構成員は軍事要員であるが、原則として武器を携行せず、武力行使も行わない）、③選挙監視団（対象国の選挙が自由で公正に行われるよう監視活動を行うものであり、構成員は文民である）の三つに分類されるが、国連憲章にはこれに関する規定はなく、対象となる紛争に応じて流動的な要素も大きい。

（5） この五原則とは、①紛争当事者の間に停戦合意が成立し存続していること、②自衛隊が参加することについての紛争当事者の同意があること、③平和維持軍が中立的立場を厳守すること、④以上の三つの条件が満たされない場合には自衛隊は撤収すること、⑤武器の使用については自衛のためやむをえない場合の必要最小限の使用に限ることの五つである。しかし、これについては国連によるPKF活動の実際を無視したものであるという有力な批判もある。

（6） なお、同法は平成一〇（一九九八）年に一部改正されたが、憲法上重要と考えられる改正点は、「武力の行使」と「武器の使用」を区別する必要から、従来、個々の隊員の判断に委ねられていた「自己又は自己と共に現場に所在する他の隊員の生命又は身体を防衛するためやむを得ない」場合の小型武器の使用を、原則として上官の命令によるものとしたことである（協力法二四条）。

（7）　過去に「国連軍」という名称を使った例もある（朝鮮戦争の際の国連軍―米軍としての性格を強くもっていた―およびスエズ動乱・コンゴ動乱の際の国連軍など、いずれもＰＫＯないしＰＫＦの活動と理解されている）が、国連憲章が予定する四三条に基づく正式の国連軍は、まだ一度も編成されたことがない。

（8）　米軍によって使用されていた立川基地の拡張工事反対闘争のなかで、反対派の一部が警官隊ともみ合った際に、境界柵を壊して基地内に数メートル侵入した。この行為が旧安保条約に基づく刑事特別法に違反するとして起訴された刑事事件。第一審は、刑事特別法は米軍基地を特別に厚く保護するものであるが、政府が米軍の駐留を認めたことはそれに対する指揮権の有無にかかわらず、九条の戦力不保持規定に違反するとして旧安保条約自体を違憲と判断し、被告人七名を無罪とした（東京地判昭和三四・三・三〇）。これに対して、検察側は飛躍上告を行い最高裁の判断を求めていた。

（9）　「集団的自衛権」とは、従来の政府の説明によれば、「自国と密接な関係にある外国に対する武力攻撃を、自国が直接攻撃されていないのにもかかわらず、実力をもって阻止する権利」と定義される。

（10）　さらに、周辺事態法に関する重大な憲法上の問題点として、「国以外の者による協力」の問題がある。同法九条によれば、関係行政機関は、地方公共団体や民間機関などの国以外の者に必要な協力を求めることができるとされ、協力の内容によっては、国民の憲法上の権利を侵害したり、地方自治の本旨（憲九二条）を損なうことになりかねないにもかかわらず、同法はその内容についてまったくふれておらず、「法令及び基本計画」に白紙委任している。内閣が作成する「基本計画」のこの部分は、国会承認事項にもなっていない（周辺事態五条）ことから、同法九条は、国会を国の唯一の立法機関と規定する憲法四一条、および地方自治に関する事項は地方自治の本旨に基づいて法律で定めるとした憲法九二条との関係で重大な問題をはらんでいるというべきであろう。

●参考文献

芦部信喜『憲法』〔新版補訂版〕岩波書店、一九九九年
佐藤功『日本国憲法概説』〔全訂第五版〕学陽書房、一九九六年
杉原泰雄『平和憲法』岩波書店、一九八七年
樋口陽一・吉田善明編『解説世界憲法集』〔第三版〕三省堂、一九九四年
深瀬忠一『戦争放棄と平和的生存権』岩波書店、一九八七年
山内敏弘『平和憲法の理論』日本評論社、一九九二年

第5章 基本的人権

1 基本的人権の保障と明治憲法との差異

1 基本的人権とは

基本的人権とは、人間が生まれながらに有している当然の権利（天賦の権利）という意味である。人間が生まれながらに有している当然の権利ならば、なぜ憲法があらためて保障する必要があるのだろうか。それは、国家による人権侵害が、三権（立法・司法・行政）の権限に基づいて行われ、その影響は広範囲かつ深刻なものであるため、国家が行使できる権限の限界を明らかにしておく必要があるからである。また、国民が基本的人権を現実に行使するためには、法律の整備や財政的裏づけなど国家の積極的な施策を必要とするものである。そこで、国民の人権を実現するために国家の義務を明らかにしているのである。さらに、現代では、かつてのように人権は国家権力との関係だけで論じられるものではなく、私人間の法律関係においても人権保障規定を適用する必要性が生じてきた。そこで、憲法に人権保障規定を設けることにより、さまざまに対立する私人間の意見を合意に導く役割も果たしている。

基本的人権に関する観念は長い歴史を経て、さまざまな困難の後ようやく現在の形を整えるに至った。人権保障や国家の政治制度を定めた基本法として、憲法が制定されはじめた一七・一八世紀には、国民の自由は国家権力により厳しく制限されていた。そこで、国民は国家権力からの自由を獲得するために革命を起こし、その結果、ようやく自由を手に入れることができた。この時代に認められた人権を自由権的基本権と呼ぶ。一九世紀から二〇世紀に入ると、産業構造の変化に伴い労働者階級が生まれ、人権に対する考え方も変わった。人権を単に国家権力からの自由ととらえるだけでなく、より積極的な社会的権利としてとらえることとなった。すなわち、社会的弱者の権利と労働者の権利などの社会権的基本権を盛り込んだ憲法が登場したのである。その代表例としてワイマール憲法やフランス第四共和制憲法、および日本国憲法などがあげられる。

② 明治憲法との差異

明治憲法においても、第二章「臣民権利義務」において人権に関する規定が設けられていた。しかし、明治憲法では、天皇主権の下に国民は「臣民」として天皇の統治権に服従する地位にあった。この「臣民」という地位は、絶対的専制国家における「臣民」とは異なり、わが国特有の天皇と臣民との関係から導き出されたものであった。「臣民」のもつ権利も生まれながらに有している天賦のものではなく、天皇が恩恵的に(天皇の優しさの表われとして)臣民に対し与えたものという基本的な思想に基づくものであった。

このような思想に基づくため、明治憲法の人権規定では、居住および移転の自由（明憲二二条）や言論著作印行集会および結社の自由（明憲二九条）などの自由権においては「法律ノ範囲ニ於テ」という法律の留保がつけられており、天皇制を批判する言論や著作は許されなかった。また、信教の自由（明憲二八条）に関する規定では、法律の留保の代わりに「臣民タルノ義務ニ背カサル限リニ於テ」という抽象的条件がつけられており、この条件に該当すると判断した場合には制限することが許され、他の自由権への制限と何ら変わるものではなかった。さらに、神道が国の政策にとり入れられ、国家宗教としての地位を得て、臣民に強制することも信教の自由に抵触するとは考えられていなかった。このほかにも明治憲法の諸権利には例外規定が設けられ、軍人に対しては基本的に人権が認められていなかった（明憲三二条）。さらに、戦時などの非常時には、天皇大権に対し臣民の権利は対抗を許されないとの規定もあった（明憲三一条）。これに対し、日本国憲法の「思想・良心の自由」（一九条）、「表現の自由」（二一条一項）などの保障規定には「法律の留保」はなく、法律によってもこれらの権利を制限することは許されない。

憲法に保障されている人権の種類も日本国憲法は充実しており、明治憲法にないものとして、思想・良心の自由、一切の表現の自由、職業選択の自由、外国移住・国籍離脱の自由、学問の自由、婚姻の自由などの自由権、請願権、生存権、社会権などがあげられる。

2 人権の制約原理

素朴な社会から複雑な構造をもつ社会になるにつれ、国民同士の人権が衝突するようになる。そこで、人権衝突の回避や衝突する場合の対処法として、人権の制約は許されるのか、また、許されるならばどのような場合にいかなる根拠に基づき制約されるのかを考えなければならない。これが基本的人権の制約原理の問題である。

1 公共の福祉とは

日本国憲法には法律の留保はつけられてはいない。しかし、一二条は「国民に保障する自由及び権利は……これを濫用してはならないのであつて、常に公共の福祉のためにこれを利用する責任を負ふ」と規定し、一三条は「生命、自由及び幸福追求に対する国民の権利については、公共の福祉に反しない限り、立法その他の国政の上で、最大の尊重を必要とする」と規定している。これは、「公共の福祉」という観点から権利や自由が制約され、日本国憲法の人権にも限界があることを示している。「公共の福祉」による制約を認めることは、人権を天賦の権利とする考えと対立するものではない。人権を法律の範囲において認めるといった制約ではなく、むしろ国民相互に人権を尊重しあうための制約と考えられるからである。

それでは「公共の福祉」とはいったいどのような意味をもつのであろうか。この点を明らかにしなければ、「公共の福祉」という名のもとに人権の制約が容易かつ広汎に行われるおそれがある。

「公共の福祉」は国家全体の利益ととらえられがちである。しかし、そのように考えた場合には、「公共の福祉」による制約が、個人の利益に対する国家全体の利益をはかるための制約、さらには個を犠牲にして達せられるべき全体目的ということになり、明治憲法下の人権制約と同じ結果をもたらすこととなる。「公共の福祉」の思想は、フランス人権宣言四条の「自由は、他人を害しないすべてのことをなし得ることにある。その結果、各人の自然権の行使は、社会の他の構成員に同じ権利の共有を確保すること以外の限界をもたない」という規定にもみられ、個人の尊重に重きをおく日本国憲法においても本質的には同様の意味と考えられる。また、歴史的にみると「公共の福祉」という言葉は、用いられる時代や社会に対応して具体化されるのであり、固定化することはできない。さらに、「公共の福祉」に合致するのか反しているのかを判断する基準についても一律に決めることはできない。

② 基本的人権と公共の福祉

日本国憲法における基本的人権と公共の福祉との関係についての解釈問題としては次のことがある。一二条、一三条の公共の福祉規定は一部の例外（憲一八条・二一条二項・三六条など）を除くすべての人権の制約原理となるのか、また居住・移転・職業選択の自由について定めた二二条一項および財産権に関する二九条二項には、あらためて公共の福祉による制約が示されているが、両規定と一三条の関係をどのように解釈するのかということである。

この問題については、一二条、一三条の公共の福祉規定は一部の例外を除くすべての人権に対する制約原理であり、二二条一項、二九条二項にある「公共の福祉」の文言には特別な意味はないという考え方がある。また、基本的人権が天賦の権利である以上、公共の福祉のためであっても原則的には制約することは許されず、一二条、一三条の公共の福祉規定は特別の意味をもつものではなく、単に道徳的な規定にすぎない、二二条一項、二九条二項の場合についてのみ必要な場合の制約が許されるという考え方もある。この二つの考え方は、実質的には大きな差はない。前者のように公共の福祉を人権に対する一般的制約原理と解釈しても、明治憲法にみられる人権の本質および一般的制約原理による人権の限界とは根本的に異なることを認めるものであるし、他方、後者も二二条一項、二九条二項以外の人権がいっさいの制約をまったく受けないと解釈するものではなく、各人権の性質からおのずと生じるであろう制約を否定するものでもないからである。

このようにみると日本国憲法における基本的人権の制約は、人権を尊重し、保障することの本質から当然に生じるものである。また、制約原理である公共の福祉の内容は、人権がそれぞれにもつ特性に応じて異なるものであり、個別的・具体的に明らかにされなければならない。そして、違憲立法審査権が認められている裁判所の判例を積み重ねることにより、公共の福祉の内容が明らかにされるのである。

3 個人の尊厳と幸福追求権

1 個人の尊厳

封建体制の国家や専制政治の下にあった人々は、国家や共同体に従属させられ、個人が埋没し、人間個人としての価値が軽んじられていた。これに対し、国連憲章や世界人権宣言の前文にみられるように、近代憲法では「個人の尊厳」を起点として考えている。日本国憲法も一三条に「すべて国民は、個人として尊重される」と規定し、個人の社会的地位や能力などの差異にかかわらず、人間が人間であるということ自体に価値を認めることを明言している。そして、日本国憲法に定められている基本的人権規定は、この「個人の尊厳」の観念を前提としている。

また、二四条には家庭生活における「個人の尊厳」が定められている。これは、かつての民法にみられた戸主権、家督相続など長子の優越を内容とする「家」制度を否定し、個人の尊厳に基づく家庭を守ろうとするものである。さらに、家や家族の意思にとらわれがちであった婚姻を正し、「両性の合意のみに基づいて」婚姻が成立するという個人の尊厳を重んじる規定となっている。このほか、二四条の個人の尊厳と、制定されている法律との関係において問題となるものがある。たとえば、遺言の自由に関し、個人の尊厳を考えるならば遺言は完全に自由なものとして遺留分の制度は認められるべきではないとも考えられる。しかし、財産を築くまでの過程をみると、家族、配偶者などの貢献、協力が少なからず認められ、相続制度の近代的意味からも遺留分制度は容認されるべきである。また、民法に規定された結婚適齢や近親婚の禁止、再婚禁止期間、結婚後の同一姓、刑法の定める堕胎罪など結婚・離婚・出産・堕胎の自由に対する制限がある。これらの制限のなかには二四条が定める個人の尊厳に照らした場合、その合憲性が問題とされるものがある。それぞれの問題に対する国民の意識変化に応じて、各法律は対応していかなければならない。

② 幸福追求権

日本国憲法の基本的人権規定は、諸外国のそれにくらべてもかなり充実した内容となっている。それでも制定後五〇年以上経過した今日において、制定当時は想定されていなかった新たな人権が問題となることがある。基本的人権は憲法の規定を根拠に保障されるものではあるが、新たな人権に関する具体的規定がないことを理由にその権利が保障されなければ基本的人権の観念に背くこととなる。そこで、具体的根拠のない新たな人権を保障するための根拠とみなされるのが一三条後段にある「幸福追求に対する国民の権利については、公共の福祉に反しない限り、立法その他の国政の上で、最大の尊重を必要とする」という条文で、幸福追求権と呼ばれている。

そこで、幸福追求権の内容とは具体的にどのような権利であるかを考えなければならない。

まず、人格権があげられる。人格権とは、「各人の人格に本質的な生命、身体、精神、自由および生活等に関する利益の総体」をいう。人間として生存する以上、平穏、自由で人間としての尊厳にふさわしい生活を営むため、この権利が尊重され、みだりに侵害することは許されない。人格権としては、個人は私的生活や私事をむやみに公開されない、あるいは他人の干渉を受けないというプライバシーの権利、承諾なしに容貌などを写真・ビデオ撮影されないという肖像権などが代表的なものである。

プライバシーの権利の保護は、当然に言論の自由や報道の自由と正面から衝突するものである。言論の自由や報道の自由は元来、国家が、主権者である国民に対して、国政の情報を制限することがあってはならない、という考えの下に民主政治において絶対的な権利であった。それが現代においては、国民の知りたい興味の対象が政治参加からかけ離れたものになることが多くなり、それに対応して言論・報道活動も私人をとりあげるようになった。このような言論・報道活動においては、絶対的な自由を認めることがかえって私人の人権を侵害すると考えられるようになり、言論・報道活動に対してもプライバシーの保護の観点から制限を加えるようになった。ここで重要な問題は、プライバシーの保護と言論・報道活動の自由とをどのように、またいかなる基準で調整していくべきかということである。単純に、民主政治に無関係な私人の問題だからといってプライバシーの保護という理由で言論・報道活動が制限されてはならない。プライバシーの保護と言論・報道活動の自由が問題になった裁判例として、政治家の私生活をモデルにした三島由紀夫の小説「宴のあと」事件（東京地判昭和三九・九・二八）、婦人解放活動家の恋愛事件を素材とした映画「エロス＋虐殺」

事件（東京高決昭和四五・四・一三）などがある。

プライバシーの権利とのかかわりで問題が指摘される法律として、まず「犯罪捜査のための通信傍受に関する法律」（平成一一年）がある。これは、数人の共謀によって実行される重大犯罪について、事件の解明を目的に警察官等に電話や電子メールといった電気通信の傍受を認めるものである。プライバシーや通信の秘密を侵害しないよう、手続きや傍受方法その他の事項が規定されてはいるが十分ではなく、犯人や事件と無関係な人の電話や電子メールの傍受が行われる可能性がある。次に住民基本台帳法の改正（平成一一年）があげられる。この改正により、すべての国民に一〇桁の番号を付け、氏名や住所などの情報を一元的に管理するシステムとなった。これにより個人情報が全国で迅速に利用することが可能となるが、反面、情報漏れによるプライバシーの侵害へつながる可能性、および、国民の情報を国や地方自治体が必要以上に管理することへつながるとの懸念も指摘されている。

次に、肖像権も言論・報道活動の自由との関係で問題となりうる。最高裁が一三条に基づいて肖像権の保護を判示したのは、警察官が本人の同意なく顔の写真を撮影した事件であった。この判決のなかで、肖像権を個人生活の自由として認めたうえで公共の福祉による制約があることを明言している（「京都府学連デモ事件」最大判昭和四四・一二・二四）。

今日のような情報化社会においては、個人情報について誤りがないかを自分でチェックしたり、情報が本人の知らないところで収集されたり利用されたりすることがないかをコントロールする個人情報管理権なども人格権の内容として考えられはじめている（本章二四七頁参照）。

幸福追求権のなかに自己決定権（自立権）を含めようとの考え方がある。自己決定権の内容として、重要なものに生命に関する自己決定権がある。臓器移植のドナーになるか否か、あるいは手術の際の輸血拒否、さらに医療技術の進歩によってもたらされる人工生殖医療および各種検査（出生前診断など）に基づく堕胎等である。そのほかに自己決定権との関係で問題となったものには次のようなものがある。公立学校が校則で制服や頭髪の型を決めることの合憲性、未成年者の性行為を制限する青少年保護育成条例の合憲性、在監者に対する喫煙禁止の合憲性、賭博行為処罰規定の合憲性などである。幸福追求権といえども無制限に認められるものではなく、条文が示すように公共の福祉に反しない限りという制限がある。そして、この制限の合憲性も具体的・個別的に判断されることになるが、新しい人権であるためその判断基準となるべき判例の蓄積が不十分であり、憲法に具体的根拠をもつ人権に対する制限の合憲性判断にくらべ、幅のある判断になるという点に留意しなければならない。

4 法の下の平等

平等の観念が諸国の宣言や憲法にとり入れられたのは近年になってからのことであった。すなわち、アメリカ独立宣言（一七七六年）では「すべての人間は平等につくられ、造物主によって一定のゆずりわたすことのできない権利をあたえられている」とあり、また世界人権宣言（一九四八年）一条に「すべての人間は、生まれながらにして自由であり、尊厳と権利とにおいて平等である」、フランス人権宣言（一七八九年）一条に「人は自由かつ権利において平等なものとして生まれ、かつ生存する。社会的差別は、共同の利益の上にのみ設けることができる」とそれぞれ宣言している。しかし、一八・一九世紀の平等の観念は、アメリカ合衆国憲法（一七八八年）一条二節三項の自由人と不自由人との差別を前提とする規定や、奴隷制度が存在していたことなど、現在の基本的人権としての平等とはかなりの隔たりがみられた。

明治憲法においては、一九条に「日本臣民ハ法律命令ノ定ムル所ノ資格ニ応シ均ク文武官ニ任セラレ及其ノ他ノ公務ニ就クコトヲ得」と定められているにすぎなかった。さらに、当時は華族制度があり、また「家」制度の下で男女間の不平等は当然のこととして認められ、国政参加においても社会生活においても差別が存在していた。第二次世界大戦後ようやく基本的人権としての平等権の実現へ向けて法律的・制度的取り組みがはじまった。

1 自由と平等

フランス革命のスローガンが自由・平等・博愛であったように、日本国憲法をはじめとして諸国の現代憲法では、自由と平等とがともに保障されている。しかし、自由と平等をともに保障することは現実問題として果たして可能なものであろうか。人は生まれながらに性別・各種の能力・財力に違いがあり、自由を重んじればこれらの較差は広がって不平等が生じることとなる。また、この較差を縮めるためには自由に対する制限を加えなければならなくなる。国家に対して自由と平等とを要求しはじめた時代には、主従関係から生じる、自由に対する厳しい制限と身分差別からの解放をめざし、古典的自由権と形式的平等権をその内容として、経済的較差はとり残されることとなった。それが現代においては、財産権という自由の制限を認めることにより合理的平等権を内容とするようになったのである。

２　日本国憲法における平等

日本国憲法では、一四条一項に法の下の平等の一般原則、二項に華族制度の廃止、三項に栄典授与に伴う特権の禁止を定めている。他にも個別規定として、成年者による普通選挙（憲一五条）・請願権行使による差別待遇の禁止（同一六条）・家族生活における両性の平等（同二四条）・等しく教育を受ける権利（同二六条一項）・議員および選挙人の資格における差別禁止（同四四条）などがある。

一四条の「法の下に平等」であるというのは、法律が平等に適用されるという「法律適用の平等」のみを意味するものではない。法律自体が不平等で差別的内容の場合、その法律をいかに平等に適用しても無意味なこととなるからである。法律の内容においても不平等は許されず、法の下の平等は立法権をも拘束するものである。

一四条は、不合理な差別として次の五つを規定している。

①　人種　人種とは人間の生物学的特徴による区分を意味する。わが国では、旧国籍法において人種が異なることを理由に国務大臣に就くことができないという差別があった。

②　信条　ここでいう信条は宗教的信仰よりも広いものと考えられている。労働関係において信条による差別が問題となることが多い。

③　性別　明治憲法下では女性差別は当然のように広く行われ、民法に限らず、刑法でも妻の姦通罪だけを罰するといった状況であった。日本国憲法では、あらゆる女性差別を否定し、根本的に改める趣旨である。男女雇用機会均等法などにより労働関係の差別も解消しつつある。しかし、絶対的平等を意味するものではなく、生理休暇要請（労基六八条）など性差に基づく取扱いの違いなどは、法の下の平等に反するもので

はない。

男女の平等に関しては、女性の社会進出に伴い、男女が対等な立場で個性と能力を発揮し、共に責任を担う社会の実践を推進するため新たに、「男女共同参画社会基本法」が成立した（平成一一年）。男女共同参画社会とは、「男女が対等な構成員として、自らの意思で社会のあらゆる分野での活動に参画する機会が確保され、均等に利益を享受することができ、ともに責任を担うべき社会」としている。この法律が施行されることで、国や地方自治体には、幅広い分野にわたり総合的に男女共同参画社会へ向けた策定が義務づけられることとなると同時に、社会に根強く存在する性差別や社会的習慣の改善が期待される。

④　社会的身分　門地とともに生まれながらに属する地位や社会生活における地位などを意味する。

⑤　門地　門地は家柄を意味するが、ここでは従来の華族など特権的身分を意味する。

差別が禁止されているのは一四条に列記された五つの事由に限るものではない。例示的に列記された五つの事由は、過去の歴史において差別される典型を示したにすぎない。したがって、このほかにも合理的でない差別は禁じられる。具体的には次のようなものがあげられる。

●尊属殺重罰規定　刑法一九九条は普通殺人に対する法定刑を三年以上懲役、無期、死刑としているのに対し、刑法二〇〇条は犯人または配偶者の直系尊属を殺す尊属殺に対する法定刑を無期、死刑と定め、法定刑に著しい差を設けていた（法定刑に三年以上懲役が含まれるか否かというのは単に刑期の長短の差にとどまらず、刑の減軽や執行猶予を付することができるかということにも影響する）。この尊属殺重罰規定について最高裁は、戦後も合憲との立場を維持していたが、昭和四八年に違憲との判断を示した（最大判昭和四八・四・四）。その判旨は、尊属に対する尊重報恩は、社会生活上の基本的道義であるから普通殺人にくらべ尊属殺を重くすること自体は違憲ではない、しかし二〇〇条は刑罰の加重の程度が極端で立法目的達成のための限度をはるかにこえており、憲法一四条に違反する、というものであった。また、この判決には、刑罰の加重の程度を問わず違憲であるとの裁判官の意見が付されている。なお、刑法二〇〇条は「刑法の一部を改正する法律」(平成七年五月一二日公布、同六月一日施行)により削除された。また、尊属に対する傷害致死罪についても普通傷害致死罪にくらべ刑罰の加重がなされているが、最高裁は昭和四九年に本規定を合憲としている(最判昭和四九・九・二六)。

●議員定数配分不均衡　国会議員の選挙において、各選挙区の定数配分は有権者人口に比例しなければ投票価値に不平等を生じるという問題である。まず、衆議院選挙については、投票価値の平等に関し、昭和三九年以後、たびたび違憲または合憲の判決があった。近年に出された判決の流れをみると、一票の較差約五倍を違憲(昭和五一年)、三・九四倍を違憲状態(昭和五八年)、二・九二倍を合憲(昭和六三年)、三・一八倍を違憲状態(平成五年、この判決では三・一八倍は違憲状態にあるとしながら、当時の定数配分規定自体は合憲と結論づけている)、二・八二倍を合憲(平成七年)としている。このことから最高裁は較差約三倍以上を違憲とみているようである。参議院選挙については、昭和三七年選挙での一票の較差四・〇九倍から昭和六三年選挙五・八五倍までその較差は広がり続け、裁判ではいずれもが合憲と判断された。そして平成四年選挙での六・五九倍について「違憲の問題が生ずる程度の著しい不平等状態」と判断された(平成八年)が、違憲とは断定されなかった。最高裁は参議院選挙については較差六倍以上を違憲とみているようである。参議院の較差を衆議院の較差よりも緩やかにとらえる理由として最高裁は、二院制の本旨と参議院の特殊性(地域代表的性格、三年での半数改選制、解散権を認めていないなど)をあげている(平成七年選挙四・九七倍を合憲とした(平成一〇年)理由のなかで述べている)。学説上は、一人で二票以上の価値をもつことは法の下の平等に反するとの考えから、較差が最大二倍以上に広がってはならないという見解が有力となっている(なお、第2編第3章、選挙制度の項参照)。

このほか、地域による刑罰の差異、公的年金給付を受けている親に対する児童手当不支給などが問題となった。

5 自由権

1 精神的自由権

日本国憲法は、思想・良心の自由(一九条)、信教の自由(二〇条)、集会・結社および一切の表現の自由(二一条)、学問の自由(二三条)を保障しており、これらの自由を精神的自由権という。思想・良心の自由は内心の自由をいい、それを外部に発表する自由として集会・結社および一切の表現の自由や学問の自由がある。明治憲法下では精神的自由に対する弾圧が特に厳しく、その経験から詳細な規定となっている。とはいえ、精神的自由権も絶対的自由ではなく、それが内面にとどまっている限りは国家による制約は許されないが、外部に表われるときには他の権利との関係を調整する必要が生じることもある。

(1) 思想・良心の自由

「思想」とは人が何を正しいと論理的に考えるのかを意味し、「良心」とは人が何を正しいと倫理的に考えるのかを意味するが、互いに密接な関係をもち、両者を合わせて内心の自由を保障している。この権利は、人の内心の自由を保障したものであるから絶対的自由といえる。

思想・良心の自由が問題となった具体的事例として次のようなものがある。戦後まもなく共産主義者とその同調者を報道関係や公職などから追放した数多くの事件があった。一連の裁判において裁判所は、共産主義者であることが解雇理由ではないとして解雇を認めるものや判決のなかで共産主義思想について明白な憲法破壊を企図する思想であり思想・良心の自由保障を援用できないとの考えを示したものがあった（いわゆる「レッド・パージ事件」最大判昭和二七・四・二など）。しかし、特定の思想をもつことを理由に、公務員などに対し解雇や不採用にすることは憲法上許されることではない。私企業の社員採用にあたって志願者の思想調査を行うことが問題となった事件で最高裁は、企業が特定の思想・信条を有する者を拒否することおよびそのための調査を行うことは違憲ではないとの判断を示している（「三菱樹脂事件」最大判昭和四八・一二・一二）。内心の自由においては、個人の思想・良心を強制的に告白させられない自由すなわち沈黙の自由も保障されなければならない。名誉毀損の救済方法として被告に謝罪広告を命ずることができるが（民七二三条）、この謝罪広告命令は、被告の良心を国家が強制的に訂正するものではないのか、ということが問題となった事件がある。最高裁は、被告の倫理的意見や良心の自由を侵害することを要求するものとは解されないとの考えを示した（「謝罪広告事件」最大判昭和三一・七・四）。

また、各人の思想・良心に反する行為の強制も内心の自由を侵害することになる。アメリカなどでは宗教上の信念に基づく兵役拒否を認める良心的兵役拒否制度がある。国家斉唱や国旗への敬礼の強制やこれらに対する拒否を理由に不利益を課すことなども思想・良心の自由を侵すおそれがある。

(2) 信教の自由

信教の自由とは、個人が何らかの宗教を信じる、あるいは信じない自由、およびいかなる宗教も信じない自由を意味し、具体的には次に三つの内容を含むものである。

① 信仰の自由　個人が何らかの宗教を信じる、あるいは信じない自由のことで、自己の信仰の告白や信仰に反する行為などを強制されてはならない。

② 宗教的儀式の自由　礼拝や祈禱などの宗教的行為や宗教上の行事・祝典・祭典などの儀式を行う自由、それに参加するあるいは参加しない自由のことである。

③ 宗教的結社の自由　新たに宗教団体を設立したり、布教活動のために宗教的組織をつくる自由、これらの結社へ参加する自由、および宗教教育を行う自由などを意味する。

信教の自由といえどもそれが外部に行為として現われる場合には、絶対的に自由なものではなく、他人の権利との関係で調整が行われることがある。たとえば、病気治療という目的で行った加持祈禱という宗教的行為により少女を死亡させ、傷害致死罪に問われた事例で、最高裁は信教の自由の限界を逸脱したとして処罰を認めた。他方、刑法に違反する宗教活動であっても信教の自由を理由としてその行為が許される場合もある。また、宗教的結社の自由は、宗教団体の自治権をも認める趣旨であるから、裁判所は宗教団体内部の問題についてどの程度まで介入が許されるのかということも考える必要がある。

二〇条は、政教分離についての規定を設けている。明治憲法では二八条に信教の自由を規定していたにもかかわらず、神道を宗教ではないとし、その結果、神道が実際には国教的に扱われ政教一致の政策をとっていた。この反省から政教分離については詳細な規定となっている。

政教分離の内容は次のようなものである。第一に、宗教団体は国から特権を受けてはならない。これは、宗教団体が援助や補助などの利益的付与を国から一切受けてはならないことを意味する。第二に、宗教団体が政治上の権力を行使してはならない。政治上の権力とは、国や地方公共団体がもつ統治権のことで、いわゆる三権や公務員の任免権などがこれに属する。第三に、国およびその機関が宗教教育その他の宗教的活動を行ってはならない。国およびその機関とは、官公庁はもとより国および地方公共団体が経営・管理する学校や病院なども含まれる。また、宗教教育とは、特定の宗教を信仰するよう、あるいは批判するよう教育を行うことであり、宗教一般の教育を行うことは問題ない。

信教の自由が問題となった具体的事例として次のようなものがある。神式で行われる地鎮祭に地方公共団体が公金を支出することが、政教分離の原則に反するのではないかと問題になり、下級審では違憲とされたが、最高裁では、地鎮祭は社会的慣習に従う習俗的行事であって、神道以外の宗教に影響するものではないとの理由で合憲となった例（「津地鎮祭事件」最大判昭和五二・七・一三）、内閣総理大臣らの靖国神社への公式参拝について、国が靖国神社に優越的地位を与え政教分離の原則に照らし限度をこえており違憲とした例（「岩手靖国神社訴訟」仙台高判平成三・一・一〇）、県が靖国神社や護国神社の例大祭などへの玉串料や供物料を県費から支出したことについて、これらの奉納目的は宗教的意義をもつもので社会的・文化的諸条件に照らし相当とされる限度をこえ違憲とした例（「愛媛玉串料訴訟」最判平成九・四・二）、内閣総理大臣の靖国神社への公式参拝について（政府は宗教的行事ではないと説明）、公式参拝によって国民に靖国神社信仰を押し付けてはいないとしながらも明確な憲法判断を避けた例（福岡高判平成四・二・二八）などがあげられる。あるいは、殉職した自衛官の護国神社での合祠に自衛隊組織が関与したこと、および自衛官が神道以外の宗教を信仰していたにもかかわらず神社で合祠されたことの合憲性が問題となり、最高裁が、自衛隊員の関与は宗教を促進・

援助するものではなく政教分離に反するものではない、また合祠がただちに宗教的人格権を侵害するものではないとの判断を示した例（「自衛官合祠事件」最大判昭和六三・六・一）などがある。このほか、公務員による靖国神社への公式参拝や宗教系私立学校への国家補助、宗教法人の税制上の特典などがある。

●オウム真理教問題　一九八七年宗教法人として認証を受けたオウム真理教は、同年の弁護士一家殺害事件をはじめリンチ殺人事件、松本・東京地下鉄サリンガス事件など次々に多くの凶悪事件を起こした。東京地裁はオウム真理教に対し解散命令を出して宗教法人としては解散したが、破壊活動防止法の団体規制請求は公安審査委員会によって棄却された。その後も信者と近隣住民とのトラブル、自治体による信者への対応の困惑が生じた。以上のような問題を受けて、「無差別大量殺人を行った団体の規制に関する法律」（団体規制法）が制定された（平成一一年）。国民の不安解決のため、観察と事件再発防止等の目的であるが、実質的にオウム真理教だけに向けられた法律であり、法の下の平等との関係あるいは、住居の不可侵を脅かす可能性など憲法上の問題も指摘されている。

(3)　表現の自由

二一条は、内心を外部に表現する自由を規定している。表現の自由は民主政治において特に重要な権利であるとともに、人間の人格形成において大切な要素となる。

まず、集会・結社の自由について、両者とも共同の目的をもつ多数人の集団であるが、「集会」は一時的なものを、「結社」は継続的なものをさす。集会・結社はともに単に多数人が集まった群衆とは異なり、集会を開いたり結社をつくり、そこで得られた結論や団体意思を外部に表明することがある。したがって、集会・結社の自由は団体意思の表現行為と結びつくものであり、表現の自由の一つであると考えられる。集会・結社の自由を保障するというのは、集会を開いたり結社をつくることに公権力が制限を加えてはならないことを意味する。集会の自由に関して問題となるのは、地方公共団体の定める公安条例とデモ行進（動く集会といわれる）においてである。公安条例には公共の場所における示威運動やデモ行進について不明確な基準をもとにその制限が設けられている。結社の自由に関して問題となるのも明確性・厳密性を欠く基準により結社やその運動を制限する法律の合憲性である。

次に、二一条は、集会・結社のほかに言論・出版など一切の表現の自由を保障している。言論は、口頭で意思を発表することであり、出版とは印刷され文字で表わす意思の発表である。明治憲法ではこれを厳密に解し限定していたが、日本国憲法では手段を言論・出版に限定することなく、広く一切の表現の自由を保障している。表現の手段としては、このほかテレビ・ラジオ・音楽・写真・映画・演劇・図画などすべて含まれる。表現される内容も、思想・意見・主張はもちろん表現者の考えや思いがすべて含まれる。

民主主義において、主権者である国民が自主的に自由な考えを構成するには、マス・メディアを通じて情報を正確に伝達するという報道の自由も保障されなければならない。ここで問題となるのが、報道の自由を権利として保障するならば、正確な報道の前提となる取材もまた当然に、権利となりうるのかということである。原則的には権利と考えられる。ただし、その制限においては、公権力や国会議員などの公人に対する取材と、一般市民や被疑者などの私人に対する取材では、おのずから区別して扱う必要がある。制限の具体例として、許可を得ずに裁判所内で被告人の写真を撮影することを禁じている刑事訴訟規則などは表現の自由に対する制限とはならない。

報道の自由を受け手の側からとらえると、知る権利ということになる。大量の情報を伝達されても、それが正確性に欠けるばかりでなく、国の情報操作に基づくものであってはならない。逆に、国が秘密とする情報であっても、国民が知りたい場合には一定の条件の下にその情報公開を請求することも権利と認められつつあり、これも表現の自由（知る権利）の保障から導かれる。その一つとして、「行政機関の保有する情報の公開に関する法律」（情報公開法、平成一一年）がある。これはすべての行政機関に情報公開を求めることが可能となるものだが、一方、行政機関には情報の内容によって開示を否定することも認められており、法の趣旨を生かした運用が求められる。

一方、今日の高度情報通信社会においては個人情報の保護の重要性が増している。行政機関に対しコンピュータ管理する個人情報の保護を義務づける個人情報保護法はあるが、民間には適用されない。諸外国では民間に対しても個人情報の保護を法律により求めているのに対し、わが国の現状は各省庁や業界団体がつくるガイドラインに委ねられている。官民を問わずに情報保護を求める本格的な個人情報保護基本法の制定も予定されており、基本原則として、利用目的による制限、正確な内容の確保、適正な方法による取得、漏洩に対する安全保護措置、透明性の確保があげられる。

表現の自由においても、表現が社会的行為である以上、他人の権利や利益との調整をはからなければならない。表現の自由に対する制限については、表現行為により重大な害悪の発生が明白かつ切迫している場合に限り許されるとの考えや、制限する側の利益の性質および重要性と制限される側の利益の性質および重要性とを比較衡量して行うなどの考えがある。基本的人権のなかでも特に重要な表現の自由に対する制約は、容易に公共の福祉を根拠とすることは許されない。表現内容による制限の具体例としては、次のようなものがある。他人のプライバシーを侵害する表現に対し、不法行為責任を問うことができ、差し止めも認められるとした例、また、他人の名誉を毀損する表現（刑二三〇条）および猥褻な表現（同一七五条）に対する刑法の処罰規定、青少年保護育成条例による有害図書規制などがある。

二一条二項では、表現の自由から派生して検閲禁止を規定している。検閲とは、事前に行政が出版物などの内容を検査し、その結果により発表・発売を禁止する制度をいう。検閲制度は、表現を公に行う前に禁止されるうえ、行政による判断が恣意的になる可能性があるため明文で禁止したものである。検閲禁止に関する事例としては、税関検査事件がある。関税関係法規は、公安・風俗を害すべき書籍・図画などを輸入禁制品と定め、税関長が該当すると判断した場合には輸入できないこととしている。これが検閲にあたるのではないかと争われた事件で、最高裁は、税関検査は外国ですでに出版されたものを対象としているため検閲にあたらないと判断した。また、小・中学校、高校で使用される教科書は検定を受けなければならず（学校教育二一条）、この検定が検閲にあたるのではないかとして、日本史の教科書検定をめぐり争われたのが「家永教科書訴訟」である（昭和四〇年六月以来三二年間の争いは、平成九年九月二九日最高裁判決で終了した）。この間、検定を違憲としたのは一度だけで（昭和四五年七月、第二次訴訟一審判決）、あとは合憲とされた。その理由として、検定は誤記・誤植など技術的な審査だけでなく、内容に立ち入らなければ合否判定はできず、検閲にあたらないというものであった。教科書検定自体の合憲性が確定したことと同時に、具体的な記述内容への検定意見の違法性も裁判所により示された。その他、検閲に関し、在監者に対する新聞・文書等閲覧制限も問題となった。

二一条二項はさらに、通信の秘密を保障している。通信の秘密とは、公権力が通信の情報を収集・保有・利用・漏洩することを禁じるものである。通信には、郵便・電話・電報・ファックスなどあらゆる私的通信に及び、通信の内容・日時・発信受信者などの秘密を保護するものである。ただし、犯罪捜査目的の場合には、法定手続により通信の秘密を侵すことが許されている（刑訴一〇〇条・二二二条）。また、特定の犯罪捜査については電気通信の傍受も認められている（本章二三五頁参照）。

(4) 学問の自由

学問は、真理の探求をめざしさまざまな考え方を批判したうえで、新たなものを生み、構築してこれを発表するものであるから、学問の自由は、表現の自由の一形態であり、思想の自由とも密接な関係にある。

学問の自由の内容は、第一に、研究テーマ・研究方法・学問的見解・発表・教授する自由の保障である。したがって、国が特定の学問的見解を支持し、あるいは排除することは許されない。第二に、学問研究は大学を中心に行われることから、大学の運営についても自由が保障される必要があり、大学の自治も保障されている。大学の自治には、学長・教授その他の研究者の任免および施設の管理などが含まれる。大学の自治に関し問題となるのは、学生も自治の主体であるのか、学園内の秩序維持も含まれるのかということである。最高裁は、学生の活動が政治的・社会的活動にあたる場合は学問の自由と自治の保護を受けないとし、また、警察が大学の要請によらず立ち入ることも学問の自由と自治を侵すものではないと判断した。明治憲法下では、特定の刑法学説を発表した京大教授に対し休職を命じたり、天皇に関する学説を発表した著書の発売を禁止し、この学説自体を禁じるなど学問の自由は著しく侵害された。

② 経済的自由権

経済的自由とは、国民が経済生活・経済活動を営むうえで保障される自由をいう。日本国憲法では、二二条一項に職業選択の自由、居住・移転の自由、二項に外国移住・国籍離脱の自由を定め、また二九条に財産権の保障を規定している。これらの権利は、自由経済主義の発展にとって欠くことのできない権利であるが、権利が発達するにつれさまざまな弊害を生むようになった。そこで、他の人権とは異なる扱い、すなわち「公共の福祉」による制限を明文化している。

居住・移転の自由、外国移住・国籍離脱の自由が経済的自由として扱われる理由は、次のような経緯による。経済的自由は、封建体制における経済活動からの解放を源にする。農民は、生産活動の制限を受け、単に生産の労働力として土地に縛りつけられていた。また、商工業者も同様の制限を受けていた。この状態から国民を解放する前提となるのが、居住・移転の自由、外国移住・国籍離脱の自由の保障である。ただし、現在ではこれらの自由の保障は、人身の自由として扱うべきとの考えもある。

(1) 居住・移転・外国移住・国籍離脱の自由

居住・移転の自由とは、国の内外を問わずいかなる場所へも居所・住所を変えることができる自由を意味するとともに、旅行の自由も含まれる。ただ、国外での永続的な居住と国外への永続的移転は外国移住の自由に属する。居住・移転の自由については、「公共の福祉に反しない限り」という制限がついている。たとえば、伝染病の患者は強制的に隔離されるという感染症予防法の規定や、受刑者は刑務所へ収容されることなどがあげられる。

国籍離脱の自由は、国籍の強制および国籍変更の自由を保障するもので、明治憲法下では多くの制限があったが、日本国憲法下では、外国の国籍を有する場合に限るとの条件だけである。この条件も権利を積極的に制限するためのものではなく、無国籍者が発生するのを防ぐという国際社会の要請に基づくものである。

国籍の離脱とは、本人の意思に基づき一方的に国籍を離れることをいい、届出により効果が発生するのであって、国の許可は必要ではない。

(2) 職業選択の自由

職業選択の自由とは、国民が自分の就くべき職業を選択する自由、およびその職業を営む自由をいう。

職業選択の自由についても「公共の福祉に反しない限り」という制限がついている。制限の理由により、次のように分けることができる。①公序良俗に反するものとして、売春行為が禁止され、公序良俗維持のための制限として風俗営業の許可制がある。②公衆衛生を維持するための制限としては、公衆浴場の許可制や食品販売等における検査などがある。③専門的知識・技術・訓練を必要とするため一定の資格を要求するものとして、医師・薬剤師・栄養士・建築士・弁護士などがある。④国の政策的・財政的理由により一定の事業を国の独占事業とするもの（一部の例外を除く）として、塩などの旧専売事業がある。⑤事業の公共性を確保するため特許制で国からの監督や統制を受けるものとして、電気・水道・鉄道事業などがある。⑥社会経済政策から制限を受けるものとして、大規模小売店舗に関する制限や独占禁止法による制限などがある。

以上の各制限のような法律で定められた規制を「公共の福祉のため」という名の下に、すべてを安易に合憲と認めることは職業選択の自由の本旨に反する場合もある。たとえば、薬局開設には薬事法により距離制限が設けられていたが、この制限の違憲性について最高裁は、薬局開設に関する許可規制は不良薬品の防止が目的であるが、この目的を達成する手段として、距離規制に必要性と合理性を認めることができず憲法に違反すると判断した（「薬事法事件」最大判昭和五〇・四・三〇）。

(3) 財産権

二九条は、財産権を保障しているが、この財産権は、単に所有権に限らず物権・債権・無体財産権などの権利も保護するものである。また、財産権の保護が意味するのは、第一に、国民が保持する財産を自由に使用・収益・処分するという個別的・具体的な財産権の保障である。したがって、法律に基づくことなく、国が国民の保持する財産権を侵害することは許されず、法律に基づき侵害する場合には補償が認められなければならない。第二に、私有財産制の補償、すなわち、国が国民の保持する財産権を侵害しないという制度が存在しなければならないことを意味する。

財産権に対する規制は、自由経済主義の発達に伴う弊害を防ぐためのものである。具体的には、家を建てたり修繕する際、必要な範囲で隣の土地の使用が認められる隣接使用や権利の濫用防止を目的とした隣接関係規制、および社会秩序維持を目的（防災・美観維持）とした土地利用規制、さらに、より積極的な性格をもつ都市計画法による開発規制や首都圏近郊緑地保全法による土地利用規制などは所有権に対する制限である。

二九条二項は、財産権の内容を公共の福祉に適合するよう法律で定めると規定しており、行政権による規制命令は許されない。この規定に関して問題となるのは、地方公共団体の定める条例によって財産権を規制することが許されるのか、ということである。条例は憲法九四条によりその制定を認められており、管轄地域の状況や住民の生活に対応した立法であることから、条例による規制も許される。

二九条三項は、公共のために私有財産の制限がありうること、および、その場合には正当な補償を求める権利があることを定めている。「公共のため」とは、道路や鉄道などの公共事業のために個人の所有地を収用する場合などがその典型である。このような財産権の侵害に対して補償を求めることができ、これは個人が特別の犠牲を受けたことに対する補償である。したがって、すべての場合に補償を求めることができるわけではない。たとえば、有害物や危険物を所有することの禁止や制限などによる損害に対する補償は認められない。

補償については、何をもって「正当な補償」とするのかが問題となる。すなわち、収用された財産の実際の取引価格を補償する完全補償か、あるいは、実際の取引価格と一致しなくても合理的に算出された相当な額を補償する相当補償かという問題である。最高裁は、相当補償の考え方をとっている（最大判昭和二八・一二・二三、なお最判昭和四八・一〇・一六参照）。

③ 身体的自由権

身体的自由とは人間の身体的行動の自由を意味し、不当に身体を拘束されない自由を保障するものである。身体的自由権は、自由権のなかでももっとも基本的な最小限度の自由であるから、近代憲法では必ずこの規定が設けられている。明治憲法でもこれを保障していた（明憲二三条）が、その運用においては、不当な逮捕・拘留、拷問、自白の強要などの著しい侵害が行われた。この反省から、日本国憲法では大変詳細に人身の自由および刑事手続の保障を規定している。

(1) 奴隷的拘束および苦役からの自由

一八条は、一切の奴隷的拘束の禁止と意に反する苦役の禁止を規定している。「奴隷的拘束」とは、人間としての人格を奪うような強度の拘束状態を意味し、「苦役」とは、精神的・肉体的苦痛を伴う拘束ではあるが、人間としての人格を奪う程度に至らない拘束状態をいう。たとえば、かつての「タコ部屋」や娼妓契約による拘束などは奴隷的拘束にあたり、また刑罰としての懲役を除く強制労働は意に反する苦役にあたる。

しかし、刑罰や精神衛生法による強制収用などは、社会・公共あるいは本人の治療のためであり、この規定に反するものではない。ただし、刑罰であっても、犯した罪と科せられる刑罰との均衡を著しく欠くことは許されない。

(2)　刑事手続に関する人身の自由

人身の自由は、犯罪捜査から刑罰を科す過程において侵害されることが多いため、刑事手続に関する人権保障規定を具体的に設けている。

三一条は、罪刑法定主義・適正手続の保障を規定している。「罪刑法定主義」とは、「法律なければ犯罪なし、法律なければ刑罰なし」と表現される原則である。すなわち、どのような行為が犯罪となり、またどのような刑罰を科せられるのかということを、あらかじめ法律により定めていなければならないという原則である。そして、この罪刑法定主義から導かれる派生原則として、法律以外の不文法や命令による刑罰の禁止、刑罰不遡及(憲三九条)、刑事法の類推解釈禁止などがある。「適正手続の保障」とは、刑事訴追・刑事裁判の手続きを法律により定めていなければならないという原則である。この原則は、単に刑事手続が形式的に法定されていることだけではなく、定めている法律の内容が適正でなければならないことを求めている。

三三条は、不法逮捕からの自由を保障している。「逮捕」とは、身体に直接的拘束を加え自由を侵害することをいう。逮捕に際して、犯人を誤認するおそれのない現行犯を除き、裁判官の発した令状を必要とする。また、令状には逮捕の理由となる罪名や被疑事実などが明示されていなければならない。

三四条は、不当な抑留・拘禁を受けない権利を保障している。「抑留」とは、短時間の一時的自由の拘束であり、「拘禁」とは、継続的な自由の拘束をいう。抑留・拘禁を受ける者はただちにその理由を告げられ、公訴前でも弁護人を依頼する権利が与えられる。拘禁については、その理由説明を要求すれば本人・弁護人の出席する公開の法廷で示されなければならない。

三五条は、住居・書類・所持品について、それぞれ侵入・捜索・押収する必要がある場合には、裁判官の発した令状が必要であることを規定している。ただし、現行犯逮捕や令状による逮捕現場に付随する場合には、令状を必要としない。また、この捜査令状や押収令状は場所・対象物をそれぞれ特定・明示したものでなければならない。

三六条は、拷問および残虐刑の禁止を規定している。かつて自白は証拠としての価値がもっとも高く、自白を強要する手段として拷問が行われていた。そこで、憲法はこの非人間的扱いを禁止するとともに、三八条では自白に関する詳細な規定を設けている。また、刑罰においても非人間的なものは許されない。この趣旨から残虐刑は禁止され、はりつけ・火あぶり・釜ゆでなど過度に苦痛を与える刑罰は許されない。しかし、死刑はそれ自体残虐な刑罰にはあたらないとされている。

この他、憲法は刑事被告人の権利や一事不再理・二重処罰の禁止などを保障している（三七条・三九条）。

6 社会権

国民および国民生活への国家による介入の排除を意図した近代憲法は、個人の自由と平等に重きをおくものであった。自由思想に基づく経済活動は、資本主義経済が発展を遂げると同時に、他方で貧困・失業者・労働条件の悪化をもたらす結果となった。そこで二〇世紀になると、経済的自由の制限、社会福祉や労働条件の整備、人間らしい生活の保障といった社会的弱者の保護の思想が憲法にとり入れられ、社会権として確立することとなった。

自由権と社会権の違いは、次の点にある。第一に、自由権は、個人の自由に対する国家の介入や侵害を排除する、あるいは介入しないことを求めるものであるが、社会権は、個人の権利を確保するため積極的施策によって介入することを求めるものであること。第二に、自由権は国民すべてに及ぶ一般的権利に関するものであるが、社会権は国民のおかれた状況（貧困、失業など）に対応した具体的なものであること、などがあげられる。

日本国憲法も社会権として、生存権、教育を受ける権利、勤労の権利、労働基本権を規定している。

1 生存権

二五条の生存権規定は、国民が人間としての尊厳を保ちながら人間らしい生活を営む権利を保障している。そして重要なことは、この保障が憲法上の一つの権利として保障されている点にある。

この規定に関し問題となるのは、二五条の保障が国民に健康で文化的な生活を法的に直接保障するものなのか、という生存権の法的性質についてである。これに関して三つの考え方がある。

① 二五条は、国の政策上の指針を定めたもので、国民が裁判により請求できる具体的権利ではないとの考え方（プログラム規定説）。

② 二五条は、国民に対して法的権利を保障しており、国は生存権を実現すべき義務を負う。しかしながら国民は、具体的な生活保障を要求する権利を有するものでなく、この権利は抽象的権利にすぎず、具体化

する法律の制定によりはじめて具体的権利になるという考え方（抽象的権利説）。

③　二五条は、具体的に「健康で文化的な最低限度の生活を営む権利」を認めたもので、国はその実現のために具体的施策を講ずる義務を負う。国がこの義務を履行しない、あるいは不十分である場合には違憲確認訴訟を起こすことができるとする考え方（具体的権利説）。

現在では、二五条を具体化する法律も多く、社会保障法制は整いつつある。現実的に問題となるのは、立法府に対してどの範囲までの自由を認めるのかという立法裁量の限界という点にある。この問題について最高裁は、立法府に広い裁量権を認めつつ、著しく合理性を欠き明らかに裁量の逸脱・濫用が認められる場合には違憲となる可能性があると判断している。立法裁量に関する一つの例として、二五条にある「健康で文化的な最低限度の生活」の具体的内容があげられる。これについて最高裁は、多数の不確定的要素を総合考量してはじめて決定できるもので、厚生大臣の裁量に任されているとの判断を示している（「朝日訴訟」最大判昭和四二・五・二四）。しかし他方では、特定の時代の特定の社会においては、その具体的内容を客観的に確定できるとして、厚生大臣の自由裁量を否定する見解が学説上有力である。

2　教育を受ける権利

教育は、国民の人格形成に不可欠であるとともに、民主主義を向上・発展させるためにも、将来、主権者となる子供に対する教育の保障は大変重要なことである。教育を受ける権利は、生存権の文化的側面としての意義をもつ。

二六条は、一項ですべての国民にその能力に応じて等しく教育を受ける権利を保障し、二項で普通教育を子女に受けさせる親の義務および義務教育の無償を規定している。一項は、子供の学習する権利を保障し、他方で、国に対し、図書館・体育館などの教育施設や教育条件といった教育環境の整備を義務づけるものである。ただし、教育を受ける権利も生存権の一側面としての意義をもつものであることから、一般に、二六条を直接の根拠として教育環境の整備を裁判をとおして請求することはできないと解されている。

能力に応じて等しく教育を受ける権利とは、教育の機会均等を保障するもので、障害をもつ子供に対する特別な配慮や経済的弱者に対する学資等の援助など、教育を受ける機会を現実的に保障するものである。

ところで、教育を受ける機会さえ保障されれば教育の権利がまっとうされるというものではない。教育の内容も重要である。すなわち、教育内容を決定するのは親や教師を含む国民であり、国家には教育内容を決定する権能はないと考えるのか、それとも、教育内容に国家が関与するのは当然であり、国家に教育内容を決定する権能があると考えるのか、ということである。基礎的公教育においては、全国的に一定の内容・水準を維持するため、これに沿った教育が行われることは必要である。しかし、国家が教育へ積極的に介入して教育統制に近づくことは許されない。そこで、現在では、国は必要かつ相当な範囲（教育過程の構成、教科、授業時間などの大綱）で教育内容を決定することができると考えられ、その範囲内での国の関与を認めている。

二項は義務教育の無償を規定しているが、「義務教育」とは、国民がその保護する子女に対して義務として受けさせる普通教育を意味する。また、「義務教育の無償」は、国や地方公共団体の設置する学校の義務教育において実施されるが、その具体的内容について最高裁は、授業料を徴収しないこととし、教育に直接必要な教科書代や教材費は含まないと判断している（最大判昭和三九・二・二六）。したがって、現在行われている義務教育の教科書無償制度の法律を有償に改めたとしても、憲法に違反するものではない。

③ 勤労の権利と労働基本権

〔勤労の権利〕

国民は基本的に、労働の対価として得られる賃金に基づき生活を営むものである。したがって、労働の意思と能力のある者に対して労働機会を保障することは生存権保障の重要な具体化である。そこで、憲法は二七条に勤労の権利などの規定を設けている。勤労の権利は、社会主義の国家では労働機会の提供を国に直接要求する具体的請求の権利とされるが、資本主義の下では、職業安定法・身体障害者雇用促進法などの法律をとおして実現される権利である。勤労機会の保障は、提供を得られない場合の保護も意味し、雇用保険制度により保障される。また、不合理な解雇も勤労の権利に基づき禁止される。

勤労の権利は、労働機会の保障における実質的内容をも問題にする。つまり、労働機会が提供されても、それが人間らしい生活を妨げるような苛酷な労働条件下のものであってはならない。使用者と労働者との関係を契約自由に任せた場合には、労働条件の劣悪を招くことになる。そこで、二七条二項は、労働条件に関する規定を設け、国家が介入し適正な基準を法律により定めなければならないとした。また、三項では児童が苛酷な労働に従事させられることを禁止している。これらの保障は、労働基準法や児童福祉法などの法律により具体的に保障されている。

〔労働基本権〕

二八条は、団結権、団体交渉権、団体行動権を保障している。この三つの権利も社会的弱者の利益を確保し、使用者との関係を対等なものとする二七条二項と同じ趣旨から定められている。また三つの権利は、労働者は労働条件の改善・充実をはかるため団結して使用者と交渉にあたり、交渉の裏づけとして団体行動の権利をもつという関係にある。

団結権とは、労働条件の改善・充実をはかるために労働組合をつくる権利およびこれに加入する権利である。労働組合は、組織の目的実現のため組合員に対し団結を強制すること（規制や制裁）が認められており、これを労働組合の統制権という。この統制権の行使は、組合の目的や組合員の共通する利益のためにのみ認められるものであって、この範囲を逸脱する統制権の行使は許されない。たとえば、選挙において特定候補への応援や特定政党への支持を、従わない場合の制裁をもって強制することや、組合からの脱退をまったく認めないことなどは認められない。団結権は、組合をつくるにあたり国からの干渉を受けないだけでなく、使用者からの妨害を受けないことも保障している。

団体交渉権とは、労働組合が使用者と交渉する権利である。団体交渉の結果、労働者と使用者の間で結ばれる労働協約は、法的効力をもち個々の労働者が結ぶ労働契約に優先し、協定内容に違反する労働契約は無効となる。

団体行動権とは、団体交渉に必要な行動をとることができる権利で、ストライキ・サボタージュ・ピケティング・示威運動などを行う権利である。労働者が交渉権をもつだけでは不十分で、これを裏づける手段として認められる。

労働基本権の保障は、権利の行使を公権力が妨げることを禁止する。また、使用者に労働基本権の尊重を義務づける。具体的には、正当な団体交渉や争議行為については刑事責任の追及を受けず、損害賠償などの民事責任も問われない。また、使用者はこれを理由に解雇などの制裁を加えることは許されない。ここで問題となるのは、何をもって正当と判断するのかという基準である。交渉相手の生命や身体に危険を及ぼしたり、暴力を用いることは正当な行為とはならない。目的と手段の正当性により具体的に判断されるが、これについて最高裁は、基本的人権と労働者の権利との調和を期待するもので、この調和を破らないことが争議権の正当性の限界であるとしている（「山田鋼業事件」最大判昭和二五・一一・一五）。

労働基本権について法律で制限しているものがある。特定事業の争議行為を制限するものとしては、工場事業場における安全保持施設の維持義務（労働関係調整三六条）、医療・水道・運輸などの公益事業における事前予告義務（同三七条）、電気事業・石炭鉱業における制限などがある。また、公務員は職務の公共性から労働基本権がかなり制限されている。まず、警察・消防・監獄・海上保安庁・自衛隊の職員は三権すべての行使を禁止されている。次に、国家公務員および地方公務員はその職種により、団体交渉権や争議権の行使が禁止され、さらに争議行為を共謀したり企てた者に対しては刑罰が加えられる。このような制限は、一五条にいう公務員の「全体の奉仕者」としての地位の特殊性と職務の公共性を根拠に判例上合憲とされているが（最大判昭和四八・四・二五など）、学説は批判的である。

4 環境権

戦後の日本は経済成長を続け、世界的にも有数の経済大国になったが、その反面、さまざまな公害問題を生み、環境破壊が進むことになった。一九六〇年代の終わりごろから、よい環境を求める権利として提唱されたのが環境権である。環境権は、その憲法上の根拠を一三条の幸福追求権と二五条の「健康で文化的な最低限度の生活を営む権利を有する」という生存権の規定に求めている。

環境権は現段階では憲法上の権利として社会的に承認された一個の確立した権利には至っていない。事実、裁判所は環境権の主張に対しきわめて消極的な立場を維持し続けている。これは、新たな権利が確立するのに時間を要するというだけでなく、環境権自体の性格・内容があいまいであることにも起因する。

過去の環境に関する裁判では、その悪い環境の程度について、国民ががまんできるか否かということを基準にしてきた。その基準自体も問題とされたが、それ以上に、このような判断を続けた結果が現在の環境を招いているということが問題である。公害や環境破壊は、一度発生すると回復困難な被害を及ぼすものである。これらのことを考えた場合、環境権の内容としては、国・企業・国民が自然環境を破壊しないよう求める権利、および国に積極的な環境保全対策を求める権利など広くその内容をとらえる必要がある。

また近年、新たに化学物質による人体や環境への影響が問題となっている。廃棄物の焼却で発生するダイオキシン類による汚染問題や、ダイオキシン類をはじめとする環境ホルモン（外因性内分泌撹乱化学物質）がもたらす人体への影響である。まず、産業廃棄物については不法投棄を防ぎ、適切な処理を進めるための「改正産業廃棄物処理法」（平成一二年）ができ、罰則も強化された。次にダイオキシン類については、大気汚染防止法施行令の改正（平成九年）、「ダイオキシン類対策特別措置法」（平成一一年）の制定がなされ、人体への耐要摂取量、環境基準、排出基準、罰則等が盛り込まれている。また、「特定化学物質の環境への排出量の把握及び管理の改善の促進に関する法律」（平成一一年）によって、まず現状の把握が始まったところである。環境問題は結果が現れるまでに長時間を要するという特徴があるだけに、影響が明確に現れる前からの施策や立法が求められる。

環境権は前述のように確立した権利には至ってないが、その思想は、社会に受け入れられ、立法や行政へも影響をもちはじめている。平成五年一一月には、従来の環境政策の柱であった公害対策基本法に代えて、国際協力を含む総合的な環境対策の推進をめざす環境基本法が制定・公布された。また、公害裁判において、直接環境権として扱うことは避けたが、実質的に環境権の思想を生かして救済をはかった判断もなされている（「大阪空港公害訴訟」大阪高判昭和五〇・一一・二七。本判決のおいては、人は、疾病をもたらすなどの身体侵害行為はもちろん、著しい精神的苦痛や生活上の妨害を来す行為に対し、その侵害行為を排除することができ、この人格権に基づく妨害排除や妨害予防請求権が差し止め請求の根拠となりうるとして、人格権に基づく飛行差し止めを認めている）。このような状況を受け、今後、一個の確立した憲法上の権利とするためには、環境権の性格・構造・具体的内容の検討を積み重ねる必要がある。

7 参政権

憲法は前文で、主権は国民にあり、正当に選挙された国会における代表者を通じて行動し、権力は国民の代表者がこれを行使することを宣言している。この国民主権と代表民主制を実践するために保障されなければならない権利として参政権がある。

一五条一項は、公務員の選定・罷免を国民固有の権利としているが、これはすべての公務員の選定・罷免が直接、国民によって行われなければならないという意味ではなく、公務員の地位が本質的には国民の意思に基づくことを意味するものである。憲法上、国民が直接、選定できるのは、国会議員、地方公共団体の長およびその議会の議員であり、罷免できるのは、最高裁判所の裁判官である（国民審査により行うことができる）。

一五条二項は、公務員は全体の奉仕者であって、一部の奉仕者ではないと定めている。これは、公務員は国民全体の利益のために職務を遂行することが求められていることを意味する。また、公務員の政治的中立性を求めるものであるが、公務員も国民である以上、その制限は最小限度のものでなければならない。

一五条三項および四項は、公務員の選挙について、普通選挙・秘密選挙・任意選挙の原則を定めている。普通選挙とは、すべての成人に選挙権を認めるもので、納税額や性別により資格を制限することは許されない。秘密選挙とは、誰に投票したかを秘密にする選挙制度で、選挙人の自由な投票を保障する制度である。任意選挙とは、棄権の自由を認める制度のことである。選挙人の選択の一つとして棄権を認め、これに制裁を加えない制度である。

参政権は、選挙権だけでなく被選挙権も含まれる。被選挙権には、年齢などによる立候補制限があるが、これは公職の地位につくことを考慮した制限である。

8 国務請求権

1 請 願 権

一六条は、国民の請願権を保障している。請願とは、国の機関に対し、国政のあらゆる問題について希望を述べる行為である。請願の対象は国務または公務に関する事項全般にわたることが憲法上保障されている。請願をしたことを理由にいかなる差別を受けることもない。請願を受けた国の機関は、それが適正な手続と形式を備えているならば受理し、誠実にこれを処理する義務がある。

請願権は、昔にくらべその実益は減少しているが、外国人や未成年者の請願などは、選挙とは別の参政権としての機能をもつ。

② 裁判請求権

三二条は、裁判を受ける権利を保障している。裁判を受ける権利は、政治的権力から独立した、法定の組織・権限をもつ公正な裁判所による裁判を平等に受ける権利を保障したものである。裁判所は、適法な手続による提訴を拒絶することは許されない。刑事事件において公平・迅速な公開裁判を受ける権利を保障すること（憲三七条一項）や、特別裁判所設置の禁止（同七六条二項）などは、裁判を受ける権利に基づく規定である。

③ 刑事補償請求権

四〇条は、抑留・拘禁された後、無罪の裁判を受けたときには国にその補償を求めることができる権利を保障している。刑事裁判の過程（捜査・逮捕・取調・抑留・拘禁・起訴・裁判）を経たあとで無罪となった場合、この間に大きな精神的・財産的被害を受ける結果となる。これをせめて金銭により補償しようとするもので、この補償は、刑事裁判がその過程を含め適法に行われたものであっても、国はその責任を負うものである。

この権利を具体化した法律が刑事補償法である。また、抑留・拘禁後に釈放された者に対しては被疑者補償規程による補償がある。

④ 賠償請求権

一七条は、公務員の不法行為により損害を受けたときは、その賠償を求めることができる権利を保障している。この権利は、刑事補償請求権にくらべ、広く公務員の不法行為に基づく損害に対し認められる。ただ、刑事補償請求は適法に行われた行為に基づく損害に対しても補償請求できるが、賠償請求は公務員の故意または過失による不法行為に基づく損害に対しての補償である。賠償請求権を具体化した法律が国家賠償法である。

●参考文献

芦部信喜『判例ハンドブック憲法』〔第二版〕日本評論社、一九九二年
芦部信喜『憲法』〔新版補訂版〕岩波書店、一九九九年
奥平康弘『憲法—学習と実践のために—』弘文堂、一九九二年
奥平康弘『憲法Ⅲ—憲法が保障する権利—』有斐閣、一九九三年
小林直樹『憲法講義（上・下）』〔新版〕東京大学出版会、一九九二年
佐藤功『日本国憲法概説』〔全訂五版〕、学陽書房、一九九六年
戸波江二ほか『憲法（2）—人権—』有斐閣、一九九二年
宮沢俊義『憲法Ⅱ』〔新版〕法律学全集4、有斐閣、一九七八年
棟居快行ほか『基本的人権の事件簿』有斐閣、一九九七年
山下健次編『概説憲法』有斐閣、一九九〇年

第６章　国　会

1　国会の地位

国会は、国民の意思を代表し、憲法上立法権その他重要な権能を与えられた国政の中心的機関である。国会は、①国民の代表機関、②国権の最高機関、③国の唯一の立法機関という三つの地位を有する。

⑴　国民の代表機関

近代の議会制度はイギリスにおいて発展した。民選による議員を国政に参加させるこの代表民主制＝議会制度は、一八・九世紀にかけて近代自由主義の発展に伴い、アメリカ、フランスなど多くの国の採用するところとなった。

わが国の明治憲法も帝国議会を設け、民選による議員で組織する衆議院をおいて、統治権を総攬（一手に掌握）する天皇が立法権を行うについて、協賛（事前の同意）させる制度をとった。

日本国憲法は、国民を主権者としながらも、国民は「正当に選挙された国会における代表者を通じて行動」（前文）するとし、代表民主制をとることを明らかにしている。「国会における代表者」は「全国民を代表する選挙された議員」（憲四三条一項）であり、その議員をもって組織される両議院＝国会は、国民の代表機関としての性格をもっている。ここでこの「代表」とは、国民は代表機関を通じて行動し、代表機関の行動は国民の意思を反映するものとみなされるという「政治的意味」（政治的代表の意味）にとどまるのであって、国会の行為が法的に国民の行為としての効果をもつという法的な意味ではないとされる（通説）。

そして、国会議員が「全国民を代表する」とは、国民の一部（選挙民、特定の団体など）の利益を代表するものでなく、国民全体の利益を代表するという意味であり、一たび選挙されれば、法的には選挙民、団体などから独立の地位をもち、その指図に拘束されることはない（自由委任・代表委任）、というのが、近代的な国民代表の観念である（しかし、現実には一部の利益代表として行動することが少なくない）。

この「政治的意味」の国民代表の観念は、国民意思と代表者（議員）の意思を遮断し、両者が一致するかどうかを問題としない。これに対し最近では、国民意思と代表者の意思の一致ないし類似という観点が重視されるようになってきた。芦部信喜教授は、「代表」とは、政治的代表の意味に加え、国民意思と代表者（議員）意思との事実上の類似をあらわす「社会学的代表」という意味を含む観念と解すべきだとする見解を示しておられるが、このような見解が妥当であろう。(1)

国会は、選挙において表明される多様な国民の意思をできるだけ忠実かつ公正に反映するように構成されることが要請される。したがって議員の選挙方法もこの趣旨に沿うようなものでなければならない（しかし、具体的にどのような選挙制度が憲法適合的であるか簡単に結論づけることは困難である）。

議員は、選挙民の意思を忠実にくみ上げ、その意思を基礎としつつも、時々の政治情勢に臨機に対応した討論、表決等の行動をとる政治責任があるというのが、憲法の趣旨であろう。

ここで、議会政治における政党（その他の政治団体を含む。以下同じ）の地位に関し、若干ふれることにする。

ドイツ連邦共和国基本法二一条は、政党を憲法上の存在として認め、「政党は、国民の政治的意思の形成に協力する。その設立は自由である」と規定している。わが国の憲法は、結社の自由（憲二一条）により設立が自由であることのほか、政党について特段の規定を設けていないが、政党は国民の政治的意思を国政に反映させ、実現させるためのもっとも有効な媒体であって、「憲法の定める議会制民主主義は政党を無視しては到底その円滑な運用を期待することはできないのであるから、憲法は、政党の存在を当然に予定している」（最大判昭和四五・六・二四）と解される。

しかし、最近、政党の離合集散、党籍変更、議員の汚職等が相次ぎ、また国民の政治的意思（意見）が議会に的確に伝わっていない、あるいは反映していないという意識が多くの国民の間にあることなどから、政党不信、政治不信が増幅しており、政党がこれらの事態の是正に積極的に取り組むことを期待したい。

現代の政党政治の下では、議員は所属政党の方針や党議に事実上拘束され、これに反することは稀であるが、これは国民代表の地位（自由委任）と矛盾するのではないかという問題がある。しかし、前述のように政党は、国民の政治意思を国政に反映させ、実現させるためのもっとも有効な媒体であり、政党が国民全体の利益をめざすものである限り、その党議に拘束されることをもって（議員除名等の強い拘束でない以上）国民代表としての実質を失うものとみるべきでない。

政党に対しては、政党助成法に基づき、議員数等を基準として、交付金による助成が行われている。議会制民主主義における政党の役割の重要性によるものである（交付金は、国民から徴収された税金等を財源とし、国民一人当たり二五〇円、総額三〇〇億円をこえる。その算出根拠はあいまいである）。

この公的助成は、政治資金規制法と相まって、不明朗な政治資金（献金）への依存を断ち、政治腐敗を防止して健全な議会制民主主義の発展をはかろうとするものである。最近の政治状況に照らし、政党助成のあり方や、企業・団体献金の禁止を含む政治資金規制の強化についてさらに検討されるべきではなかろうか。

2 国権の最高機関

憲法は、国会は「国権の最高機関」（憲四一条）であるとしている。このことは、憲法が権力分立制を採用し、立法権は国会に、司法権は裁判所に、行政権は内閣にそれぞれ権力を分属させ、どの権力も強すぎないように相互に抑制、均衡（checks and balances）をはかっていることとの関係で、どのような意味をもつのかが問題となる。

この点について、通説的見解は、「政治的美称説」と呼ばれるものである。すなわち「国権の最高機関」とは、法的な意味ではなく、国会は選挙を通じて主権者たる国民と直結していること、行政や司法は国会の制定した法律によって行われることなどから、国会が多くの国家機関のうちで最も大きな重要性が認められる機関であることを、「最高機関」と政治的に表現したもの（政治的美称）とするのである。その理由は、①国会は主権者でも統治権の総監者でもなく、当然に他の機関に優位するわけではない、②内閣、裁判所を指揮監督する権限をもたない、③他の機関による国会の召集、解散や違憲立法審査などからみて、国会の意思決定は、他の機関から完全に独立した最高のものではない、などである。

この「政治的美称説」に対し、最近では、国会の諸権限とその性質から、「最高機関」に積極的意義を認めようとする「総合調整機能説」と呼ばれる見解が多数説となってきている。それは、①憲法改正の発議権、立法権、条約承認権、予算を含む財政の監督権等を与えられ、国政調査権を有し、内閣に対しては、内閣総理大臣の指名権、内閣不信任決議権、裁判所に対しては裁判官弾劾裁判所設置権、議院の自律権をもつ、などから、国家機関の間の総合調整機能が認められる、②いずれの機関に属するか不明の権限は、国会に属すると推定される、③憲法上国会に与えられている地位や権能の評価・解釈において、国会に重点がおかれており、これを最高機関を表現されたもので、国会の権限行使にあたって規範的意味をもつ、などとするものである（田中正己、酒井吉栄等の諸教授もこのような立場に立つと思われる）。

この「総合調整機能説」的な見解が妥当であろう。

なお、日本国憲法においては、権力分立（分散）の原理、国会の最高機関性および議院内閣制による権力統合（後述二九〇頁）の原理の混在がみられ、三権の間に生ずるさまざまな問題は、これらの混在に淵源する、という佐藤功教授の指摘がある。(2)

③ 唯一の立法機関

「立法」とは、一般的抽象的な内容の法規範を定立する作用（実質的意味の立法）をいう。

憲法は、国会が「国の唯一の立法機関」としているのは、国の立法はすべて国会が行わなければならないことを意味する。したがって国会以外の者は、憲法に特別の定めがあるもの（例、最高裁判所規則）を除いて、右の意味の立法をすることは認められない。

国会が定める実質的意味の立法の内容は、明治憲法の下で支配的な考え方であった「国民の権利義務に関係する法規範」に限らず、広く国家と国民との関係にかかわる一般的・抽象的規範を含むと考えられる。

国会が定める法規範は、法律と呼ばれる（法律を定める作用を、法律という形式に着目して、形式的意味の立法という）。

しかし、国会を唯一の立法機関としながらも、憲法は若干の例外ないし特例を認めている。議院規則（憲五八条二項）、最高裁判所規則（同七七条）、内閣の政令（同七三条六号）、地方公共団体の条例（同九四条）である。内閣の発する政令は、法律を執行するためと、法律の具体的な委任に基づくもののみが許される。行政委員会（後述）が法律に基づき準立法機関として制定する委員会規則は、国会の立法権を侵すものとはいえない。

2 国会の組織

1 両院制

国会は、衆議院と参議院の両議院で構成され（憲四二条）、両議院はいずれも「全国民を代表する選挙された議員で組織」される（同四三条）。

明治憲法下の帝国議会も貴族院と衆議院の二院で構成されたが、公選による衆議院に対し、貴族院は、皇族、華族および勅任の議員で組織される、いわば特権階級の代表機関であった。

両院制は、イギリス、アメリカ、フランスなど多くの国で採用されているが、両院制の長所ないし存在理由として、①議会の専制の防止、②下院と政府との間の対立の緩和、③下院の誤りないし行きすぎの是正、④国民各層の民意の反映などがあげられる。

両院制では、一般に、両院が組織や権能を異にすることが多い。日本国憲法の下でも、衆議院と参議院は、組織の点では議員はいずれも公選によるが、その選出方法や任期を異にし、権能の点では予算、条約の議決などに衆議院に優越性を与えている。

このように両院に組織や権能に差異が設けられているのは、先に述べた両院制の長所を十分発揮させる趣旨によると考えられる。

② 両議院の組織上の差異

① 両議院は、全国民を代表する選挙された議員で組織する（憲四三条一項）。議員定数は、衆議院は、四八〇人、うち三〇〇人が小選挙区選出議員、一八〇人が比例代表選出議員である（従来、議員定数は五〇〇人、うち二〇〇人が比例代表選出議員であったが、平成一二年一月の公職選挙法の改正により、比例代表選出議員を二〇人減じ、上記の定数となり、同年六月の総選挙から実施された）。

参議院は、二五二人で、うち一〇〇人が比例代表選出議員、一五二人が選挙区選出議員である（平成一二年一〇月の同法の改正により、議員定数を一〇人―うち四人が比例代表で、六人が選挙区選出―減じ、同一六年七月二六日以後、議員定数二四二人、うち九六人が比例代表、一四六人が選挙区選出議員となるが、同日前の定数に特例が設けられている)。

② 選挙制度は、衆議院は、一つの選挙区から一人の議員を選出する小選挙区制と、全国を一一ブロックに分けて議員を選出する比例代表制との並立制である。参議院は、都道府県単位の選挙区制と、全国を単位とする比例代表制との並立制である。

③ 被選挙権を有する者の年齢は、衆議院議員満二五歳以上、参議院議員満三〇歳以上である。

④ 議員の任期は、衆議院四年(ただし、衆議院の解散により、任期途中で議員の身分を失うことがある)、参議院六年(三年ごとに半数を改選する)である。

⑤ 衆議院には解散がある(憲七条三号・六九条)。解散とは、衆議院議員の任期中いっせいにその身分を失わせる国家行為をいう。

3 国会の権能

[1] 国会の権能

国会の権能の主なものをあげると、立法権のほか、憲法改正の発議権(憲九六条)、内閣総理大臣の指名権(同六七条)、予算の議決権(同八六条)、弾劾裁判所の設置権(同六四条)、条約承認権(同七三条三号但書)、一般国務・外交関係について報告を受ける権能(同七二条)、財政監督権(後述の財政民主主義)などがある。

②　両議院の権能上の差異――衆議院の優越

国会が権能を行使するには、原則として衆議院と参議院の意思が合致することが必要である。しかし、国政に関する重要事項について両議院の意思が一致しないと、国政のうえで支障をきたすことが起こりうる。このため、国民の意思をより反映しているとみられる衆議院の意思を重視し、一定の場合に、衆議院の意思をもって国会の意思とするなど、衆議院に優越的地位を認めている。①法律案の議決（憲五九条）、②予算の議決（同六〇条）、③条約の承認（同七三条三号但書）、④内閣総理大臣の指名（同六七条）などの場合である。

法律案については、衆議院で可決した後参議院で否決したときは、衆議院が出席議員の三分の二以上で再び可決すれば法律となる（憲五九条二項）。予算、条約および内閣総理大臣の指名については、参議院で衆議院と異なる議決したときまたは参議院が一定期間内に議決しないときは、一定要件の下に、最終的には衆議院の議決が国会の議決となる（同六〇条二項・六一条・六七条二項）、とされる。

なお、衆議院に、内閣不信任または信任の議決権（同六九条）が、また予算先議権（予算は先に衆議院に提出しなければならない。同六〇条一項）が与えられているのも、衆議院の優越性の表われとみてよい。

右にみたように、憲法は衆議院に国民を代表する主要な地位を認め、参議院にはいわば従たる地位しか認めていない。このため参議院は第二院でなく、第二次院であるといわれる。

もっとも、参議院独自の権能もある。衆議院が解散され、国会召集までの間、緊急の必要があるとき（法律、予算の議決など）、国会に代わる権能を行う参議院の緊急集会の制度である（憲五四条二項但書）。緊急集会でとられた措置は、次の国会開会後一〇日以内に衆議院の同意が得られないときは、効力を失う（同条三項）。

近年、参議院はその活動状況から衆議院のカーボンコピーと批判され、また、参議院無用論も生じていたが、最近政党化がすすみ、衆議院同様の議会の構成や衆議院追随の議会運営となるなどの状況が加わって、これらの批判が再燃してきた。行政監視委員会の設置など参議院の独自性をめざす改革も行われているが、なお自主性の確保のため選挙制度の改正を含め、大幅な改善措置が必要であろう（参議院議員の閣僚等の政府要職への就任、党議拘束なども参議院＝参議院議員の自主的活動を制約する要因であろう）。

③　財政民主主義

財政は、国民への課税と租税収入からの支出という国民生活に重大な関係をもつものであるから、近代国家は、財政を国民代表機関である議会のコントロールの下においている。これを財政民主主義または財政の民主化と呼んでいる。この原則が確立してきた背後には、イギリスその他の近代国家における課税への長い抵抗の歴史があったことに留意する必要がある。

日本国憲法は、「国の財政を処理する権限は、国会の議決に基いて、これを行使しなければならない」（憲八三条）と規定して財政民主主義の原則を明らかにするとともに、「新たに租税を課し、または現行の租税を変更するには法律または法律の定める条件によることを必要とする」（同八四条）と規定した。これを租税法律主義という（右の租税には、地方公共団体の賦課する租税も含まれる）。

そのほか、財政に対する国会による統制の主なものをあげると予算の議決（憲八六条）、国費の支出についての議決（同八五条）、決算の審査（同九〇条一項）、財政状況の報告（同九一条）などである。

なお、宗教団体や、公の支配に属しない慈善、教育または博愛の団体への公金の支出は禁じられている

（同八九条）。政教分離の原則を財政面から保障する趣旨と、公費の濫費を防ぎ、また財政援助により慈善事業等の自主性を害することとならないようにする趣旨である。

④ 両議院の権能

両議院は、前に述べた国会の権能とは別に、それぞれ次のような共通の権能をもつ。

(1) 自律権

各議院は、独自に他の院から干渉されることなく、組織・運営等を自主的に決定しうる権能をもつ。この権能には、①議長その他の役員の選任（憲五八条一項）、②議院規則の制定（同条二項）、③議員の懲罰（同条同項）、④議員の資格に関する争訟の裁判（同五五条）、⑤逮捕された議員の釈放の要求（同五〇条）などがある。

(2) 国政調査権

両議院には、その権能を行ううえで必要な資料を収集するため広く国政を調査する権能が与えられている。すなわち、「両議院は、各々国政に関する調査を行い、これに関して、証人の出頭および証言ならびに記録の提出を要求することができる」（同六二条）。これらの要求に応じないときは、法律により処罰されることが定められている（国会一〇四条、議院証言一条・六条・七条など）。

なお、国政調査権の対象となる「国政」には立法、司法、行政のいずれの作用も含まれるが、特に「司法権の独立」との関係で、裁判官の行う個々の裁判内容を批判するような調査や、裁判に影響を及ぼすような調査は、許されないというべきであろう（昭和二四年、いわゆる「浦和事件」の判決に関し、参議院法務委員会が調査し、子を殺して自首した母（浦和充子）に対する量刑が不当であるとの決議を行い、最高裁判所がこれに抗議し、対立したことがある）。

国政調査権の性質を、国会の「国権の最高機関」（憲四一条）としての地位に基づく、国政を統轄するための独立の権能であるとする見解（独立権能説）もあるが、議院のもつ権能を有効に行使するための補助的権能とみるのが通説である。しかし、国会の立法権の範囲は広範な事項に及ぶから、国政調査権の範囲も原則として国政全般にわたる。議院が、立法目的、行政的監督の目的など裁判所と異なる目的で、裁判と並行して調査を行うこと自体は、「司法権の独立」を侵すことにはならない。「補助的」とは「消極的」を意味しない。国会がこの権能を広範かつ積極的に活用すべきことはいうまでもない。

最近、国会の役割、機能として内閣・政府に対する監視、統制が重視され、そのための重要な機能として国政調査権を位置づけようとする見解が有力となっている（参議院の行政監視委員会制度、衆議院の調査局等による予備的調査制度も、この見地から設けられたものであろう）。

孝忠延夫教授は、「国政調査権は、政府に対する議会的統制権である」とし、「議院での討議、議決のあり方に主権者＝国民の統制が及ぶとともに国会・議院の決定が政府と行政によって忠実に執行されているかどうかを監視・批判するシステムの中に国政調査権を位置づけるべきだ」とされる(3)が、同時に、主権者による政治責任追求に資するものとして、佐藤幸治教授の「国政調査権のもつ国民に対する情報提供機能・争点提供機能は軽視されるべきでない」とする指摘にも注目したい(4)。

4　国会の活動

1　会　期

国会が権能を行使するのは、一定の期間に限られる。この期間を会期という。会期には、常会（憲五二条）、臨時会（同五三条）、特別会（同五四条）の三つの種別がある。常会は、毎年一回定期（一月中）に召集される（国会二条）、会期の長さは一五〇日間である（同一〇条）。特別会は、衆議院が解散され総選挙が行われた日から三〇日以内に召集される。臨時会および特別会の会期の長さは、国会の議決で定める（同一一条）。国会の召集は、天皇の国事行為である（憲七条二号）。

2　委員会中心主義

明治憲法下の帝国議会は、議案審議はイギリスのように本会議が中心であったが、日本国憲法下の国会では、アメリカ型の委員会中心主義である。議案は、原則として各常任委員会または特別委員会の審査を経た後、本会議に付される（国会五六条二項）。委員会中心主義は、専門的知識をもつ委員によって審査される点で合理的な制度といえるが、圧力団体などと癒着し、また本会議を形式化する可能性も指摘されている。

③ 国会改革

国会は唯一の立法機関であり、国民を代表する国政の中心的機関である。しかし、現実には、法律案をはじめ政策立案が行政官庁（官僚）主導の下に行われ、国会はこれを承認するにすぎない、など国政の中心が行政府に移っているとの指摘がなされてきた。

議会制度の形骸化を防ぎ、議会制民主主義の復権をはかるための諸改革を進めることが、国政の基本にかかわる重要な課題となって久しい。

平成一一年、「国会審議の活性化及び政治主導の政策決定システムの確立に関する法律」（いわゆる「国会活性化法」）が制定され、国会改革の一転機を迎えることになった。その要点は、①両議院に「国家基本政策委員会」を設置、②国会における「政府委員」制度を廃止、③各省に「副大臣」、「大臣政務官」制を導入、などである（この改革は、後述の行政改革とも関連する）。

①の「国家基本政策委員会」は、各政党の党首が国家の基本政策について議論する場として、平成一二年一月に設置された。イギリス下院本会議のクエスチョンタイム（党首定例討論）をモデルとするもので、各党の党首の討論が定例的に行われる場が国会に設けられたことは評価しうるが、討論の時間が短い、委員会制がなじむかどうかなどの問題がある。

②は、官僚が国会審議に深くかかわり、政策面についても大臣に代わって答弁する「政府委員」の制度を廃止し、政治家・議員同士の政策論議を活発にし、国会審議を活性化しようとするものである。

③の「副大臣」、「大臣政務官」は後述の行政改革に関連して内閣府および各省におかれ、政策、企画等をつかさどり、国会に出席して答弁する。行政機関における政治主導の政策策定、政治家同士の国会論議を意

図したものである。

右の諸改革は、国会審議の活性化のための一ステップとして評価しうるが、その成果いかんは今後の運用によるといってよい。ただし、③の副大臣等の制度の導入については、後述（二八二頁）のような批判的見解もある。

他方、平成九年の行政改革会議の最終報告に基づく歴史的な行政改革を推進するため、翌年の中央省庁等改革基本法に続き、多くの改革関連法（同一三年一月施行）が次々と成立している。これらは、国政における多様な政策課題に対する総合的、戦略的、機動的な政策判断と意思決定の役割を担うのは内閣であり、このため内閣機能を強化するとともに、効率的な行政組織に再編成しようというのが、その主な内容である。

この報告のいうように「この国のかたち」や「二一世紀における国家機能の在り方」を考えるのであれば行政改革は、あるべき国会との関係において捉えられなければならないはずである。しかしこの報告は、国会について「国会のチェック機能の一層の充実が求められ、国会の改革が期待される」と述べるにとどまる。そこでは、政治（統治）の中心を内閣に据え、内閣機能を強化して、戦略的、機動的な政策決定を政治主導（官僚主導でなく）の下に行う強力な政府（行政国家）を形成し、国会をそのチェック（統制）機関とすると構想されているようである。(5)

日本国憲法において、内閣は、その構成とりわけ内閣総理大臣を国民が直接選択したわけではなく、内閣の行う行政権は、国会の制定した法律の執行である。これに対し、国会の有する立法権の内実は重要事項の決定権である（法律案の立案がいずれの機関で行われようとも、その決定権は国会に留保される）。国会は、国民代表機関、国権の最高機関であって、国民主権の原理を重視する視点からも国会が国政の中心的地位にあるべきことに変わりはない。

今次の改革に伴い、内閣・政府内には副大臣・大臣政務官など数十人のほか与党関係者が少なからず任命されて、国会（与党）と内閣との一体化（権力の融合）が進むことになろうが、この副大臣等の制度の導入について、「立法権と行政権の境界を曖昧にして権力分立の原理を脅かし、……行政に対する民主的統制を損なう」という批判がある（右崎正博教授）ほか、「政府・与党をチェックするのは、……（強力な）野党の批判と選挙による政権交代という政治的要素」（山口二郎教授）であるとし、「こうした政治的要素を考慮せずに、安易に（議会と内閣との間の）権力の融合を促進する制度改革のみにもたれかかる」ことの危険（権力の暴走の）性を指摘する論議もなされている(6)（岡田信弘教授、山口二郎教授）。

わが国における政治状況や戦前の歴史への反省のうえからも、「権力の融合」のもつ右のような危険性を否定し得ず、わが国の議院内閣制の運用においては、「国民主権」・「権力の分立」の視点がより重視されるべきではなかろうか。

国会においては、すでに参議院に行政監視委員会が設置され、衆議院にも委員会が行う審査または調査のための調査局等による予備的調査制度が発足するなど、行政監視機能の強化が進められているが、今次の大規模な行政改革が進展するなかで、これに加えて、立法＝政策策定機能の充実強化と、内閣・政府に対する強力なチェック＝コントロール体制の整備をはかることが急務であるといわなければならない。選挙民の政治意識や議員の資質の向上は当然として、将来への高い展望に立った野党議員による立法・政策提示の推進、野党（国会内少数派）の審議権（野党提出の法律案等の審議を含む）の十分な確保等のほか、議会運営のあり方の改善（手続の民主化）もこれに含まれるべきである（国会の内閣・政府・行政に対する監視・統制は、事実上主として野党が担うことになることに注意する必要がある）。また、国会との茶の間（国民）をつなぐテレビ等による国会審議の情報公開の拡充も検討されてよい。

5 国会議員の特権

国会議員は、全国民の代表者として重要な職務を行う者であるから、その自由な活動を確保するため、次の特権が認められている。

1 不逮捕特権

両議院の議員は、法律の定める場合を除いては、国会の会期中逮捕されず、会期前に逮捕された議員は、その議院の要求があれば、会期中釈放しなければならない（憲五〇条）。これが不逮捕特権である。

この制度は、議会制度の発展の過程において、国王が反対派の議員を逮捕して不当に議員としての活動を封じた経験から生まれた歴史的な特権である。

その趣旨は、議員の身体の自由を確保し、政府の権力によって議員が不当に逮捕され、職務の執行が不当に妨げられることがないようにすることである。

不逮捕特権が認められない例外として、「院外における現行犯罪の場合」と「その院の許諾がある場合」の二つの場合が法律で定められている（国会三三条）。前者の場合（現行犯罪）は、犯罪事実が明白で、不当な逮捕のおそれはなく、このような場合にまで不逮捕特権を認める理由がないからである。後者の場合（院の許諾）は、院の許諾によって政府の逮捕権の乱用を防ぐことができるからである。

議院の許諾は、逮捕に正当な理由があると認めるときに与えられる。国会の審議権を確保し、あるいは運営上の必要から逮捕を拒めるかどうかについては議論が分かれているが、逮捕に正当な理由があると認められる場合には、逮捕を拒めないと解するのが妥当であろう。

議院の許諾を求める手続は、まず、裁判官が逮捕令状を発する前に、内閣に要求書を提出し、内閣は、これを受理した後すみやかに、その要求書の写しを添えて、その議院の許諾を求める、という手続をふむ（国会三四条）。

2 免責特権

両議院の議員は、議院で行った演説、討論または表決について院外で責任を問われない（憲五一条）。免責特権である。議員の院内における演説その他の意見を表明する行為の自由を保障する趣旨である。

「演説、討論または表決」に限らず、それ以外の意見の表明とみられる行為にも免責特権は及ぶと解される。国会における乱闘や議事妨害などが問題となるが、暴力行為はこの特権に含まれない。

「責任」は、民事上、刑事上の責任のほか、懲戒（弁護士などの）も含まれる。

院外で責任を問われないとしても、「無礼の言を用い、または他人の私生活にわたる言論」（国会一一九条）などは許されず、院内で責任を問われ、懲罰されることがある（憲五八条二項）。

●注

(1) 芦部信喜『憲法』〔新版補訂版〕(後掲参考文献)二六二頁。
(2) 佐藤功『日本国憲法概説』〔全訂五版〕(後掲参考文献)三六八頁。
(3) 孝忠延夫「国政の最高決定機関および統制機関としての国会」公法研究五九号一五九頁。
(4) 佐藤幸治『憲法』〔第三版〕(後掲参考文献)一九七頁。
(5) 憲法政治の枠組みの理解として最近有力となってきた次のような見解が、この報告の背景にあるように思われる。それは、現代の憲法政治においては、伝統的な「議会が決定し、内閣が執行する」という、「決定(議会)―執行(内閣)」の図式は実態に合わない、「統治(立案・決定・執行)」を内閣が担い、これに対する「統制(コントロール)」を議会が担うという、「統治(内閣)―統制(議会)」の図式だという主張である。これについての論議に言及することはここでは差し控えたい。
(6) 右崎正博「内閣機能の強化と国会」法時七二巻二号一八頁、山口二郎「国会活性化法」法教二三二号一八頁、岡田信弘「議院内閣制の運用」ジュリスト一一七七号七五頁。

●参考文献

芦部信喜『憲法と議会政』東京大学出版会、一九七一年
芦部信喜『憲法』〔新版補訂版〕岩波書店、一九九九年
阿部照哉『憲法』〔改訂〕青林書院、一九九一年
伊藤正己『憲法』〔第三版〕弘文堂、一九九五年
奥平康弘『憲法』弘文堂、一九八一年
清宮四郎『権力分立制の研究』有斐閣、一九五〇年
清宮四郎『憲法I』〔第三版〕有斐閣、一九七九年

佐藤功『日本国憲法概説』〔全訂五版〕学陽書房、一九九六年
佐藤幸治『憲法』〔第三版〕青林書院、一九九五年
野中俊彦ほか『憲法II』〔新版〕有斐閣、一九九七年
樋口陽一『憲法』〔改訂版〕創文社、一九九八年
宮沢俊義『憲法と政治制度』岩波書店、一九六八年

第7章 内閣

1 行政権とは

1 行政権の意義

憲法六五条は、「行政権は内閣に属する」と規定して、立法権が国会に、司法権が裁判所に属するとした他の規定（憲四一条・七六条一項）と相まって、この憲法が三権分立の制度をとることを明らかにしている。

立法とは、一般的・抽象的法規範を定立する国家作用であり、司法とは、具体的な争訟事件に法を適用して、これを解決し、裁定する国家作用であると定義づけることができるが、行政は、営業許可、租税の賦課徴収などのように権力的に行われるものにとどまらず、道路、河川の工事や医療行為のように非権力的に行われるものなど、多種多様な行為様式をとるため、これらを包括的にとらえて、行政を積極的に定義することは容易でない。

「行政とは、法のもとに法の規制を受けながら、現実、具体的に国家目的の積極的実現をめざして行われる全体として統一性をもった継続的な形成的国家活動」（田中二郎博士）など、積極的に定義しようとするさまざまな見解（積極説）がみられるが、このような積極説は、「国家目的」とは何か、「実現」とは何かなどが明らかにされていない、あるいはこの定義は抽象的に過ぎて、多様な分野にわたる行政の特質を十分に表現しているか疑問がある、などの批判がある。

行政ないし行政権とは、すべての国家作用のうち、立法作用と司法作用を除いた残りの作用と解するのが通説である。控除説（または消極説）と呼ばれるものである。

しかし、この控除説は国会の地位・権能とも関連して問題なしとしない。

国民主権の下で国政の中心的機関は主権者を直接代表する国会であり、いずれの機関に属するか不明の権限は国会に属すると推定されるべきであって、控除説を行政権の定義にあてはめるのは妥当ではない。行政権を積極的に定義することを試みるならば、高橋和之教授のように、行政権は、国会の制定する「法律の執行」と定義するのがもっとも憲法の精神に沿い、妥当な考え方ではなかろうか。これにより行政権の行為はすべて法律の根拠を必要とすると解すべきこととなるが、この場合、法律の委任に基づく行政立法や、このような行政立法に基づく行為も、法律に根拠をもつ「法律の執行」といいうるだろう。(1)

ここで、「行政権は内閣に属する」という意味は、行政権の主体が内閣にあることを示したもので、行政権のすべてを内閣という機関がみずから行使しなければならないということではない。多くの行政事務は、行政各部の機関によって行われ、内閣はその全体を統轄し、中心的機関としての地位にあるということができよう。

しかし、内閣から独立して職権を行い、内閣の指揮監督を受けない行政機関があることに注意しなければならない。いわゆる行政委員会である。

② 行政委員会

行政委員会には、行政の中立性確保のためのもの（人事院）、裁判に準ずる作用を行うもの（公正取引委員会）、利害調整の作用を行うもの（労働委員会）などがあるが、いずれも内閣の所轄（上級機関の下部におかれながら上下関係がもっとも薄く、独立性の強い関係を表わす語）の下におかれ、内閣の指揮監督を受けない（国家公務員三条一項、独占禁止二七条二項など）。

行政委員会制度は、アメリカで発達し、第二次世界大戦後わが国に導入されたものであるが、その内閣からの独立した地位が、憲法（六五条・六六条三項など）に違反しないかが問題となる。

行政委員会に独立性を与えられるのは、その行政に要求される中立性、非政治性、専門技術性、その行政の準司法作用的性格など内閣の指揮監督になじまない特質に基づくのであり、また、行政委員会の委員の任命について国会の同意を要する（人事院の人事官については、国会による弾劾の制度もある）から、これによって国会のコントロールを及ぼしうることをも考慮すれば、内閣の監督から独立しているとしても、そのことをもってただちに憲法に違反するとみるべきでない。

2 議院内閣制

わが国の内閣（行政権）と国会（立法権）との関係については、アメリカの大統領と議会との間にみられるような徹底した権力分立制をとらず、イギリスのように、内閣と議会を一応分立させながら協働（collaboration）の関係をもたせる制度をとっている。すなわち、議院内閣制である。議院内閣制とは、内閣が議会の信任を基礎として存立（成立・存続）し、国会に対して責任を負う制度を意味する。

内閣が国会に対し負う責任は、内閣を構成する内閣総理大臣およびすべての国務大臣が一体として負う連帯責任である（憲六六条三項）。

憲法に定められたこの内閣の責任は、厳密な意味の法的責任でなく、政治的な責任であるが、国会は内閣の責任を追及し、場合によっては衆議院での不信任決議によって内閣総辞職または衆議院の解散という憲法上の効果を生じさせることができることに注意しなければならない。

憲法上議院内閣制が具体化されている主な規定をあげると、①内閣の国会に対する連帯責任（憲六六条三項）、②内閣総理大臣は国会議員のなかから国会が指名する（同六七条一項）、③国務大臣の過半数は国会議員であることを要する（同六八条一項但書）、④衆議院による内閣不信任決議（同六九条）などである。

他方、議会の多数派が内閣を組織することにより議会と内閣を一体化する、権力の統合（融合）という機能をもつことに留意する必要がある（この権力の統合が強調されるとき、権力の暴走の危険もなしとしない）。

議院内閣制は、議会が内閣をコントロールすることにより行政の民主化をめざすものであるが、現実には、さまざまな要因から、国会における多数派を基盤とする内閣・政府が国会に優位し、国会としての内閣に対するコントロールがはたらきにくいという政治状況にあるといえよう。

3　内閣の組織

内閣は、首長たる内閣総理大臣と一四人以内、特別に必要がある場合は一七人以内の国務大臣をもって組織される（憲六六条一項、内閣二条一項）。

内閣がその職権を行うのは、閣議による（内閣四条）。閣議は、内閣が連帯責任を負うことから、全員一致が必要であると考えられる。

各大臣は、内閣の構成員であるとともに、主任の大臣として（各省の長として）行政事務を分担管理する（内閣三条、国家行政組織五条）。ただし、行政事務を分担管理しない、いわゆる無任所大臣をおくことも差しつかえない。

平成一一年の行政改革（同一三年一月施行）により、内閣機能の強化がはかられ、内閣が国務を総理する任務を果たし、内閣総理大臣の指導性を十分発揮できるよう補佐機構たる内閣官房の拡大強化と内閣府（横断的企画、調整等を行う）の新設が行われた。また国会改革に関連して、国会活性化法により、国の行政機関における政策決定が政治主導で（従来の官僚主導を脱して）行われるよう、内閣府および各省に総数二二人の副大臣、総数二六人の大臣政務官がおかれることとなった。内閣・政府と国会（与党）との一体化がすすむこととなる（国会改革の項二八〇頁、行政改革の項二九七頁以下参照）。

① 内閣総理大臣等の文民としての資格

内閣総理大臣その他の国務大臣は、文民でなければならないとされる（憲六六条二項）。文民とは、軍人に対する語と考えられる。しかし、陸海空軍その他の戦力をもたないとした憲法九条との関係で、軍隊は存在しないのだからという理由だけで、この規定をまったく意味のないものと解するのは妥当でない。

明治憲法下での軍による政治支配への反省から、かつて職業軍人であった者は文民でないと解されている。さらに、九条は、自衛のための最少限度の実力組織をもつことを禁止していないという解釈を前提として、自衛官の任務の実質から自衛官も文民でないと解されよう。

② 内閣総理大臣の指名

内閣総理大臣は、国会議員のなかから、国会の議決で指名する（憲六七条一項）。国会議員とはいうまでもなく衆議院議員および参議院議員をさす。参議院議員からも指名できないわけではないが、議院内閣制の本質からいって、衆議院の多数派から選任されるのが憲法の要請であろう。内閣総理大臣の指名の議決には、衆議院の議決が優先する（同条二項）。

この「指名」に基づいて、天皇が内閣総理大臣を任命する（憲六条一項）が、この「任命」は、形式的・儀礼的行為であって、内閣総理大臣の選任は、実質的には、国会の「指名」によって決定される。

次に内閣総理大臣の地位について述べる。

3 内閣総理大臣の地位

明治憲法下の内閣総理大臣は、「国務各大臣」（明憲五五条一項）の一人として、他の国務大臣と同格で、等しく天皇によって任命された。内閣総理大臣は、その「同輩者中の首席」にすぎなかった。そして、内閣総理大臣も内閣も、憲法上の制度でなく、個々の国務大臣が独立して天皇を輔弼《ほひつ》することとされていた。

新憲法は、内閣総理大臣を憲法上の制度として定め、内閣の首長（憲法六六条一項）、代表者としての地位を与えた。その憲法上および法律上の権限の主なものを次に掲げる。

(1)　国務大臣の任免（憲六八条）

内閣総理大臣は、国会の指名に基づいて天皇が任命するが、他の国務大臣の任命は内閣総理大臣が行う。その過半数は国会議員でなければならない。内閣総理大臣は任意に国務大臣を罷免できるが、この権能は、内閣統一のための有効な手段となる。国務大臣の任免は天皇が認証する（同七条五号）。

(2)　国務大臣の訴追の同意（憲七五条）

国務大臣は、在任中内閣総理大臣の同意がなければ訴追されない。国務大臣に対して政治的意図などからの不当な訴追（検察官による公訴の提起）が行われることを防ぎ、内閣の一体性を確保しようとする趣旨である。

(3)　国会および行政各部との関係（憲七二条）

内閣を代表して議案を国会に提出する。この議案には、法律案や予算が含まれる（内閣五条）。一般国務および外交関係について国会に報告し、また閣議にかけて決定した方針に基づいて行政各部を指揮監督する。

なお、内閣総理大臣は、「内閣の重要政策に関する基本的な方針その他の案件を発議することができる」旨が内閣法に明記され（内閣四条二項）、またその指導性を十分発揮できるよう補佐機構が整備された。

4 内閣の権能

1 七三条の権能

憲法七三条は、内閣の行う事務を列挙しているが、これは主要なものを列挙したものであり、これ以外に内閣の行う事務がないわけではない（後述）。七三条に掲げる内閣の事務は次のとおりである。

(1) 法律の執行と国務の総理（同条一号）

行政部の本来の機能は、法律の執行である。「法律を誠実に執行すること」を内閣の事務として最初に掲げ、いわゆる「法律による行政」（後述）の原則を明らかにした。「国務を総理する」とは、行政事務を総括処理する意であって、「国務」に立法、司法の作用を含む趣旨ではない。ただし、佐藤幸治教授は、「国務を総理する」とあるのは、内閣は、行政機関を通じて得られる各種の「情報を基礎に総合的な政策ないし政策のあり方に配慮すべき地位にある」ことを示すものだとされる(2)。

(2) 外交関係の処理（同条二号）

(3) 条約の締結。ただし、事前または事後に国会の承認を要する（同条三号）。

ここに条約とは、条約という名称のものに限らず、また、協定、協約、憲章、議定書、交換公文など名称のいかんを問わず、文書による国家間の合意であって、国家間の権利義務を定めるものをいう。

文書による国家間の合意をすべて条約と呼ぶ場合もあるが、ここにいう条約は、国会の承認を必要とすることとの関連上、国家間の権利義務を定めるものに限定して解釈するのが一般の見解である。国際会議などで各国の元首の間で共同宣言がなされることがあるが、普通これは政治的意味をもつもので、国会の承認を要する条約に含まれないと考えられる。

「締結する」とは、条約を成立させ、条約の当事国となるための手続をとることをいう。多国間の条約（ガットなど）に加入することもこれに含まれる。

「事前」または「事後」とは、条約には署名の後批准によって成立するものと、署名のみで成立するものがあるが、それぞれその成立時期の「前」または「後」の意である。

(4) 官吏に関する事務（同条四号）

官吏とは行政部の公務員をさすと考えられる。官吏に関する事務を法律で定める基準に従って行うのであるが、国家公務員法は、ここにいう「法律」である。

(5) 予算の作成および国会への提出（同条五号）

(6) 政令の制定。ただし、政令には特にその法律の委任がなければ、罰則を設けることができない（同条六号）。

この七三条六号の規定は、内閣に政令制定権を与えた規定である。この規定には、「憲法および法律の規定を実施するため」とあるから、政令を制定できるのは、（実施命令）の場合だけのようにみえるが、直接の規定はないが、法律の委任によって、政令（委任命令）を制定することもできると解される。ただし、委任は、具体的に限定された範囲でなされなければならず、包括的な白紙委任は、国会を唯一の立法機関としている憲法の趣旨から、許されない。

また、内閣法一一条に、政令には法律の委任がなければ、「国民の権利を制限し、又は義務を課する事項」

を定めることができないと規定している（国家行政組織一二条三項には各省大臣の発する命令（府令、省令等）についても同様の規定がある）。

しかし、「権利を制限し、又は義務を課する事項」に限ることは、立法権の内容が広く一般的・抽象的規範に及ぶことからみて、狭すぎるとの批判がある。

(7) 恩赦の決定（同条七号）

内閣は、大赦、特赦、減刑、刑の執行の免除および復権を決定することができる。これらを総称して恩赦という。恩赦には天皇の認証が必要である（憲七条六号）。

② 七三条以外の権能

憲法は、内閣に、七三条以外に、①天皇の国事行為に対する助言と承認（憲三条・七条）、②最高裁判所の長たる裁判官（最高裁判所長官）の指名（同六条二項）、最高裁判所のその他の裁判官および下級裁判所の裁判官の任命（同七九条一項・八〇条一項）など特別な権能を与えている。

内閣が衆議院を解散する実質的な決定権をもっていることも重要である（後述）。

③ 「法律による行政」の原理

「法律による行政」の原理は、近代法治国家の生成とともに確立されてきた法原理である。それは、本来二つの側面をもっていた。その一つは、行政権が諮意的に行使され、国民の権利、自由が不当に侵害されることを防ぐため、これを侵害、制限するには、国民の代表機関である国会の制定した法律に基づかなければならないということ(法律の留保)、その二は、行政活動は法律に違反するものであってはならないということ(法律の行政に対する優位)である。

しかし、民主国家においては、行政の作用は国民の意思に従って行われるべきであるから、権利、自由の制限に限らず、行政指導を含め広く行政を行うには、国会の制定する法律の根拠を必要とするという説が有力になっている。

ところで、近年行政の内容は国民生活の万般に及び、その領域が拡大し、専門化、技術化する傾向にある。そして、国会の制定する法律は、政策内容の大綱や行政の抽象的な一般基準を示すにとどまり、その具体的な実施内容は、大幅に行政立法(政・省令等)ないし行政裁量に委任することが多く行われている。

このような行政(権)の拡大は、行政権の優位(=行政国家)の傾向を生む。この傾向は、欧米にも見られ、現代国家に不可避とも考えられるが、他方、「法律による行政」原理の形骸化、法治主義の空洞化ないし退潮にもつながりかねない。

国会の政府に対する監視・統制の重要性は、最近の国会改革および行政改革(後述)を契機としてあらためて見直されてきた。重要な委任立法の統制[3]をも視野に入れた国会のチェック体制の強化が急務であろう。

4 行政改革

平成九年一二月三日の行政改革会議の最終報告に基づき、同一〇年に中央省庁等改革基本法が制定され、以後各種の関連法律(同一三年一月施行)が次々と成立し、大幅な歴史的行政改革が進められている。国政の戦略的な政策判断と機動的な意思決定を可能にするとともに、効率的で簡素な行政システムをつくろうとするものである。

その骨子は、①は内閣機能の強化であり、内閣総理大臣が指導性を発揮できるよう内閣官房等の補佐機構の充実をはかる、②行政目的たる任務を軸に大括りの省編成を行い、省庁は一府二二省庁から一府一二省庁に再編する、③「独立行政法人」制度を創設する、などである（「独立行政法人」とは、国民生活、社会経済上必要な事業・事務で、国が直接実施する必要のないものを国の行政機関から切り離し、法人格を与えて独立させるもの。イギリスのエージェンシー制度にならって設けられた。国立の各研究所、療養機関等は平成一三年四月から移行が予定されているが、国立大学についてはなお論議がある）。

この改革の構想は、政治（統治）の中心を内閣に据え、その機能を強化して強力な政府（行政国家）の形成をはかる、そして国会をそのチェック機関とするというものであろう。

かかる大幅な行政改革は、内閣・政府に対する民主的統制＝コントロールを担うに足りる徹底した国会改革が前提でなければならない。このような国会改革の行方と、国会議席の過半数を占める与党と一体化した強力な内閣・政府＝行政国家の今後に懸念をもちつつ注目したい（国会改革の項参照二八〇頁以下）。

なお「効率的で簡素」と謳われている行政組織の再編について、巨大官庁（例…運輸省、建設省、国土庁および北海道開発庁を統合して一つの国土交通省とする）の問題性も指摘され、規制緩和等による行政組織のいっそうのスリム化も今後の課題であろう。

他方、右の行政改革関連法とは別に、「国会審議の活性化及び政治主導の政策決定システムの確立に関する法律」（国会活性化法）が成立したが、このうち、政策決定システムに係る部分は、「行政機関における政策決定」を官僚主導から政治主導へ転換をはかろうとする趣旨であり、その内容は各省に副大臣、大臣政務官をおき、これらは政策、企画、調整等にあたるというものである。この制度についての批判的見解（国会改革の項参照二八二頁）に留意しつつ、今後の運用に注目したい。

5　内閣の総辞職

内閣の総辞職は、内閣が国会に対して一体として責任を負うという議院内閣制と密接な関連をもつものである。

次の場合には内閣は総辞職をしなければならない。

① 衆議院で内閣の不信任案が議決（または信任案が否決）された場合に、一〇日以内に衆議院が解散されないとき（憲六九条）。

② 内閣総理大臣が欠けたとき（同七〇条）。自発的な辞職もこれに含まれると解されよう。

③ 総選挙後新国会が招集されたとき（同条）。

衆議院の解散により内閣は存立の基礎を失うと考えられる。新国会が招集されると内閣は総辞職をしなければならないが、新たに内閣総理大臣が任命されるまで内閣は引き続き職務を行う（同七一条）。①②の総辞職の場合も同様である。

6　衆議院の解散

衆議院の解散とは、すべての衆議院議員にその任期満了前に、議員の身分を失わせることをいう（憲四五条）。衆議院の解散は、これによって総選挙を行い、国民の意思を問い、その意思を衆議院に反映させることに政治的な意味がある。

憲法上、内閣に解散権があるという明文の規定はない。

六九条には、衆議院により内閣不信任決議（または信任案の否決）がなされた場合に、「一〇日以内に衆議院が解散されない限り、（内閣は）総辞職しなければならない」とされ、この場合に内閣が不信任決議への対抗手段として衆議院の解散を決定しうることが示されている。しかし、この規定は、解散権を直接規定したものではない。

七条三号には、「衆議院を解散すること」を天皇が国事行為として「内閣の助言と承認」によって行うことが規定されている。この規定を根拠に、六九条の場合に限らず、内閣が衆議院を解散する実質的決定権をもつとする解釈が通説となっており、実際の運用上も、そのような慣行が行われている。

なお、解散が六九条の場合に限られるとして、七条三号による解散の無効を主張した苫米地（義三）訴訟がある。二審の東京高裁は、解散は六九条の場合に限られないとしたが、最高裁判所は、衆議院の解散はきわめて政治性の高い国家行為であり、司法審査になじまないとして、いわゆる統治行為論を採用して、判断を示さなかった（最大判昭和三五・六・八）。

なお、解散が行われるのは、民主政治の運営上新たに国民の意思を問う必要があると客観的に判断される十分な理由がある場合でなければならない。内閣の恣意的な判断により、また党利党略により行われるのは、不当である。不当な解散は、選挙において国民の批判を受けることとなろう。

解散は、六九条の場合以外は、衆議院の総選挙後に重要な政治問題（立法の必要など）が生じたり、衆議院で重要案件（予算、重要法律案など）が否決または不成立となった場合などに限られるべきであろう。

●注

（1） 高橋和之「立法・行政・司法の観念の再検討」ジュリスト一一三三号四四頁。

（2） 佐藤幸治『憲法』〔第三版〕（後掲参考文献）二一一頁。

（3） 上村貞美「委任立法と統制」公法研究四七号五四頁参照。

●参考文献

芦部信喜『憲法』〔新版補訂版〕岩波書店、一九九九年
阿部照哉『憲法』〔改訂〕青林書院、一九九一年
伊藤正己『憲法』〔第三版〕弘文堂、一九九五年
清宮四郎『権力分立制の研究』有斐閣、一九五〇年
清宮四郎『憲法1』〔第三版〕有斐閣、一九七九年
佐藤功『日本国憲法概説』〔全訂五版〕学陽書房、一九九六年
佐藤幸治『憲法』〔第三版〕青林書院、一九九五年
野中俊彦ほか『憲法II』〔新版〕有斐閣、一九九七年

樋口陽一『憲法』〔改訂版〕創文社、一九九八年

第8章 裁判所

1 司法権の意義

1 司法権の意義

裁判所は、個人の権利・自由の保障を内実とする「法」を維持し、実現するという任務を担っている。この「法の支配」を実現するための裁判所の役割とはいかなるものなのであろうか。以下にみていくことにしよう。

すでにみてきたように、わが国は三権分立構造をとっている。憲法七六条一項は、「すべて司法権は、最高裁判所及び法律の定めるところにより設置する下級裁判所に属する」と規定し、立法権は国会、行政権は国会に帰属することを定めているのと同様、司法権については、裁判所が他の機関から独立して独占的にこれを担当することを保障している。

では、ここでいう「司法権」とはいかなるものをさしているのであろうか。一般に、司法権とは「具体的な争訟について、法を適用し、宣言することによって、これを解決する国家の作用」であるといわれる。すなわち、司法権の対象を特定の者の具体的な法律関係の争いに限定し、事件当事者双方の主張を聞いたうえで、第三者たる裁判所が、法の客観的に正しい解釈適用を通じて、その事件を公正に解決しようとする作用である。この意味で、司法権は、争訟の提起を待ってはじめて作動する受身的・受動的な存在であり、そこが性質上能動的であるべき立法権・行政権とは異なる。

② 司法権の範囲

司法権の概念を右のようにとらえたとして、次に、その範囲について明らかにしなければならない。

司法権の範囲については、刑事・民事事件だけを司法とみなすドイツ・フランス的な考え方と、行政事件をも含めたものを司法とみなす英米法流の考え方の二つがある。わが国の場合、明治憲法下においては、ドイツ、フランスの例に従い、刑事・民事事件だけを扱う司法裁判所と行政事件だけを扱う行政裁判所という二本立ての裁判システムをとっていた（明憲六一条）。しかし現憲法は、七六条二項において、特別裁判所の設置を禁止し、行政機関による終審裁判を禁止していること、またこれを受けて、裁判所法三条が「一切の法律上の争訟を裁判」すると規定していることから、司法権の範囲は、原則として、すべての法律上の争訟事件に及ぶものとみなす英米型の考えをとっているといえる。しかし、それには以下のような例外（限界）が存在する。

① 憲法の明文による限界　憲法の明文上その限界を規定しているものとしては、五五条により定めら

れている国会の各議院の行う議員の資格訴訟の裁判、六四条の国会における弾劾裁判所による裁判官の弾劾裁判などがある。

② 国際法上の限界　国際法上、治外法権の特権をもつ外交使節は、わが国の司法権の枠の外におかれる。また、特別の条約により裁判権の制限が定められている場合もある。

③ 事件の性質による限界　明文の規定はないが、事件の性質上、裁判所の審査になじまないとされる。

a 他の機関の自主権・自律権に属するもの　たとえば議員の懲罰に関する議院の判断や議院の議事手続については、議院の自主性を尊重し、原則として司法審査が及ばないとされる。

b 他の機関の自由裁量に属するもの　たとえば、国務大臣の罷免など法が一定範囲の行政行為について行政権の自由な裁量に委ねている場合には、裁量権の逸脱や濫用が認められない限り、司法審査は及ばない。同様に、経済政策立法や社会権が問題となった場合には、しばしば「立法政策の問題」という表現によって、自由裁量が立法権についても認められる。

c いわゆる統治行為に属するもの　統治行為とは裁判所による「法的判断は可能であっても、高度の政治性を考慮すると、裁判所の審査から除外される行為」であるといわれる。しかし、統治行為を認めることは、憲法における司法権の独立、違憲審査権などの規定にみられる司法統制の徹底性（法治主義）からいって、争いがある。また、たとえ認めるとしてもその根拠については意見が分かれている。

統治行為を否定する説は、憲法八一条にその根拠をおく。同条が明文で一切の国家行為の合憲性の決定を裁判所に与えているとし、そこから裁判所の職務を原則として無制限にとらえる。したがって、憲法に明文の規定がないのにもかかわらず、高度の政治性を有するということだけで司法権の対象から除外するのは、裁判所の職務違反であり、それ自身憲法違反であると主張する。これに対し、統治行為を認める説は、主として次の二説に分かれる。一つは、内在的制約説であり、もう一つは自制説と呼ばれるものである。内在的制約説は、統治行為は、高度の政治性を有するので、その当否は国民の意志が反映する政治部門である国会や内閣の判断に委ねられるべきで、政治的に無責任な（すなわち国民によって直接選任されたわけではない）裁判所の審査の範囲外にあるとする。自制説は、統治行為に対する司法審査は可能ではあるが、審査により違法であるとした場合に起こりうる結果の混乱を回避するために、裁判所は自制するべきであるとする。

判例は、統治行為を認める立場をとっている。昭和二七年八月二八日の衆議院の抜き打ち解散の効力が争われた苫米地訴訟の最高裁判決（昭和三五・六・八）では、三権分立の原理、当該行為の高度の政治性、裁判所の司法機関としての性格、裁判に必然的に付随する手続上の制約などによる、司法権の憲法上の本質に内在する制約であるとして、この点に関する裁判所の審査権を否定している。また、日米安全保障条約に関し、駐留米軍の存在の違憲性が争われた砂川事件の最高裁判決（昭和三四・一二・一六）では、同条約などの高度の政治性を有する行為については、「一見極めて明白に違憲無効」であると認められない限りは、司法審査の範囲外であるとした。

2　司法権の独立

司法権の独立は、厳正かつ公正な裁判のために不可欠である。わが国においても権力分立に含まれるもっとも重要な原則として確立されている。

司法権独立の原則には、二つの意味がある。一つは、司法権が立法権・行政権から独立していることである（広義の司法の独立）。もう一つは、裁判官が裁判をするにあたって独立して職権を行使することで、裁判官の職権の独立とも呼ばれる。すなわち、それは裁判の公正をはかり、人権保障を確保するうえで、担当裁判官が外部の圧力や干渉を受けずに職権を行使できるという意味での司法権の独立（狭義）である。司法権の実際の担い手は裁判官である。そこで、憲法七六条は三項で、「すべて裁判官は、その良心に従ひ独立してその職権を行ひ、この憲法及び法律にのみ拘束される」と定め、司法権独立の原則を裁判官の独立というかたちで宣言している。ここにいう、裁判官の「良心」とは、裁判官個人の主観的な良心ではなく、客観的良心、すなわち裁判官としての良心であると解されている。また、「独立してその職権を行ひ」とは、他の何ものの指揮・命令をも受けずに、自らの判断に基づいて裁判を行うことである。立法権・行政権はもとより、司法部内の指示・命令もまた排除される。

司法権の独立は、過去において何度かおびやかされた。その侵害は、外部勢力の圧力（大津事件が有名）によるものばかりではなく、司法内部において生ずることもまれではない。たとえば、吹田黙禱事件では、担当裁判長の訴訟指揮に関して、最高裁判所が通達を出して批判し問題となった。また、平賀書簡事件では、担当裁判官に対し、地方裁判所長が私信のなかで裁判のやり方を「助言」するということが行われた。

裁判官の職権の独立は、単に他の指揮・命令に拘束されないというだけではなく、事実上、他の機関から裁判についての重大な影響を受けないという要請をも含んでいる。その意味で、裁判官の自由な判断形成に対して、実際に重要な影響を及ぼす行為は、司法権の独立を侵すものと考えられている。司法権の独立は、実質的に確保されなければならない。したがって、このような政治的圧力、司法内部の圧力に加えて、最近では、新たな事実上の権力であるマス・メディアによる司法権の侵害も考慮されるべきであろう。

3　裁判官の身分保障

司法権の独立を実質的なものとして担保するために、裁判官の身分が保障されていなければならない。裁判官が独立した職権を行使できるようにするために、その身分を十分に保障する必要があるからである。そこで、憲法七八条は、「裁判官は、裁判により、心身の故障のために職務を執ることができないと決定された場合を除いては、公の弾劾によらなければ罷免されない」と定め、裁判官を罷免できる場合を厳しく限定することにより、裁判官の身分を保障し、特別な理由がない限りその身分を失うことがないよう配慮している。

原則として、裁判官は罷免されない。しかし、以下の場合に限り、例外的に罷免されることがある。

① 国会の弾劾裁判所による公の弾劾（憲六四条・七八条）。

② 心身の故障のために職務を執ることができないと決定されたとき（憲七八条、裁四八条）。

③ 最高裁判所の裁判官が国民審査の結果罷免される場合（憲七九条）。

なお、この③の最高裁判所の裁判官に対する国民審査という制度は、わが国独特のものである。それは国民投票という形で、最高裁判所の裁判官に任命された後はじめて行われる衆議院議員の総選挙の際に行われる。選挙民は、裁判官一人一人について罷免か否かの投票し、投票者の過半数以上が罷免に賛成した場合に罷免となる。一人の裁判官について一〇年ごとに行われる。この国民投票は裁判官の解職（リコール）制度とされている。この制度が発足して以来、まだ一人の裁判官も罷免されておらず、近年では制度の是非が問われている。

以上のほか、「職務上の義務に違反し、若しくは職務を怠り、又は品位を辱める行状」のある裁判官は懲戒に服する（裁四九条）と決められている。

裁判官の身分保障で、特に問題となるのは、下級裁判所の裁判官の「再任」の問題である。憲法は下級裁判所の裁判官について「最高裁判所の指名した者の名簿によつて、内閣でこれを任命する。その裁判官は、任期を十年とし、再任されることができる」と規定している（憲八〇条一項）。ここで、裁判官の任期が一〇年とされ「再任されることができる」という趣旨がいかなるものであるかについては争いがある。裁判官は再任される権利を有するという説もある。再任が原則であるとしても、その例外として、裁判官の弾劾事由に該当する場合、心身の故障に基づく職務不能の場合のほか、成績不良など不適格者であることが客観的に明確である場合には、再任は拒否できると解するのが妥当であろう。実際の取扱いでは、任免権者の裁量に委ねられているとされ、問題となった（宮本裁判官任官拒否事件）。

4 裁判の公開

司法権の独立が保障され、その下に裁判が行われたとして、それで公正な裁判が行われているといえるであろうか。もし、弁論や証拠調べが密室の法廷で行われ、審理の内容や経過が明らかにされなかったとしたら、果たしてわれわれは裁判が公正に行われていると信じることができるであろうか。そこで、裁判の公正を担保し、司法に対する国民の信頼を確保するために、審理過程と判決の言渡しとを公開する原則がとられているのである。

憲法八二条一項は、「裁判の対審及び判決は、公開法廷でこれを行ふ」と規定する。いわゆる、一般公開であり、誰でも審理と判決言渡しを自由に傍聴できることを保障するものである。これを受けて民事訴訟法および刑事訴訟法は、その違背を上訴理由とし（民訴三一二条、刑訴三七七条）、さらに訴訟記録の閲覧にまで公開原則を拡大している（民訴九二条、刑訴四七条・五三条）。ただし、審理の場合に限って例外として、「裁判官の全員一致で」「公の秩序又は善良の風俗を害する虞がある」と判断されたときには、公開しないこともできる（憲八二条二項本文）。しかし、「政治犯罪、出版に関する犯罪又はこの憲法第三章で保障する国民の権利が問題となつてゐる事件」については常に公開することが要求されている（同二項但書）。これらの事件の場合、とりわけ公正でない裁判が行われる危険性が高いからである。裁判所の施設などの関係から傍聴できる人数を制限し、あるいは法廷の秩序維持のため入廷を禁じ、退廷を命じたとしても、ただちに公開原則に反することにはならない（裁七一条など）。

ただし、公開原則の保障を受けるのは、民事および刑事の訴訟手続であるとされ、非訟事件や家事審判事件、少年事件は非公開で行われる。

5　裁判所の組織

1　裁判所の種類

憲法の下で司法権を行使する裁判所は、最高裁判所と下級裁判所に大別される。下級裁判所には、高等裁判所、地方裁判所、家庭裁判所、簡易裁判所の四種がある（裁二条）。最高裁判所は、法令などの合憲性の審査権を有する終審裁判所（憲八一条）として、憲法において直接その設置が要求され、その構成や権能についての概要が規定されているが、下級裁判所については、法律に委ねられている。

① 最高裁判所　唯一の終審裁判所で、東京に設置されている。

② 高等裁判所　東京、大阪、名古屋、広島、福岡、仙台、札幌、高松の八カ所に設置されている。原則的に第二審裁判所として、民事・刑事事件を扱う。

③ 地方裁判所　各都道府県庁の所在地に設置されている。原則的に第一審裁判所として、民事・刑事事件を扱う。

④ 家庭裁判所　各都道府県庁の所在地に設置されている。家事審判法で定める家事事件の審判・調停、少年法で定める少年の保護事件などを扱う。

⑤ 簡易裁判所　原則的に警察署の管轄の一つまたは二つを単位として設置されている。少額または軽微な事件を簡易な手続で迅速に処理する裁判所で、訴額が九〇万円をこえない民事事件、法定刑が罰金以下の刑罰にあたる刑事事件などを扱う。

これらの各裁判所間には、上下の階級（審級という）があって、上級審の裁判所は下級審の裁判所の判決を取り消し、変更することができ、その事件について下級審の裁判所は上級審の裁判所の判断に拘束される（裁四条）。しかし、裁判機関としては、それぞれ独立であり、裁判について上級審の裁判所の指導監督を受けるものではない。より上級の裁判所に裁判のやり直しを求めることを「上訴」というが、一回目の上訴を「控訴」、二回目の上訴を「上告」という。わが国の場合、同一の訴訟事件について、三度まで異なる階級の裁判所で繰り返し審判を受けることができ、このような制度は三審制度と呼ばれている。

現行法は、このように司法権を最高裁判所を頂点としたピラミッド型を構成している通常裁判所に統一させている。そして、裁判を受ける権利を、広く実質的に保障するために、戦前の軍法会議のような特別の人間や事件を裁判する特別裁判所の設置や行政機関が終審として裁判を行うことを禁止している（憲七六条二項）。

② 裁判所の構成

最高裁判所は、「その長たる裁判官」である最高裁判所長官一名と、最高裁判所判事一四名で構成される（憲七九条一項、裁三九条）。長官は、内閣の指名に基づいて天皇が任命し（憲六条二項）し、判事は、内閣が任命し天皇が認証する（憲七九条一項、裁三九条）。審理および裁判は、一五名全員で構成する大法廷と、五名の裁判官の合議体である小法廷のいずれかで行われる。

最高裁判所の下にある高等裁判所、地方裁判所、家庭裁判所、簡易裁判所の各下級裁判所は、最高裁判所の指名した者の名簿によって、内閣が任命した裁判官により構成される（憲八〇条一項）。その任期は一〇年と定められているが（同条一項）、原則として再任される。なお、いったん任命された最高裁判所の裁判官を罷免すべきか否かについて、国民投票によって審査される（憲七九条）。これは、司法の最高機関を構成する裁判官について、国民の信任を問うことにより、国民の司法への参加をうながすとともに、国民主権に基づく司法の民主的基礎を明確にしようとするものである。しかしながら、この制度自体の方法上の問題点や現実にはほとんど機能していないとの指摘もあり、検討を要するといえよう。

下級裁判所のなかで最上位の裁判所（裁二条・一五条以下）である高等裁判所は、高等裁判所長官と相応の員数の判事で構成されており、総員は約二八〇名である。高等裁判所における審理は、主として上訴審としてのものであるから、常に合議体（原則として三名であるが、例外的に五名の場合がある）による（裁一八条）。

地方裁判所は、原則的に第一審の裁判所である（裁二三条以下）。地方裁判所の裁判官は、判事および判事補から構成されており、約九一〇名の判事と約四八〇名の判事補が裁判に携わっている。地方裁判所は、最高裁判所や高等裁判所とは異なり、原則として単独体（一人の裁判官が事件を処理する）を採用しており、合議体で裁判を行うのは例外とされている（裁二六条）。

家庭裁判所は、地方裁判所と同列の下級裁判所である。裁判官も地方裁判所と同様、判事と判事補から構成されており、約二〇〇人の判事と約一五〇人の判事補がいる。特に、家庭裁判所調査官（補）がおかれているほか、民間から選任される家事審判の参与員および家事調停の家事調停委員がいる点に特徴がある。原則として単独体である。

簡易裁判所は裁判官として簡易裁判所判事のほか、民事調停委員および司法委員が配属されている。簡易裁判所判事は、法律の素養があれば、必ずしも専門の法曹であることを必要とせず、特別の選考、任命が認められている（裁四四条・四五条）点で、通常の裁判官とは異なる。簡易裁判所は常に単独体である。また、他の裁判所にくらべ、手続も簡易化されている。簡易裁判所のもつこのような特徴は、市民に親しまれる裁判所として簡易迅速に処理することを目的としていることに由来するものである。

③ 最高裁判所の権限

最高裁判所は、憲法によって司法権を包括的に帰属させられることが定められた、司法制度の根幹をなす機関である。すなわち、憲法七六条一項は、「すべて司法権は、最高裁判所及び法律の定めるところにより設置する下級裁判所に属する」と規定し、最高裁判所に対して、最終審・最上級の裁判所としての地位を与えている。

最高裁判所は、法律上の訴訟であるならば、事件の種類を問わず審理・裁判するが、裁判の不服申立てについて三審制を採用している関係上、上告事件および訴訟法に特に定める抗告事件について裁判権をもち、これらについて裁判を行う（裁七条）。上告理由は、民事事件については、憲法違反または判決に影響を及ぼすことが明らかな法令違反に限定されており（民訴三一二条）、刑事事件については、憲法違反または判例違反に限られている（刑訴四〇五条）。審理は、通常書面審理により行われる。上告理由のないことが明らかな場合には、口頭弁論を行わずに上告を棄却するが（民訴三一九条、刑訴四〇八条）、そうでない場合には、口頭弁論を開き、当事者に意見を述べる機会を与えた後に判決を言い渡すことになっている。

最高裁判所には、このような上告などの一般裁判権はもとより、違憲審査権（憲八一条）、最高裁判所の規則制定権（憲七七条）、下級裁判所の裁判官指名権（憲八〇条）、司法行政監督権（裁八〇条）などといった、司法権の独立を支えるための諸権限が与えられている。

6　違憲審査権

1　違憲審査権の意義

違憲審査権とは、国家機関の行為が憲法に適合するか否かを判断する権限をいう。日本国憲法は、その八一条において「最高裁判所は、一切の法律、命令、規則又は処分が憲法に適合するかしないかを決定する権限を有する終審裁判所である」と定め、裁判所に違憲審査権を認めている。そもそも、この八一条の規定する違憲審査権は、アメリカ合衆国において、一八〇三年のマーベリ対マディソン事件以来確立されてきた判例法に由来する最高裁判所は、警察予備隊違憲訴訟において、「米国憲法の解釈として樹立せられた違憲審査権を、明文をもって規定した」と判示している（最大判昭和二三・七・八）。

この違憲審査権は、主として以下に述べる三つの根拠に支えられている。

第一は、憲法の最高法規性の観念である。憲法は、国の最高法規であって、それに反する法律・命令その他の国家行為は違憲・無効であるが、そのことは国家行為の合憲性を審査・決定する機関があってはじめて、現実に確保される。第二は、憲法の下に三権が平等に併存すると考えるアメリカ的な権力分立の思想に基づく。それによれば、立法・行政の違憲的な行為を司法が統制し、権力相互の抑制を確保するために、違憲審査制が要請される。第三に、基本的人権尊重の原理である。基本的人権の確立は、近代憲法の目的であり、憲法の最高法規性の基礎と位置づけられる価値である。その基本的人権が立法・行政によって侵害される場合に、それを救済する「憲法の番人」として、裁判所に違憲審査制が認められるのである。

②　違憲審査制の類型

いかなる機関が、違憲審査を行うかはさまざまである。フランス憲法のように、違憲審査を行う独立の政治機関を設ける方式もあるが、もっとも一般的なのは、裁判所にその権限を与える方式である。

裁判所による違憲審査制にも、次の二つの方式がある。一つが、抽象的違憲審査制と呼ばれるものである。これは、特別に設けられた憲法裁判所が、具体的な訴訟事件と関係なく、抽象的に、法令そのものが違憲か否かの審査を行う方式で、主にヨーロッパ諸国（ドイツ、イタリア、オーストリア）で採用されている。もう一つのものが、付随的違憲審査制と呼ばれるものである。これは、通常の裁判所が、具体的な訴訟事件を裁判する際に、その前提として、その事件で問題とされた法律や行政機関の処分が合憲か否かを審査を行う方式であり、アメリカはその典型である。

わが国の制度がいずれに属するか。最高裁判所は司法裁判所であり（七六条一項）、違憲審査権を定めた八一条も「司法」（第六章）のなかに位置づけられている。他に特段の規定のない以上、これは違憲審査が司法権行使の枠内で行われることを予定したものといえるであろう。抽象的違憲審査権は、立法・行政・司法の三権に優位する強力な権限であるから、これを認めるためには、憲法上、違憲審査の提訴権者、裁判手続、判決の効力等に関する根本規定が必要であるが、そのような規定は存在しない。以上のことから、わが国の憲法は、付随的違憲審査を定めたものと解すべきであろう。

判例も同様な立場をとっている。最高裁判所は、憲法八一条の解釈に関連して争われた警察予備隊違憲訴訟（最大判昭和二七・一〇・八）において、「特定の者の具体的な法律関係につき紛争の存する場合においてのみ裁判所にその判断を求めることができる」と判示し、八一条は付随的審査制を定めたものであることを明らかにしている。

③ 違憲審査制の主体と対象

憲法八一条の規定をみると、違憲審査権は最高裁判所のみに与えられているように思われる。しかし、下級裁判所も事件を解決するのに必要不可欠な場合には、司法権の行使に付随して、当然に違憲審査権を行使できる。

この違憲審査の対象となるのは、「一切の法律、命令、規則又は処分」である。そこで、条約が列挙から除かれているため、条約には裁判所の審査が及ばないのかといった問題が生じることになる。しかし、条約は国際法ではあるが、国内においては国内法として通用するのであるから、その国内法としての側面については、違憲審査の対象となると解するべきであり、裁判所が最高法規たる憲法の番人である以上、このように解するのが妥当と思われる。

④ 違憲判決の効力

裁判所が、ある事件である法律を違憲無効と判示した場合に、違憲とされた法律の効力はどうなるのであろうか。学説には、①客観的に無効となるとする一般的効力説と、②当該事件に限って適用が排除されるとする個別的効力説とがある。付随的審査制の下では、当該事件の解決に必要な範囲内で審査が行われるのであるから、違憲判決の効力も当該事件に限って及ぶべきであるし、そもそも当該法律を改廃する役割は立法府にのみ認められるはずである。したがって、個別的効力説が妥当である。

もっとも、他の国家機関は、最高裁判所による違憲判決を十分に尊重することが要求される。したがって、国会は違憲とされた法律を速やかに改廃し、政府はその執行を控え、検察はその法律に基づく起訴を行わない、といった措置をとることを憲法は期待しているといってよいであろう。

●参考文献

石川明編『はじめて学ぶ法学』〔三訂版〕三嶺書房、一九九七年
兼子一・竹下守夫補訂『訴訟のはなし』〔第三版〕有信堂高文社、一九九二年
小島武司編『現代裁判法』三嶺書房、一九九〇年
小島武司編『裁判キーワード』〔新版〕有斐閣、二〇〇〇年
田宮裕『日本の裁判』〔第二版〕弘文堂、一九九五年
寺澤一編『法学の基礎』青林書院、一九九〇年

第9章

地方自治

1 地方自治の意義

①現代の国家と地方自治――「地方分権」の推進

現代の地方自治は、中世ヨーロッパにおいて発達した都市自治（たとえば、イタリアやドイツで発達した中世都市などにみられた自治）にその原型を見出すことができる。これらの都市の独立性は、単一で不可分な主権をもつと主張する近代国民国家が登場した段階で、当然否定されることとなるが、近代国家による中央集権化が進むなかで、国によって違いはあるものの中世ヨーロッパ的な地方自治の伝統と精神は維持され、現代の地方自治制度の基礎を形づくったのである。しかし、それはいうまでもなく近代国家のもつ主権の下で、国家によって認められた地方自治制度のなかでの出来事であったことに注意をしなければならない。

このような歴史をもつ地方自治の制度は、地方の固有の文化を保存し、中央政府による権力の濫用から住民を守るものとして、そしてまた「民主政治の最良の学校」（ブライス）として評価されてきた。

さらに第二次世界大戦後の現代において、地方自治は「積極国家」の考え方に基づいて国家の役割が著しく増大するなかで、権力の分散・抑制のシステムの一つとして位置づけられている。と同時に、政治および社会的価値についての意識が多様化する現代では、議会による代表にも一定の限界があることから、地方自治には議会制度を補う役割も期待されている。こうした現代の国家における地方自治の重要性から、明治憲法が何らの規定もおかなかった地方自治について、日本国憲法は一つの章（第八章）を設けているのである。[1]

近年わが国でも、「東京への一極集中」がもたらした弊害に対する対応策とも関連して、国家と自治体との間における権限配分のあり方が見直されるなかで、「地方分権」の重要性が指摘され、その推進は、現在わが国の行政改革の大きなテーマの一つとなっている。平成七（一九九五）年の地方分権推進法により設けられた地方分権推進委員会が今回の改革を「明治維新、戦後改革に次ぐ第三の改革」と表現したように、同委員会の四次にわたる勧告の成果である平成一一（一九九九）年の地方自治法の大改正は、わが国の地方自治制度をまさしく一新させるものであった。すなわち、従来、国と地方公共団体の関係は、上下関係ともいうべき実態であったのに対して、今回の大改正は、機関委任事務の廃止をはじめとして、国と地方公共団体の関係を対等独立のものに再構成することを目的とするものであった。しかもこうした「地方分権」の推進は、単にわが国の特殊な事情に基づく現象ではなく、いま述べた現代の国家における地方自治のあり方という普遍的な問題ともつながっているのである。

②「地方自治の本旨」

憲法第八章は、四カ条から構成されているが、九二条はその冒頭にあって地方自治に関する一般原則を定めている。すなわち同条は、「地方公共団体の組織及び運営に関する事項は、地方自治の本旨に基いて、法律でこれを定める」と規定する。

この「地方自治の本旨」には、団体自治と住民自治の二つの要素が含まれている。団体自治とは、地方の事務が国から独立した自治的な団体によって行われるべきであるという自由主義的な要素であり、住民自治とは、そうした団体がそれを構成する住民の意思に基づいて運営されるべきであるという民主主義的な要素である。このことから、地方公共団体自体を廃止したり、知事や市町村長などの地方公共団体の長を内閣が任命することなどは、「地方自治の本旨」に反し、許されないことになる。

2　地方公共団体とその組織

①　地方公共団体の意義

憲法は、「地方公共団体」の意義や種類について何も明らかにしていないが、地方自治法は、地方公共団体を「普通地方公共団体」と「特別地方公共団体」とに分けて、前者として都道府県と市町村を、後者として特別区（都の区のこと）、地方公共団体の組合、財産区そして地方開発事業団をあげている（地方自治一条の三）。

この点だけからすると、憲法はどんな団体を「地方公共団体」とするのかについて、すべて法律に委ねているようにもみえるが、一般には、一定の実質を備えた地域団体が憲法の予定する「地方公共団体」であると考えられている。具体的には、地方自治法のいう「普通地方公共団体」、すなわち都道府県と市町村が憲法上の「地方公共団体」であることについては、ほぼ争いがない。

これに関して、昭和二七（一九五二）年の地方自治法の改正により東京都の特別区の長の直接選挙制を廃止したことの合憲性が争われた事件で、最高裁は、憲法九三条二項の「地方公共団体」といえるためには、事実上住民が経済的、文化的な共同体意識をもっているという社会的基盤があることと、沿革と現実の行政において地方自治の基本的権能、すなわち立法・行政・財政などに関する自主的権能を相当程度もった地域団体であることが必要であるとし、特別区はこれにあたらないとした（最大判昭和三八・三・二七）。(2)

２ 地方公共団体の組織

(1) 地方公共団体の議会と長

地方公共団体には、議事機関としての議会が設置され（憲九三条一項）、憲法は議会の議員のみならず、長についても住民による直接選挙を保障している（二項）。

議会は国の場合と異なり、「立法機関」とされず「議事機関」とされている。これは、地方公共団体の議会は、当然条例を制定するという自主立法権を行使する機関であるが、それのみではなく住民の代表機関として広く地方自治体の行う各種の行政について審議し、議決を行う機関であることを意味するからである。

また、議院内閣制をとる国の場合と異なり、執行機関の長も住民から直接選ばれるアメリカ的な首長制（大統領制）をとり、議会と執行機関を相互に独立で対等な関係においている。しかし同時に、地方自治法は長に条例案を含む広い議案提出権を認め（地方自治一四九条一号）、また議会が長の不信任を議決した場合には長に議会の解散権を認める（一七八条一項）など、アメリカ的な首長制とは異質な要素もとり入れており、長と議会との協働関係にも一定の配慮をしていることがうかがわれる。

議会の議員と長の選挙権は、日本国民たる満二〇歳以上の者でその市町村または都道府県に三カ月以上引き続いて住所をもつ者に認められる（公選九条、地方自治一一条・一八条）。しかし近年、地方自治体レベルの選挙権については、住民としてその自治体において国民と同様に共同生活を営んでいる、永住資格をもつ定住外国人にも認めるべきではないかという考え方が有力となってきており、これらの要件のうち国籍要件については、再検討の必要があろう（第5章1参照）。

(2) 地方自治における直接民主制

憲法九三条二項は、「法律の定めるその他の吏員」についても住民による直接選挙を保障している。この例として、憲法制定当初は、教育委員会の委員について住民の直接選挙が行われていたが、昭和三一（一九五六）年にこの制度は廃止され、地方公共団体の長が議会の同意を得て任命する制度となっている。

長についての直接選挙と合わせて、憲法は住民自治の観点から、国の場合とくらべて地方公共団体について、より多く直接民主制的な制度をとり入れようとしていることが理解される。このことは、特定の地方公共団体のみに適用される特別法（いわゆる地方特別法）の制定について、憲法がその自治体の住民の直接投票における過半数の賛成を要件としていることにも表われている（憲九五条）。これは、法律は両議院の可決のみによって成立するという原則（国会単独立法の原則。五九条一項）の憲法自体が認める例外である。

地方特別法について、こうした特別な手続きが設けられた理由としては、特定の地方公共団体やその住民に対してのみ、不平等な形で不利益が課されることを防止することにあると考えられている。この地方特別法の例としては、広島平和都市建設法、旧軍港市転換法などがあげられる。

地方自治法のレベルでも、いくつかの直接民主制的な制度が採用されている。議会についての解散請求の制度（地方自治一三条一項・七六条以下）、議会の議員、長、および副知事、出納長などのその他の役員についての解職請求の制度（一三条二項・八〇条以下）、そして条例の制定・改廃と事務監査の直接請求の制度（一二条・七四条以下）がそれであり、さらに町村については、議会の代わりに「選挙権を有する者の総会」（＝町村総会）を設けることができるとしている（九四条）。

3 地方公共団体の権能

1 地方公共団体の権能

憲法九四条は、「地方公共団体は、その財産を管理し、事務を処理し、及び行政を執行する権能を有し、法律の範囲内で条例を制定することができる」と規定する。これは、地方公共団体の権能を定めた規定であるが、団体自治の考え方を具体化するものであり、この四つの権能は憲法上の地方公共団体に不可欠な固有の権能であると考えられる。

「財産の管理」とは、財産の取得、維持、利用、処分を意味する。「事務の処理」と「行政の執行」との区別は必ずしも明らかではないが、課税権や警察権の執行など権力作用というべきものが「行政の執行」であり、地方公共団体に属するその他の一切の非権力的な事務を行うことが「事務の処理」であるといわれている。

先に述べた平成一一（一九九九）年の改正地方自治法は、主として地方公共団体の権能に関して大幅な変更をもたらした。この点を次に少し詳しくみてみよう。

(1)「機関委任事務」の廃止と「法定受託事務」の創設

これまで、地方公共団体が処理する広い意味の事務は、大きく「自治事務」と「機関委任事務」とに分けられてきた。「自治事務」とは、従来の固有事務、団体委任事務、行政事務の三者を総称する概念として、地方公共団体が自らの創意と責任において行うものとされている事務をいうのに対し、「機関委任事務」とは、地方公共団体の長などの機関に委任された国の事務をいい、この事務について、委任された機関は国などの下級行政機関としてその指揮監督を受けるものとされていた。したがって地方公共団体の長は、住民から直接選挙された自治体の代表者であるにもかかわらず、機関委任事務に関する限りでは、国の大臣の指揮命令を受けるという二重人格的な性格を帯びることになる。しかも、この機関委任事務は、地方公共団体の事務のかなり大きな部分を占めており、さらに性質上、自治事務と区別できないものが多いことから、憲法が予定する本来の地方自治を実現するという観点から抜本的な見直しが強く求められていた。

改正地方自治法は、この機関委任事務を廃止して、従来の機関委任事務のうち約六割を自治事務（地方自治二条八項）とし、残りを新しい類型である「法定受託事務」（二条九項・一〇項）とする制度改革を行った。この法定受託事務は、国の事務ではなく、法律に基づく地方公共団体の事務である点で、これまでの機関委任事務と異なるものといえる。したがって、法定受託事務の執行に対する国の関与も、法律を根拠とする必要最小限のもので、自治体の自主性や自立性を尊重してなされるべきものとされる（二四五条の一・二四五条の三の一項)。また、法定受託事務に関しては、かつての機関委任事務とは違って、地方議会が条例を制定することも可能である(たとえば、産業廃棄物処理施設許可など)。

(2) 国と地方公共団体の役割分担

改正地方自治法は、国と自治体の役割分担についても、これをはじめて明確に定め(地方自治一条の二)、そこから生ずる立法原則、法令の解釈や運用に関する原則を明文で示した(二条一一項・一二項)。また、国の「関与」に関する基本原則が定められ、自治事務および法定受託事務の分類に対応した「関与」の類型とその手続きが法定化された(二四五条以下)。

これらの制度改革によって、少なくとも法的には自治体は国と対等な関係に立ち、自治体ごとに独自の施策を地域住民のニーズに応えて展開できる法的な基礎を手に入れたと考えられるのである。

2 条例の制定

すでに述べたように、地方公共団体は「法律の範囲内で条例を制定することができる」(憲九四条)。この条例制定権が、地方公共団体に認められている権能のなかでもっとも重要なものであるといわれる。ここにいう「条例」とは、広く地方公共団体の自主立法権に基づいて制定される自主法(広義の条例)をいうものであり、これには、その中心となる議会の制定する条例(狭義の条例。地方自治九六条一項一号)のほか、長の制定する「規則」(一五条)と長以外の機関の制定する「規則その他の規程」(一三八条の四の二項)が含まれる。

「法律の範囲内」とは、①条例の所管事項が法律によって定められ、②その所管事項についても法律に違反してはならないという二つのことを意味する。

第一の所管事項について、改正地方自治法は先に述べた自治事務および法定受託事務に関して狭義の条例を制定できると定める（一四条一項）。したがって、自治事務および法定受託事務に属する事項であれば、条例は法律と同様に、たとえば公安条例により住民の表現の自由などの基本的人権に一定の制限を加えることもできる（規制内容が憲法に適合するものでなければならないことは、いうまでもない）。

ここで問題となるのが、憲法が「法律」に留保している事項、すなわち財産権（憲二九条）、租税（八四条）および罰則（三一条）について、条例による規制が可能かどうかという点である。財産権と租税については、一般に、その地方公共団体の自治事務および法定受託事務の範囲内という前提の下で、条例が住民の代表機関である議会のつくる民主的立法であることを理由として、認められてきている[3]。

罰則を条例で定めることについては、三一条の罪刑法定主義との関係が問題となる。これについても、一般には、財産権や租税の場合と同様の理由から積極的に考えられている。したがってこの限りにおいて、三一条の「法律」は狭義の条例を含むこととなる。地方自治法は、条例により、その条例違反の者に対して、二年以下の懲役若しくは禁錮、百万円以下の罰金等の刑を科することができるとしている（地方自治一四条三項）が、この規定はそうした地方公共団体の権限を確認したものと理解される。

第二の法律に違反してはならないという条件に関しては、公害規制との関係で、すでに法律による規制がある事項について条例でより厳しい規制をすること（＝上乗せ条例）や法律の規制対象外のものへ規制を拡大すること（＝横出し条例）が問題となってきた。学説の多くは、法律の趣旨からして、それが全国を通じて確保すべき最小限の規制を定めているにすぎず、異なった規制を条例で定めることを排除していると考えられない限り、地方の実情に応じて、別段の規制を行うことは適法であるとしている[4]（たとえば、大気汚染防止法四条、騒音規制法四条二項などはこのことを明文で認めている)。

すでにふれたように改正自治法は、地方公共団体に独自の法令解釈権を認めており、ここでの問題である「法律の範囲内」か否かの解釈についても、理論的には国と地方公共団体の解釈権は対等なものとされた。したがって、両者の間の法的紛争を審判するために新設された第三者機関である「国地方係争処理委員会」(地方自治二五〇条の七以下)に対して、より説得的な解釈を提出できれば、これまで以上に自治体の条例制定権の範囲は拡大することになろう(たとえば、都市計画法二九条の開発許可について、地域環境を管理する観点から条例で独自の基準を設けることなど)。

●注

(1) なお、現行憲法における地方自治の性格をどのように理解するかについては、従来二つの学説が対立してきた。すなわち、個人にとっての人権と同じように地方公共団体に固有の権能と考える学説(①固有権説)と、本来すべての統治権限は国に属しており、地方公共団体の権能も国が政策上必要なものとして承認した権能にすぎない。したがって国は立法政策によってその内容を自由に定めることができるとする学説(②伝来説ないし承認説)の対立である。

先にみたように、地方自治の沿革を考えると①説が強調する要素も重要であるが、近代憲法の正当な流れを汲む現行憲法の解釈としては地方公共団体の権能も、国の統治権に由来すると考えざるをえない。しかし一般には、憲法は立憲民主主義の観点から歴史的・理念的に形成されてきた地方自治を国家の制度として保障したのであり、②説がいうように国会が立法政策の問題としてその内容をまったく自由に定めること、すなわち地方自治制度の本質的内容(具体的には次に述べる「地方自治の本旨」の内容をなす団体自治と住民自治)を侵害するような法律をつくることはできないと考えられている(③制度的保障説)。

（2）昭和四九（一九七四）年の再改正で区長の直接選挙制は復活しており、またこの復活を求める運動のなかで、住民の選挙で選ばれた候補者を議会が選任するという準公選制がいくつかの区で行われたことなどから、住民の意識の点では特別区も地方公共団体としての実質を備えてきているという指摘もある。

（3）租税については、地方税法が、地方公共団体は条例で地方税の内容を定めねばならないとしており（地方税三条一項）、八四条の「法律の定める条件」としての条例であるという説明も当然可能である。

（4）こうした考え方を支持する判決として徳島市公安条例事件判決（最大判昭和五〇・九・一〇）参照。

●参考文献

阿部照哉ほか『地方自治体系（第一巻・第二巻）』嵯峨野書院、一九八九年・一九九三年

兼子仁『新地方自治法』岩波書店、一九九九年

佐藤幸治『憲法』〔第三版〕青林書院、一九九五年

樋口陽一『憲法』〔改訂版〕創文社、一九九八年

第10章 憲法改正

1 改正の意味

国の基本法である憲法には、高度の安定性が求められる。そこで、社会の諸条件の多少の変化にも十分に適応できるように、憲法の規定は一般的で抽象度が高い。しかし、憲法は制定時の歴史的諸条件の制約を受けている。そのため、時の経過とともに、憲法の規定が社会の変化に対応しきれない場合も生じうる。そのような場合、憲法の規定を現実の要求に応じて修正する必要が生じる。大多数の憲法には憲法改正の手続が規定されている。

憲法の改正とは、憲法の一部または全部を、その基本原理を維持しつつ、所定の手続に従って意識的な修正を加えることである。したがって、憲法の改正は、憲法の変遷とは異なる。憲法の変遷とは、明示的・手続的方法を経ずに解釈・運用によって憲法的内容が変化することである。

ここで注意すべき点は、憲法の制定と憲法の改正との違いである。憲法の制定とは、国の全法秩序の基礎の新たな定立である。それは実定法を超越した創造行為である。すなわち、憲法制定権力は、法的秩序の存在しない状態から基本法を創造するものである。これに対して、憲法改正は、憲法の存在が前提となっている。したがって、憲法改正権は、憲法制定権とそれに基づく基本法秩序の下位におかれる法的な力である。このように考えると、憲法改正の範囲には限界があることがわかる。つまり、憲法の基本的原則を否定することは、法的には不可能となる。

2　日本国憲法における改正手続とその限界

日本国憲法は、その九六条に憲法改正に関する規定を設けている。九六条は、「この憲法の改正は、各議院の総議員の三分の二以上の賛成で、国会が、これを発議し、国民に提案してその承認を経なければならない。この承認には、特別の国民投票又は国会の定める選挙の際行はれる投票において、その過半数の賛成を必要とする」と定めている。

国会での「発議」とは、国民投票に付すべき憲法改正案を決定することをさす。この発議をするには、改正案の原案の提出（発案）がなければならない。各議院の議員が発案権を有する点はいうまでもない。内閣に発案権があるか否かは、学説上一致をみないが、多数説は内閣の発案権を認めている。

憲法改正案の審議に関しては、憲法や国会法に特別の規定がないので、法律案の場合に準じて審議できるものと解される。

国会の発議については、各議院において、それぞれ総議員の三分の二以上の賛成を必要とする。この点では、「総議員」が法定議員数をさすのか、現在議員数をさすのか二説に分かれている。法定議員数を総議員数とすると、欠員数が反対の投票をしたのと同じ扱いをすることになるという理由などから、現在議員数を総議員数とする説が多数説である。なお、両議院で三分の二以上の賛成で発議が成立する。したがって、議決のほかに、国民に対する提案という特別な行為は必要とされない。

憲法改正は、国会の発議を受けて国民の承認を経なければならない。これは、国民が憲法改正の最終的な決定者であることを示し、国民主権の原理に基づくものである。この国民の承認は、直接民主制の一方式である国民投票によって行われる。国民投票には、「特別の国民投票」と「国会の定める選挙の際行なわれる投票」の二つの場合が認められている。いずれの投票によるかは、法律または発議の際の国会の議決によって決められると解される。承認の要件である「その過半数」に関しては、有権者の総数なのか、有効投票数なのか明らかではない。通説は、選挙の場合に準じて、有効投票数の過半数と解する。そして、国民の承認は、投票の結果が確定したときに発効する。そして、国民の承認が得られた場合、天皇は、国民の名で、ただちにこれを公布する（憲九六条二項）。

前述したように、憲法改正には限界があり、その範囲は憲法の基本的原則には及ばないとされる。しかし、その範囲を明確に確定することは困難である。したがって、憲法改正の範囲内であるか否かに関して著しい見解の相違がみられる領域が多い。しかしながら、多数説の認めるところでは、国民主権の原則は改正の対象とならない。それは、国民主権が、日本国憲法の基本体制を基礎づける原則であり、憲法前文において「人類普遍の原理」と明示されているからである。さらに、平和主義および基本的人権の保障も、原則として、改正の対象とならないと解するものが多い。また、憲法九六条の憲法改正国民投票制は、国民の憲法制定権に根拠を有するものである。したがって、これを改正することは国民主権の否定を意味するので、改正対象に入らないものと考えられている。

3 憲法調査会

一九九九年七月に国会法が改正され、衆議院と参議院にそれぞれ憲法調査会が設置されることになった。憲法調査会設置の中心となったのは、超党派の憲法調査委員会推進議員連盟であった。当初は、国会の常任委員会としての「憲法制度調査委員会」の設置をめざしていたが、政治的妥協の結果、議案提出権のない調査会としての「憲法調査会」の設置になった。改正法は二カ条からなる簡素なものである。

国会法第一〇二条の六

日本国憲法について広範かつ総合的に調査を行うため、各議院に憲法調査会を設ける。

同法第一〇二条の七

前条に定めるもののほか、憲法調査会に関する事項は、各議院の議決によりこれを定める。

衆参両院はそれぞれ、衆議院憲法調査委員会規程、参議院憲法調査委員会規程を定めた。それによれば、衆議院では五〇名が、参議院では四五名が憲法調査会の委員となり、日本国憲法について広範かつ総合的に調査を行うことになった。そして、調査終了後、報告書を各院の議長に提出する。それに加えて、審議の経過を中間報告することもできる。

以前にも、憲法調査会という公的な機関が存在した。それは一九五〇年代後半から六〇年代にかけて内閣のなかに設置されていた。設置場所が内閣のなかである場合、そこでの議論は政府与党の意見を反映しがちになり、一方的な議論になりやすい。これに対して、今回の設置場所は国会である。このことから議論の超党派性が期待される。憲法調査会は、憲法の改正を直接の目的とするものではない。相反する意見がぶつかりあうなかで、民主的な調査会の運営を通して、健全な憲法論議がなされることが望まれる。

●参考文献

芦部信喜『憲法制定権力』東京大学出版会、一九八三年

付録 日本国憲法

日本国憲法

〔昭和二十一年十一月三日公布
昭和二十二年 五 月三日施行〕

朕は、日本国民の総意に基いて、新日本建設の礎が、定まるに至つたことを、深くよろこび、枢密顧問の諮詢及び帝国憲法第七十三条による帝国議会の議決を経た帝国憲法の改正を裁可し、ここにこれを公布せしめる。

御名　御璽

昭和二十一年十一月三日

内閣総理大臣兼
外務大臣　吉田　茂
国務大臣　男爵　幣原喜重郎
司法大臣　木村篤太郎
内務大臣　大村　清一
文部大臣　田中耕太郎
農林大臣　和田　博雄
国務大臣　斎藤　隆夫
逓信大臣　一松　定吉
商工大臣　星島　二郎
厚生大臣　河合　良成
国務大臣　植原悦二郎
運輸大臣　平塚常次郎
大蔵大臣　石橋　湛山
国務大臣　金森徳次郎
国務大臣　膳　桂之助

日本国憲法

日本国民は、正当に選挙された国会における代表者を通じて行動し、われらとわれらの子孫のために、諸国民との協和による成果と、わが国全土にわたつて自由のもたらす恵沢を確保し、政府の行為によつて再び戦争の惨禍が起ることのないやうにすることを決意し、ここに主権が国民に存することを宣言し、この憲法を確定する。そもそも国政は、国民の厳粛な信託によるものであつて、その権威は国民に由来し、その権力は国民の代表者がこれを行使し、その福利は国民がこれを享受する。これは人類普遍の原理であり、この憲法は、かかる原理に基くものである。われらは、これに反する一切の憲法、法令及び詔勅を排除する。

日本国民は、恒久の平和を念願し、人間相互の関係を支配する崇高な理想を深く自覚するのであつて、平和を愛する諸国民の公正と信義に信頼して、われらの安全と生存を保持しようと決意した。われらは、平和を維持し、専制と隷従、圧迫と偏狭を地上から永遠に除去しようと努めてゐる国際社会において、名誉ある地位を占めたいと思ふ。われらは、全世界の国民が、ひとしく恐怖と欠乏から免かれ、平和のうちに生存する権利を有することを確認する。

われらは、いづれの国家も、自国のことのみに専念して他国を無視してはならないのであつて、政治道徳の法則は、普遍的なものであり、この法則に従ふことは、自国の主権を維持し、他国と対等関係に立たうとする各国の責務であると信ずる。

日本国民は、国家の名誉にかけ、全力をあげてこの崇高な理想と目的を達成することを誓ふ。

第一章　天皇

第一条　天皇は、日本国の象徴であり日本国民統合の象徴であつて、この地位は、主権の存する日本国民の総意に基く。

第二条　皇位は、世襲のものであつて、国会の議決した皇室典範の定めるところにより、これを継承する。

第三条　天皇の国事に関するすべての行為には、内閣の助言と承認を必要とし、内閣が、その責任を負ふ。

第四条　天皇は、この憲法の定める国事に関する行為のみを行ひ、国政に関する権能を有しない。

② 天皇は、法律の定めるところにより、その国事に関する行為を委任することができる。

第五条　皇室典範の定めるところにより摂政を置くときは、摂政は、天皇の名でその国事に関する行為を行ふ。この場合には、前条第一項の規定を準用する。

第六条　天皇は、国会の指名に基いて、内閣総理大臣を任命する。

② 天皇は、内閣の指名に基いて、最高裁判所の長たる裁判官を任命する。

第七条　天皇は、内閣の助言と承認により、国民のために、左の国事に関する行為を行ふ。

一　憲法改正、法律、政令及び条約を公布すること。
二　国会を召集すること。
三　衆議院を解散すること。
四　国会議員の総選挙の施行を公示すること。
五　国務大臣及び法律の定めるその他の官吏の任免並びに全権委任状及び大使及び公使の信任状を認証すること。
六　大赦、特赦、減刑、刑の執行の免除及び復権を認証すること。
七　栄典を授与すること。
八　批准書及び法律の定めるその他の外交文書を認証すること。
九　外国の大使及び公使を接受すること。
十　儀式を行ふこと。

第八条　皇室に財産を譲り渡し、又は皇室が、財産を譲り受け、若しくは賜与することは、国会の議決に基かなければならない。

第二章　戦争の放棄

第九条　日本国民は、正義と秩序を基調とする国際平和を誠実に希求し、国権の発動たる戦争と、武力による威嚇又は武力の行使は、国際紛争を解決する手段としては、永久にこれを放棄する。

② 前項の目的を達するため、陸海空軍その他の戦力は、こ

れを保持しない。国の交戦権は、これを認めない。

第三章　国民の権利及び義務

第十条　日本国民たる要件は、法律でこれを定める。

第十一条　国民は、すべての基本的人権の享有を妨げられない。この憲法が国民に保障する基本的人権は、侵すことのできない永久の権利として、現在及び将来の国民に与へられる。

第十二条　この憲法が国民に保障する自由及び権利は、国民の不断の努力によつて、これを保持しなければならない。又、国民は、これを濫用してはならないのであつて、常に公共の福祉のためにこれを利用する責任を負ふ。

第十三条　すべて国民は、個人として尊重される。生命、自由及び幸福追求に対する国民の権利については、公共の福祉に反しない限り、立法その他の国政の上で、最大の尊重を必要とする。

第十四条　すべて国民は、法の下に平等であつて、人種、信条、性別、社会的身分又は門地により、政治的、経済的又は社会的関係において、差別されない。

② 華族その他の貴族の制度は、これを認めない。

③ 栄誉、勲章その他の栄典の授与は、いかなる特権も伴はない。栄典の授与は、現にこれを有し、又は将来これを受ける者の一代に限り、その効力を有する。

第十五条　公務員を選定し、及びこれを罷免することは、国民固有の権利である。

② すべて公務員は、全体の奉仕者であつて、一部の奉仕者ではない。

③ 公務員の選挙については、成年者による普通選挙を保障する。

④ すべて選挙における投票の秘密は、これを侵してはならない。選挙人は、その選択に関し公的にも私的にも責任を問はれない。

第十六条　何人も、損害の救済、公務員の罷免、法律、命令又は規則の制定、廃止又は改正その他の事項に関し、平穏に請願する権利を有し、何人も、かかる請願をしたためにいかなる差別待遇も受けない。

第十七条　何人も、公務員の不法行為により、損害を受けたときは、法律の定めるところにより、国又は公共団体に、その賠償を求めることができる。

第十八条　何人も、いかなる奴隷的拘束も受けない。又、犯罪に因る処罰の場合を除いては、その意に反する苦役に服させられない。

第十九条　思想及び良心の自由は、これを侵してはならない。

第二十条　信教の自由は、何人に対してもこれを保障する。いかなる宗教団体も、国から特権を受け、又は政治上の権力を行使してはならない。

② 何人も、宗教上の行為、祝典、儀式又は行事に参加することを強制されない。

③ 国及びその機関は、宗教教育その他いかなる宗教的活動

もしてはならない。
第二十一条　集会、結社及び言論、出版その他一切の表現の自由は、これを保障する。
②　検閲は、これをしてはならない。通信の秘密は、これを侵してはならない。
第二十二条　何人も、公共の福祉に反しない限り、居住、移転及び職業選択の自由を有する。
②　何人も、外国に移住し、又は国籍を離脱する自由を侵されない。
第二十三条　学問の自由は、これを保障する。
第二十四条　婚姻は、両性の合意のみに基いて成立し、夫婦が同等の権利を有することを基本として、相互の協力により、維持されなければならない。
②　配偶者の選択、財産権、相続、住居の選定、離婚並びに婚姻及び家族に関するその他の事項に関しては、法律は、個人の尊厳と両性の本質的平等に立脚して、制定されなければならない。
第二十五条　すべて国民は、健康で文化的な最低限度の生活を営む権利を有する。
②　国は、すべての生活部面について、社会福祉、社会保障及び公衆衛生の向上及び増進に努めなければならない。
第二十六条　すべて国民は、法律の定めるところにより、その能力に応じて、ひとしく教育を受ける権利を有する。
②　すべて国民は、法律の定めるところにより、その保護する子女に普通教育を受けさせる義務を負ふ。義務教育は、これを無償とする。
第二十七条　すべて国民は、勤労の権利を有し、義務を負ふ。
②　賃金、就業時間、休息その他の勤労条件に関する基準は、法律でこれを定める。
③　児童は、これを酷使してはならない。
第二十八条　勤労者の団結する権利及び団体交渉その他の団体行動をする権利は、これを保障する。
第二十九条　財産権は、これを侵してはならない。
②　財産権の内容は、公共の福祉に適合するやうに、法律でこれを定める。
③　私有財産は、正当な補償の下に、これを公共のために用ひることができる。
第三十条　国民は、法律の定めるところにより、納税の義務を負ふ。
第三十一条　何人も、法律の定める手続によらなければ、その生命若しくは自由を奪はれ、又はその他の刑罰を科せられない。
第三十二条　何人も、裁判所において裁判を受ける権利を奪はれない。
第三十三条　何人も、現行犯として逮捕される場合を除いては、権限を有する司法官憲が発し、且つ理由となつてゐる犯罪を明示する令状によらなければ、逮捕されない。
第三十四条　何人も、理由を直ちに告げられ、且つ、直ちに弁護人に依頼する権利を与へられなければ、抑留又は拘禁されない。又、何人も、正当な理由がなければ、拘禁されず、要求があれば、その理由は、直ちに本人及びその弁護人の出席する公開の法廷で示されなければならない。

第三十五条　何人も、その住居、書類及び所持品について、侵入、捜索及び押収を受けることのない権利は、第三十三条の場合を除いては、正当な理由に基いて発せられ、且つ捜索する場所及び押収する物を明示する令状がなければ、侵されない。

②　捜索又は押収は、権限を有する司法官憲が発する各別の令状により、これを行ふ。

第三十六条　公務員による拷問及び残虐な刑罰は、絶対にこれを禁ずる。

第三十七条　すべて刑事事件においては、被告人は、公平な裁判所の迅速な公開裁判を受ける権利を有する。

②　刑事被告人は、すべての証人に対して審問する機会を充分に与へられ、又、公費で自己のために強制的手続により証人を求める権利を有する。

③　刑事被告人は、いかなる場合にも、資格を有する弁護人を依頼することができる。被告人が自らこれを依頼することができないときは、国でこれを附する。

第三十八条　何人も、自己に不利益な供述を強要されない。

②　強制、拷問若しくは脅迫による自白又は不当に長く抑留若しくは拘禁された後の自白は、これを証拠とすることができない。

③　何人も、自己に不利益な唯一の証拠が本人の自白である場合には、有罪とされ、又は刑罰を科せられない。

第三十九条　何人も、実行の時に適法であつた行為又は既に無罪とされた行為については、刑事上の責任を問はれない。又、同一の犯罪について、重ねて刑事上の責任を問はれない。

第四十条　何人も、抑留又は拘禁された後、無罪の裁判を受けたときは、法律の定めるところにより、国にその補償を求めることができる。

第四章　国会

第四十一条　国会は、国権の最高機関であつて、国の唯一の立法機関である。

第四十二条　国会は、衆議院及び参議院の両議院でこれを構成する。

第四十三条　両議院は、全国民を代表する選挙された議員でこれを組織する。

②　両議院の議員の定数は、法律でこれを定める。

第四十四条　両議院の議員及びその選挙人の資格は、法律でこれを定める。但し、人種、信条、性別、社会的身分、門地、教育、財産又は収入によつて差別してはならない。

第四十五条　衆議院議員の任期は、四年とする。但し、衆議院解散の場合には、その期間満了前に終了する。

第四十六条　参議院議員の任期は、六年とし、三年ごとに議員の半数を改選する。
第四十七条　選挙区、投票の方法その他両議院の議員の選挙に関する事項は、法律でこれを定める。
第四十八条　何人も、同時に両議院の議員たることはできない。
第四十九条　両議院の議員は、法律の定めるところにより、国庫から相当額の歳費を受ける。
第五十条　両議院の議員は、法律の定める場合を除いては、国会の会期中逮捕されず、会期前に逮捕された議員は、その議院の要求があれば、会期中これを釈放しなければならない。
第五十一条　両議院の議員は、議院で行つた演説、討論又は表決について、院外で責任を問はれない。
第五十二条　国会の常会は、毎年一回これを召集する。
第五十三条　内閣は、国会の臨時会の召集を決定することができる。いづれかの議院の総議員の四分の一以上の要求があれば、内閣は、その召集を決定しなければならない。
第五十四条　衆議院が解散されたときは、解散の日から四十日以内に、衆議院議員の総選挙を行ひ、その選挙の日から三十日以内に、国会を召集しなければならない。
② 衆議院が解散されたときは、参議院は、同時に閉会となる。但し、内閣は、国に緊急の必要があるときは、参議院の緊急集会を求めることができる。
③ 前項但書の緊急集会において採られた措置は、臨時のものであつて、次の国会開会の後十日以内に、衆議院の同意がない場合には、その効力を失ふ。
第五十五条　両議院は、各〻その議員の資格に関する争訟を裁判する。但し、議員の議席を失はせるには、出席議員の三分の二以上の多数による議決を必要とする。
第五十六条　両議院は、各〻その総議員の三分の一以上の出席がなければ、議事を開き議決することができない。
② 両議院の議事は、この憲法に特別の定のある場合を除いては、出席議員の過半数でこれを決し、可否同数のときは、議長の決するところによる。
第五十七条　両議院の会議は、公開とする。但し、出席議員の三分の二以上の多数で議決したときは、秘密会を開くことができる。
② 両議院は、各〻その会議の記録を保存し、秘密会の記録の中で特に秘密を要すると認められるもの以外は、これを公表し、且つ一般に頒布しなければならない。
③ 出席議員の五分の一以上の要求があれば、各議員の表決は、これを会議録に記載しなければならない。
第五十八条　両議院は、各〻その議長その他の役員を選任する。
② 両議院は、各〻その会議その他の手続及び内部の規律に関する規則を定め、又、院内の秩序をみだした議員を懲罰することができる。但し、議員を除名するには、出席議員の三分の二以上の多数による議決を必要とする。

第五十九条　法律案は、この憲法に特別の定のある場合を除いては、両議院で可決したとき法律となる。

② 衆議院で可決し、参議院でこれと異なつた議決をした法律案は、衆議院で出席議員の三分の二以上の多数で再び可決したときは、法律となる。

③ 前項の規定は、法律の定めるところにより、衆議院が、両議院の協議会を開くことを求めることを妨げない。

④ 参議院が、衆議院の可決した法律案を受け取つた後、国会休会中の期間を除いて六十日以内に、議決しないときは、衆議院は、参議院がその法律案を否決したものとみなすことができる。

第六十条　予算は、さきに衆議院に提出しなければならない。

② 予算について、参議院で衆議院と異なつた議決をした場合に、法律の定めるところにより、両議院の協議会を開いても意見が一致しないとき、又は参議院が、衆議院の可決した予算を受け取つた後、国会休会中の期間を除いて三十日以内に、議決しないときは、衆議院の議決を国会の議決とする。

第六十一条　条約の締結に必要な国会の承認については、前条第二項の規定を準用する。

第六十二条　両議院は、各〻国政に関する調査を行ひ、これに関して、証人の出頭及び証言並びに記録の提出を要求することができる。

第六十三条　内閣総理大臣その他の国務大臣は、両議院の一に議席を有すると有しないとにかかはらず、何時でも議案について発言するため議院に出席することができる。又、答弁又は説明のため出席を求められたときは、出席しなければならない。

第六十四条　国会は、罷免の訴追を受けた裁判官を裁判するため、両議院の議員で組織する弾劾裁判所を設ける。

② 弾劾に関する事項は、法律でこれを定める。

第五章　内閣

第六十五条　行政権は、内閣に属する。

第六十六条　内閣は、法律の定めるところにより、その首長たる内閣総理大臣及びその他の国務大臣でこれを組織する。

② 内閣総理大臣その他の国務大臣は、文民でなければならない。

③ 内閣は、行政権の行使について、国会に対し連帯して責任を負ふ。

第六十七条　内閣総理大臣は、国会議員の中から国会の議決で、これを指名する。この指名は、他のすべての案件に先だつて、これを行ふ。

② 衆議院と参議院とが異なつた指名の議決をした場合に、法律の定めるところにより、両議院の協議会を開いても意見が一致しないとき、又は衆議院が指名の議決をした後、国会休会中の期間を除いて十日以内に、参議院が、指名の議決をしないときは、衆議院の議決を国会の議決とする。

第六十八条　内閣総理大臣は、国務大臣を任命する。但し、その過半数は、国会議員の中から選ばれなければならない。
② 内閣総理大臣は、任意に国務大臣を罷免することができる。
第六十九条 内閣は、衆議院で不信任の決議案を可決し、又は信任の決議案を否決したときは、十日以内に衆議院が解散されない限り、総辞職をしなければならない。
第七十条 内閣総理大臣が欠けたとき、又は衆議院議員総選挙の後に初めて国会の召集があつたときは、内閣は、総辞職をしなければならない。
第七十一条 前二条の場合には、内閣は、あらたに内閣総理大臣が任命されるまで引き続きその職務を行ふ。
第七十二条 内閣総理大臣は、内閣を代表して議案を国会に提出し、一般国務及び外交関係について国会に報告し、並びに行政各部を指揮監督する。
第七十三条 内閣は、他の一般行政事務の外、左の事務を行ふ。
一 法律を誠実に執行し、国務を総理すること。
二 外交関係を処理すること。
三 条約を締結すること。但し、事前に、時宜によつては事後に、国会の承認を経ることを必要とする。
四 法律の定める基準に従ひ、官吏に関する事務を掌理すること。
五 予算を作成して国会に提出すること。
六 この憲法及び法律の規定を実施するために、政令を制定すること。但し、政令には、特にその法律の委任がある場合を除いては、罰則を設けることができない。
七 大赦、特赦、減刑、刑の執行の免除及び復権を決定すること。
第七十四条 法律及び政令には、すべて主任の国務大臣が署名し、内閣総理大臣が連署することを必要とする。
第七十五条 国務大臣は、その在任中、内閣総理大臣の同意がなければ、訴追されない。但し、これがため、訴追の権利は、害されない。

第六章 司法

第七十六条 すべて司法権は、最高裁判所及び法律の定めるところにより設置する下級裁判所に属する。
② 特別裁判所は、これを設置することができない。行政機関は、終審として裁判を行ふことができない。
③ すべて裁判官は、その良心に従ひ独立してその職権を行ひ、この憲法及び法律にのみ拘束される。
第七十七条 最高裁判所は、訴訟に関する手続、弁護士、裁判所の内部規律及び司法事務処理に関する事項について、規則を定める権限を有する。
② 検察官は、最高裁判所の定める規則に従はなければならない。
③ 最高裁判所は、下級裁判所に関する規則を定める権限を、下級裁判所に委任することができる。
第七十八条 裁判官は、裁判により、心身の故障のために職

務を執ることができないと決定された場合を除いては、公の弾劾によらなければ罷免されない。裁判官の懲戒処分は、行政機関がこれを行ふことはできない。

第七十九条　最高裁判所は、その長たる裁判官及び法律の定める員数のその他の裁判官でこれを構成し、その長たる裁判官以外の裁判官は、内閣でこれを任命する。

②　最高裁判所の裁判官の任命は、その任命後初めて行はれる衆議院議員総選挙の際国民の審査に付し、その後十年を経過した後初めて行はれる衆議院議員総選挙の際更に審査に付し、その後も同様とする。

③　前項の場合において、投票者の多数が裁判官の罷免を可とするときは、その裁判官は、罷免される。

④　審査に関する事項は、法律でこれを定める。

⑤　最高裁判所の裁判官は、法律の定める年齢に達した時に退官する。

⑥　最高裁判所の裁判官は、すべて定期に相当額の報酬を受ける。この報酬は、在任中、これを減額することができない。

第八十条　下級裁判所の裁判官は、最高裁判所の指名した者の名簿によつて、内閣でこれを任命する。その裁判官は、任期を十年とし、再任されることができる。但し、法律の定める年齢に達した時には退官する。

②　下級裁判所の裁判官は、すべて定期に相当額の報酬を受ける。この報酬は、在任中、これを減額することができない。

第八十一条　最高裁判所は、一切の法律、命令、規則又は処分が憲法に適合するかしないかを決定する権限を有する終審裁判所である。

第八十二条　裁判の対審及び判決は、公開法廷でこれを行ふ。

②　裁判所が、裁判官の全員一致で、公の秩序又は善良の風俗を害する虞があると決した場合には、対審は、公開しないでこれを行ふことができる。但し、政治犯罪、出版に関する犯罪又はこの憲法第三章で保障する国民の権利が問題となつてゐる事件の対審は、常にこれを公開しなければならない。

第七章　財政

第八十三条　国の財政を処理する権限は、国会の議決に基いて、これを行使しなければならない。

第八十四条　あらたに租税を課し、又は現行の租税を変更するには、法律又は法律の定める条件によることを必要とする。

第八十五条　国費を支出し、又は国が債務を負担するには、国会の議決に基くことを必要とする。

第八十六条　内閣は、毎会計年度の予算を作成し、国会に提出して、その審議を受け議決を経なければならない。

第八十七条　予見し難い予算の不足に充てるため、国会の議決に基いて予備費を設け、内閣の責任でこれを支出することができる。

② すべて予備費の支出については、内閣は、事後に国会の承諾を得なければならない。

第八十八条　すべて皇室財産は、国に属する。すべて皇室の費用は、予算に計上して国会の議決を経なければならない。

第八十九条　公金その他の公の財産は、宗教上の組織若しくは団体の使用、便益若しくは維持のため、又は公の支配に属しない慈善、教育若しくは博愛の事業に対し、これを支出し、又はその利用に供してはならない。

第九十条　国の収入支出の決算は、すべて毎年会計検査院がこれを検査し、内閣は、次の年度に、その検査報告とともに、これを国会に提出しなければならない。

② 会計検査院の組織及び権限は、法律でこれを定める。

第九十一条　内閣は、国会及び国民に対し、定期に、少くとも毎年一回、国の財政状況について報告しなければならない。

第八章　地方自治

第九十二条　地方公共団体の組織及び運営に関する事項は、地方自治の本旨に基いて、法律でこれを定める。

第九十三条　地方公共団体には、法律の定めるところにより、その議事機関として議会を設置する。

② 地方公共団体の長、その議会の議員及び法律の定めるその他の吏員は、その地方公共団体の住民が、直接これを選挙する。

第九十四条　地方公共団体は、その財産を管理し、事務を処理し、及び行政を執行する権能を有し、法律の範囲内で条例を制定することができる。

第九十五条　一の地方公共団体のみに適用される特別法は、法律の定めるところにより、その地方公共団体の住民の投票においてその過半数の同意を得なければ、国会は、これを制定することができない。

第九章　改正

第九十六条　この憲法の改正は、各議院の総議員の三分の二以上の賛成で、国会が、これを発議し、国民に提案してその承認を経なければならない。この承認には、特別の国民投票又は国会の定める選挙の際行はれる投票において、その過半数の賛成を必要とする。

② 憲法改正について前項の承認を経たときは、天皇は、国民の名で、この憲法と一体を成すものとして、直ちにこれを公布する。

第十章　最高法規

第九十七条　この憲法が日本国民に保障する基本的人権は、人類の多年にわたる自由獲得の努力の成果であつて、これらの権利は、過去幾多の試錬に堪へ、現在及び将来の国民に対し、侵すことのできない永久の権利として信託されたものである。

第九十八条　この憲法は、国の最高法規であつて、その条規に反する法律、命令、詔勅及び国務に関するその他の行為の全部又は一部は、その効力を有しない。

② 日本国が締結した条約及び確立された国際法規は、これを誠実に遵守することを必要とする。

第九十九条　天皇又は摂政及び国務大臣、国会議員、裁判官その他の公務員は、この憲法を尊重し擁護する義務を負ふ。

第十一章　補則

第百条　この憲法は、公布の日から起算して六箇月を経過した日から、これを施行する。

② この憲法を施行するために必要な法律の制定、参議院議員の選挙及び国会召集の手続並びにこの憲法を施行するために必要な準備手続は、前項の期日よりも前に、これを行ふことができる。

第百一条　この憲法施行の際、参議院がまだ成立してゐないときは、その成立するまでの間、衆議院は、国会としての権限を行ふ。

第百二条　この憲法による第一期の参議院議員のうち、その半数の者の任期は、これを三年とする。その議員は、法律の定めるところにより、これを定める。

第百三条　この憲法施行の際現に在職する国務大臣、衆議院議員及び裁判官並びにその他の公務員で、その地位に相応する地位がこの憲法で認められてゐる者は、法律で特別の定をした場合を除いては、この憲法施行のため、当然にはその地位を失ふことはない。但し、この憲法によつて、後任者が選挙又は任命されたときは、当然その地位を失ふ。

索　引

●サ　行

●タ　行

●ナ　行

●ハ　行

●マ　行

●ヤ　行

●ラ　行

●ワ　行

●編著者略歴

相川清治（あいかわ・きよはる）

一九二三年　千葉県に生まれる。

一九四八年に京都大学卒業後人事院より衆議院法制局に出向、同法制局各課長、各部長を歴任、一九八六年法制次長にて退職。この間多くの法律、同修正案の立案・成立に尽力し、

一九九三年勲三等旭日中綬章を受く。

一九八七年　城西大学女子短期大学部教授

一九九四年　同短期大学部副学長

一九九七年　同副学長を退任、後同短期大学部招聘教授等になる。

新版　法学・憲法の基礎

二〇〇一年二月一五日　第一版一刷発行

編著者　相川清治
発行者　大野俊郎
印刷所　壮光舎印刷
製本所　美行製本

発行所　八千代出版株式会社
東京都千代田区三崎町二－二－一三
電　話　〇三（三二六二）〇四二〇
ＦＡＸ　〇三（三二三七）〇七二三
振　替　〇〇一九〇－四－一六八〇六〇